陳福成著

陳福成著作全編

第五十六冊　五十不惑

文史哲出版社印行

國家圖書館出版品預行編目資料

陳福成著作全編 / 陳福成著. -- 初版. --臺北市：文史哲,民 104.08
頁： 公分
ISBN 978-986-314-266-9（全套：平裝）

848.6 104013035

陳福成著作全編

第五十六冊 五十不惑

著 者：陳 福 成
出 版 者：文 史 哲 出 版 社
http://www.lapen.com.tw
登記證字號：行政院新聞局版臺業字五三三七號
發 行 人：彭 正 雄
發 行 所：文 史 哲 出 版 社
印 刷 者：文 史 哲 出 版 社
臺北市羅斯福路一段七十二巷四號
郵政劃撥帳號：一六一八〇一七五
電話886-2-23511028 · 傳真886-2-23965656

全 80 冊定價新臺幣 36,800 元

二〇一五年（民一〇四）八月初版

ISBN 978-986-314-266-9 08981

陳福成著作全編總目

壹、兩岸關係

①決戰閏八月
②防衛大台灣
③解開兩岸十大弔詭
④大陸政策與兩岸關係

貳、國家安全

⑤國家安全與情治機關的弔詭
⑥國家安全與戰略關係
⑦國家安全論壇。

參、中國學四部曲

⑧中國歷代戰爭新詮
⑨中國近代黨派發展研究新詮
⑩中國政治思想新詮
⑪中國四大兵法家新詮：孫子、吳起、孫臏、孔明

肆、歷史、人類、文化、宗教、會黨

⑫神劍與屠刀
⑬中國神譜
⑭天帝教的中華文化意涵
⑮奴婢妾匪到革命家之路：復興廣播電台謝雪紅訪講錄
⑯洪門、青幫與哥老會研究

伍、詩〈現代詩、傳統詩〉、文學

⑰幻夢花開一江山
⑱赤縣行腳・神州心旅
⑲「外公」與「外婆」的詩
⑳尋找一座山
㉑春秋記實
㉒性情世界
㉓春秋詩選
㉔八方風雲性情世界
㉕古晟的誕生
㉖把腳印典藏在雲端
㉗從魯迅文學醫人魂救國魂說起
㉘六十後詩雜記詩集

陸、現代詩（詩人、詩社）研究

㉙三月詩會研究
㉚我們的春秋大業：三月詩會二十年別集
㉛中國當代平民詩人王學忠
㉜讀詩稗記
㉝嚴謹與浪漫之間
㉞一信詩學研究：解剖一隻九頭詩鵠
㉟囚徒
㊱胡爾泰現代詩臆說
㊲王學忠籲天詩錄

柒、春秋典型人物研究、遊記

㊳山西芮城劉焦智「鳳梅人」報研究
㊴在「鳳梅人」小橋上

㊵我所知道的孫大公
㊶為中華民族的生存發展進百書疏
㊷金秋六人行
㊸漸凍勇士陳宏

捌、小說、翻譯小說

㊹迷情・奇謀・輪迴、
㊺愛倫坡恐怖推理小說

玖、散文、論文、雜記、詩遊記、人生小品

㊻一個軍校生的台大閒情
㊼古道・秋風・瘦筆
㊽頓悟學習
㊾春秋正義
㊿公主與王子的夢幻、
51洄游的鮭魚
52男人和女人的情話真話
53台灣邊陲之美
54最自在的彩霞
55梁又平事件後

拾、回憶錄體

56五十不惑
57我的革命檔案
58台大教官興衰錄
59迷航記、
60最後一代書寫的身影
61我這輩子幹了什麼好事
62那些年我們是這樣寫情書的
63那些年我們是這樣談戀愛的
64台灣大學退休人員聯誼會第九屆理事長記實

拾壹、兵學、戰爭

65孫子實戰經驗研究
66第四波戰爭開山鼻祖賓拉登

拾貳、政治研究

67政治學方法論概說
68西洋政治思想史概述
69中國全民民主統一會北京行
70尋找理想國：中國式民主政治研究要綱

拾參、中國命運、喚醒國魂

71大浩劫後：日本 311 天譴說
日本問題的終極處理
72台大逸仙學會

拾肆、地方誌、地區研究

73台北公館台大地區考古・導覽
74台中開發史
75台北的前世今生
76台北公館地區開發史

拾伍、其他

77英文單字研究
78與君賞玩天地寬（文友評論）
79非常傳銷學
80新領導與管理實務

總序：陳福成的一部文史哲政兵千秋事業

陳福成先生，祖籍四川成都，一九五二年出生在台灣省台中縣。筆名古晟、藍天、司馬千、鄉下人等，皈依法名：本肇居士。一生除軍職外，以絕大多數時間投入寫作，範圍包括詩歌、小說、政治（兩岸關係、國際關係）、歷史、文化、宗教、哲學、兵學（國防、軍事、戰爭、兵法），及教育部審定之大學、專科（三專、五專）、高中（職）等各級學校國防通識（軍訓課本）十二冊。以上總計近百部著作，目前尚未出版者尚約二十部。

我的戶籍資料上寫著祖籍四川成都，小時候也在軍眷長大，初中畢業（民57年6月），投考陸軍官校預備班十三期，三年後（民60）直升陸軍官校正期班四十四期，民國六十四年八月畢業，隨即分發野戰部隊服役，到民國八十三年四月轉台灣大學軍訓教官。到民國八十八年二月，我以台大夜間部（兼文學院）主任教官退休（伍），進入全職寫作高峰期。

我年青時代也曾好奇問老爸：「我們家到底有沒有家譜？」

他說：「當然有。」他肯定說，停一下又說：「三十八年逃命都來不及了，現在有個鬼啦！」

兩岸開放前他老人家就走了，開放後經很多連繫和尋找，真的連鬼都沒有了，茫茫無垠的「四川北門」，早已人事全非了。

但我的母系家譜卻很清楚，母親陳蕊是台中縣龍井鄉人。她的先祖其實來台不算太久，按家譜記載，到我陳福成才不過第五代，大陸原籍福建省泉州府同安縣六都施盤鄉馬巷。

第一代祖陳添丁、妣黃媽名申氏。從原籍移居台灣島台中州大甲郡龍井庄龍目井字水裡社三十六番地，移台時間不詳。陳添丁生於清道光二十年（庚子，一八四〇年）六月十二日，卒於民國四年（一九一五年），葬於水裡社共同墓地，坐北向南，他有二個兒子，長子昌，次子標。

第二代祖陳昌（我外曾祖父），生於清同治五年（丙寅，一八六六年）九月十四日，卒於民國廿六年（昭和十二年）四月二十二日，葬在水裡社共同墓地，坐東南向西北。陳昌娶蔡匏，育有四子，長子平、次子豬、三子波、四子萬芳。

第三代祖陳平（我外祖父），生於清光緒十七年（辛卯，一八九一年）九月二十五日，卒於（年略記）二月十三日。陳平娶彭宜（我外祖母），生光緒二十二年（丙申，一八九六年）六月十二日，卒於民國五十六年十二月十六日。他們育有一子五女，長子陳火，長女陳變、次女陳燕、三女陳蕊、四女陳品、五女陳鶯。

以上到我母親陳蕊是第四代，到筆者陳福成是第五代，與我同是第五代的表兄弟姊妹共三十二人，目前大約半數仍在就職中，半數已退休。

寫作是我一輩子的興趣，一個職業軍人怎會變成以寫作為一生志業，在我的幾本著作都詳述（如《迷航記》、《台大教官興衰錄》、《五十不惑》等」。我從軍校大學時代開始寫，從台大主任教官退休後，全力排除無謂應酬，更全力全心的寫（不含為教育部編著的大學、高中職《國防通識》十餘冊）。我把《陳福成著作全編》略為分類暨編目如下：

壹、兩岸關係

①《決戰閏八月》②《防衛大台灣》③《解開兩岸十大弔詭》④《大陸政策與兩岸關係》。

貳、國家安全

⑤《國家安全與情治機關的弔詭》⑥《國家安全與戰略關係》⑦《國家安全論壇》。

參、中國學四部曲

⑧《中國歷代戰爭新詮》⑨《中國近代黨派發展研究新詮》⑩《中國政治思想新詮》⑪《中國四大兵法家新詮：孫子、吳起、孫臏、孔明》。

肆、歷史、人類、文化、宗教、會黨

⑫《神劍與屠刀》⑬《中國神譜》⑭《天帝教的中華文化意涵》⑮《奴婢妾匪到革命家之路：復興廣播電台謝雪紅訪講錄》⑯《洪門、青幫與哥老會研究》。

伍、詩〈現代詩、傳統詩〉、文學

⑰《幻夢花開一江山》⑱《赤縣行腳・神州心旅》⑲《「外公」與「外婆」的詩》、⑳《尋找一座山》㉑《春秋記實》㉒《性情世界》㉓《春秋詩選》㉔《八方風雲性情世界》㉕《古晟的誕生》㉖《把腳印典藏在雲端》㉗《從魯迅文學醫人魂救國魂說起》㉘《60後詩雜記詩集》。

陸、現代詩（詩人、詩社）研究

㉙《三月詩會研究》㉚《我們的春秋大業：三月詩會二十年別集》㉛《中國當代平民詩人王學忠》㉜《讀詩稗記》㉝《嚴謹與浪漫之間》㉞《一信詩學研究：解剖一隻九頭詩鵠》㉟《囚徒》㊱《胡爾泰現代詩臆說》㊲王學忠籲天詩錄。

柒、春秋典型人物研究、遊記

㊳《山西芮城劉焦智「鳳梅人」報研究》㊴《在「鳳梅人」小橋上》㊵《我所知道的孫大公》㊶《孫大公思想主張手稿》㊷《金秋六人行》㊸《漸凍勇士陳宏》。

捌、小說、翻譯小說

㊹《迷情・奇謀・輪迴》㊺《愛倫坡恐怖推理小說》。

玖、散文、論文、雜記、詩遊記、人生小品

㊻《一個軍校生的台大閒情》㊼《古道・秋風・瘦筆》㊽《頓悟學習》㊾《春秋正義》㊿《公主與王子的夢幻》51《迴游的鮭魚》52《男人和女人的情話真話》53《台灣邊陲之美》54《最自在的彩霞》55《梁又平事件後》。

拾、回憶錄體

56《五十不惑》57《我的革命檔案》
58《台大教官興衰錄》59《迷航記》60《最後一代書寫的身影》61《我這輩子幹了什麼好事》62《那些年我們是這樣寫情書的》63《那些年我們是這樣談戀愛的》
64《台灣大學退休人員聯誼會第九屆理事長記實》。

拾壹、兵學、戰爭

65《孫子實戰經驗研究》66《第四波戰爭開山鼻祖賓拉登》。

拾貳、政治研究

(67)《政治學方法論概說》(68)《西洋政治思想概述》(69)《中國全民民主統一會北京行》(70)《尋找理想國：中國式民主政治研究要綱》。

拾參、中國命運、喚醒國魂

(71)《大浩劫後：日本311天譴說》、《日本問題的終極處理》(72)《台大逸仙學會》。

拾肆、地方誌、地區研究

(73)《台北公館台大地區考古・導覽》(74)《台中開發史》(75)《台北的前世今生》(76)《台北公館地區開發史》。

拾伍、其他

(77)《英文單字研究》(78)《與君賞玩天地寬》（別人評論）(79)《非常傳銷學》(80)《新領導與管理實務》。

我這樣的分類並非很確定，如《謝雪紅訪講錄》，是人物誌，但也是政治，更是歷史，說的更白，是兩岸永恆不變又難分難解的「本質性」問題。

以上這些作品大約可以概括在「中國學」範圍，如我在每本書扉頁所述，以「生長在台灣的中國人為榮」，以創作、鑽研「中國學」，貢獻所能和所學為自我實現的途徑，以宣揚中國春秋大義、中華文化和促進中國和平統一為今生志業，直到生命結束。我這樣的人生，似乎滿懷「文天祥、岳飛式的血性」。

抗戰時期，胡宗南將軍曾主持陸軍官校第七分校（在王曲），校中有兩幅對聯，一是「升官發財請走別路、貪生怕死莫入此門」，二是「鐵肩擔主義、血手寫文章」。前聯原在廣州黃埔，後聯乃胡將軍胸懷，「鐵肩擔主義」我沒機會，但「血手寫文章」的

「血性」俱在我各類著作詩文中。

人生無常，我到六十三歲之年，以對自己人生進行「總清算」的心態出版這套書。

回首前塵，我的人生大致分成兩個「生死」階段，第一個階段是「理想走向毀滅」，年齡從十五歲進軍校到四十三歲，離開野戰部隊前往台灣大學任職中校教官。第二個階段是「毀滅到救贖」，四十三歲以後的寫作人生。

「理想到毀滅」，我的人生全面瓦解、變質，險些遭到軍法審判，就算軍法不判我，我也幾乎要「自我毀滅」；而「毀滅到救贖」是到台大才得到的「新生命」，我積極寫作是從台大開始的，我常說「台大是我啟蒙的道場」有原因的。均可見《五十不惑》、《迷航記》等書。

我從年青立志要當一個「偉大的軍人」，為國家復興、統一做出貢獻，為中華民族的繁榮綿延盡個人最大之力，卻才起步就「死」在起跑點上，這是個人的悲劇和不智，正好也給讀者一個警示。人生絕不能在起跑點就走入「死巷」，切記！切記！讀者以我為鑑！在軍人以外的文學、史政有這套書的出版，也算是對國家民族社會有點貢獻，對自己的人生有了交待，這致少也算「起死回生」了！

順要一說的，我全部的著作都放棄個人著作權，成為兩岸中國人的共同文化財，而台北的文史哲出版有優先使用權和發行權。

這套書能順利出版，最大的功臣是我老友，文史哲出版社負責人彭正雄先生和他的夥伴們。彭先生對中華文化的傳播，對兩岸文化交流都有崇高的使命感，向他和夥伴致上最高謝意。

台北公館蟾蜍山萬盛草堂主人　陳福成　誌於二〇一四年

五月榮獲第五十五屆中國文藝獎章文學創作獎前夕

陳福成 著

五十不惑

——一個軍校生的半生塵影

時英出版社

謹以本書出版紀念我的父母

媽媽　陳　蕊女士　台灣台中龍井沙田路

爸爸　陳建民先生　四川成都北門北北大街

註：張夢雨先生，名金湧，字夢雨，是當代台灣最富盛名的客家籍書畫瓷刻名家，封面提字亦為夢雨先生所作。

註：童榮南先生，陸軍官校四十四期畢業，幼習國畫，目前是業餘畫家。

目錄

序 八
第一章 匱乏的年代——我的成長背景 二
土角厝的回憶 八
我的母親、我的童年 一五
我的父親 二五
青澀的少年：我的初中時代 三二
第二章 軍旅三十載：意識形態的信仰與實踐 四〇
軍校七年 四九
第一次金門來回與逃官事件 六四
重新做人：三年連長、五年監察官 七八
從大樹到小金門：兩年營長 九七
一個懷念感恩的句點：台灣大學的五年 一〇四
近身觀察台大學生社運 一一二

關於一個意外的封號「台島軍魂」 一一七
軍旅生涯的反省與檢討 一二三
第三章 我的政治生涯——意識形態的崩潰過程 一三二
我的政治聲音：捍衛我的價值與信仰 一三七
開除李登輝黨籍的理由是什麼？ 一四六
國民黨黨員心中在想什麼？ 一五〇
選項之一：不開除李的黨籍：利與弊 一五五
選項之二：開除李的黨籍：利與弊 一五九
意識形態的崩潰：民主社會的過程？ 一六二
解「結」：兩岸關係發展與變局 一六六
第四章 吾家——今生今世經營最重要的事業體 一七二
我對家庭教育的原則 一七八
愛妻：今生所愛，一個「絕版」的女人 一八一
三才之長：長子 Colin 是個人才 一八七
三才之二：長女 Angela 是個鬼才 一九六
三才之三：小女 Antonia 是個天才 二〇三

談e世代的親子關係 二一〇
第五章 我的寫作生涯——比專業更投入的業餘 二一六
我的寫作態度 二二二
青澀的年代：無病呻吟 二二七
存疑思考的年代：「我」是誰？ 二三三
清貧沈潛的年代：詩歌與翻譯小說 二三九
我研究我寫作：探索疑惑與解決問題 二四七
寫詩：內心世界的愉樂活動 二五八
第六章 五十不惑——半輩子的「所得」 二六八
回歸到普通人的基本面 二七四
人性如何？是善？是惡？ 二七七
男人之惑：事業和女人 二八一
人生在追求什麼？你求到什麼？ 二八六
不惑者過怎樣的生活 二九一
第七章 大未來——前世、今生到來世 二九六

關於所謂的「第二春」 三〇二
怎樣才叫活到老學到老？ 三〇五
誰是我心中的神？ 三〇九
我的生死觀 三一三
生命教育：自我實現到全人追尋 三一九
第八章 半生總結 三二八
人生最大的敵人是自己 三三四
從心所欲不踰矩到自我實現 三三六
女人，是男人最後的試煉 三三八
我仍堅持做爲一個中國現代武士——革命軍人的情懷與理想 三四〇
人生的完美不可說 三四三
陳福成自訂創作生活年表 三四七
跋——二〇〇四年總統大選參戰觀戰注疏手記 三六六
陳福成重要著作 三八二

自序：我終於找到生命中的寶物

我生於寒微，幼居台中大肚深山，七歲隨母移居台中市區，成爲城鄉間的一塊「漂流木」。歷十年顚越，總算定居在新社鄉中興嶺眷村。

接續又少年離家，投身鳳山陸軍官校預備班十三期、正四十四期。長於軍旅，倥傯從戎三十餘載，終泊船於台灣大學，幾近天命之年才又回了家。

回顧半生有三個轉折，隨母出大肚山，種下爾後開展不同天地的因緣。而半生戎馬的洗鍊磨教，雖也撞的「滿頭包」，柳營細雨或風暴，也都是焙煉意志，打造英雄好漢的好道場。惟視野之開展，穹窿之深闊，叢林之絕妙，則始見於八十三年春，我從後山花蓮轉調台灣大學。

來到台灣大學，我兩眼爲之一亮，這裡左派、右派、中間，乃至潛藏都市叢林中的儒者、俠者、狷介、浪漫者……各家高手，竟有機會同台切磋。就台灣大學整體觀之，仍不失爲「猛志逸四海，騫翮思遠翥，觀鑒參造化，吉象定天樞」（引「台大五十年」語）。我靜觀許多曠世龍象，在這裡高臥或深居。朝夕浸淫濡染，我終於才發現，台灣大學是可以讓人「明心見性」的道場，是我該來參拜的「廟」。我生命中的寶物，就在這廟裡發現的。

感謝當代最富盛名的客家籍書畫瓷刻家張夢雨教授，親自爲本書封面「五十不惑」揮毫，並贈「興發舊碚何害醉，詩成破筆亦堪書」對聯相勉。老同學童榮南先生，目前也是業餘名畫家，贈畫一幅，爲本書付梓祝賀。師友深情款款，銘肌鏤骨，拙誠未能表達萬一。僅誌肺腑，公諸天下，與有緣人共享之。

半生履痕，五十不惑，異旅奇緣，一點悟道的心得，盼有緣人分享垂教焉。

萬盛山莊主人陳福成

中華民國九十三年總統大選前夕台北文山（註）

註：正當本書要出版前夕，發生民進黨政府用不公不義的手段，獲取大位，基本上這個政府受到一半以上人口的懷疑，已經失去合法性（Legitimacy，或稱正當性）。選後就說「冒戰爭風險也要獨立建國」，不顧人民死活要戰爭，形同暴君。人民面對「非法政權」，面對暴君，最好的辦法是起而推翻它，孟子說「聞誅一夫，未聞弑君也。」因此，我以本書出版機會，呼籲啟動「三次革命」，推翻非法政權。在此也要聲明，這個呼籲來自詩人、朋友吳明興先生的提醒，還有很多泛藍朋友、愛中華民國的人的共同看法，非我所私有也。

92年7月，在匈牙利首都布達佩斯英雄廣場

老三週歲時的全家福，我來台灣大學已一年，84年。

77年，在復興崗政研所。

49年，在台中縣新社鄉馬力埔家門口。

65年，在金門。

60年，在陸軍官校黃埔湖畔。

和岳父母全家合照，86年。

爸爸、媽媽最愜美的一張紀念照。約民60年。

左起：我母親、五阿姨、舅舅、四阿姨和孫女、二阿姨，約79年。

我成長在一個一窮二白的年代，
一眼望去，
全村的人竟無人有鞋可穿，
不論大人、小孩，
身上穿的一補再補的衣服，
比丐幫穿的補綴還多，
物質的貧困，
外界訊息的隔絕，
我最早成長的記憶
是一片蒼白，甚至是空白。

1 匱乏的年代

——我的成長背景

54年台中縣大南國民小學畢業照，我們全班只有一個小朋友有鞋可穿。當然，校長和老師是有鞋可穿的。後排左六是本書作者。

50 年左右在馬力埔家門口，兩個妹妹有鞋可穿，在村裡已是眾人注目的焦點。

我大哥（見第一章末），約 56 年。

約 50 年照的正式紀念照片

我和兩個妹妹，約 48 年。

54 年考上東勢工業職業學校，那年寒假叔叔王淮帶我到台北圓山玩，他是第一個爲我講解論語、孟子的啓蒙者，也是最早指導我寫作的人。

約 48 年，在新社鄉馬力埔門口。

黑白武俠片常有的架式，兩個妹妹，約 48 年。

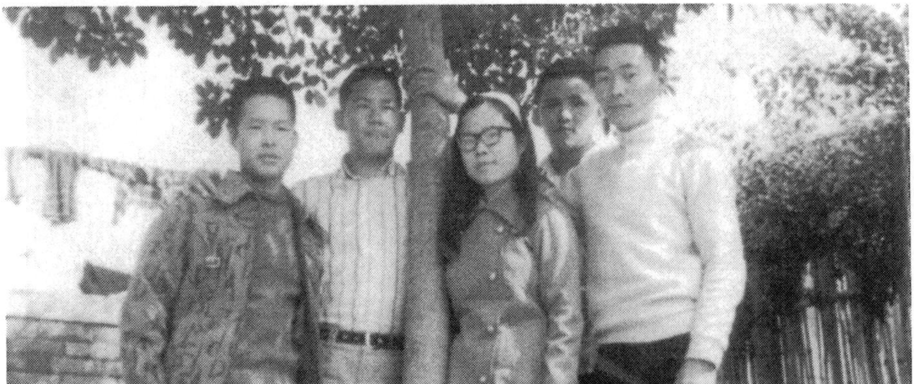

四個死黨和我妹妹的合照，59 年，在新社鄉中興嶺眷村的竹籬笆內榕樹下。

④

⑤

⑥

①②父親過世後整理他的遺物，才發現他是洪門會員。

③父親的筆跡鋼勁有力。

④爸爸在中興嶺眷村旁的果園邊，約 65 年。

⑤媽媽和四阿姨在中興嶺眷村門口，62 年。

⑥大哥從小不乖，愛搞怪，和自己合照，約民國 56 年。

❶從「蕃薯」變「芋頭」後，我就和眷村的孩子們玩在一起，後來大多讀了軍校。右三是我，大約 54 年。

❷三兄妹與媽媽在中興嶺眷村門口，62 年。

❸在中興嶺眷村門口，61 年。

❹初中畢業全班合照，前排左三是我，57 年，是「三分頭」的年代。

土角厝的回憶

「土角厝」，對廿一世紀的新世代年青人說，可能很陌生，甚至是一個沒有「概念」的名詞。我在大約八歲以前，住的就是土角厝，它最大的好處是原始、自然，冬暖夏涼，整座房子上下全是天然材料建造。

我出生在民國四十一年元月十六日。我上有一個哥哥、一個姊姊，下有兩個妹妹，姊姊大約在五歲時死了（約在抗戰勝利後，那時代幼兒死亡率很高），哥哥送給別人，我成了長子。

我最早的記憶是在四、五歲左右，約民國四十五、六年間，那時我家住在台中縣大肚山下的一戶「土角厝」，我還親眼看著一些大人們一層層把土角厝「夯」起來，但不是整戶房子都夯起來的，有些用「土角」（即土磚）砌起來。做土角，先在泥漿中攪拌稻草（剁成一節節，每節約二公分），再用木板製的模型做出長方形的土角，太陽晒個十幾天就能拿來蓋房子。屋頂通常鋪一層厚厚的蘆葦草，所有樑、柱、支、架都用木材或竹子支撐，遠看很像現在深山中一戶獨立的小木屋，雖是篳門圭竇，也是可愛的小屋。

這是一個獨立家屋，附近一公里左右沒有第二戶人家，三面環山，門前約百尺外臨溪，溪裡平常是乾的，下雨才有溪流。我住在這個遠看小木屋狀的土角厝，大約是小學前的光景，這是一個沒水沒電的地方，水要到遠處的山邊挑回來，倒入家中的水缸，再用明礬淨水，記得我五歲開始就跟大人去挑水，大人用水桶挑，我用兩個小牛奶罐挑水。家中沒電，一年四季都點煤油燈，屋裡到處都被薰的烏黑，室內滿是煤油味。這間土角厝在「八七水災」時垮了一半，我還記得大人在搶修的景像。幾十年之後我寫了一首詩「小木屋的回憶」，記錄這個遙遠、模糊的記憶：

小木屋的回憶

一座小山坡底下
有一株參天的香椿樹
樹下有個小屋在乘涼
它是童年的小屋
開襠褲的回憶裡

奇怪飛機怎在天邊慢慢滑過
害怕老鷹要抓走小雛雞
高興在公公腳上坐蹺蹺板
好天時，與頑童去捕蝴蝶
熱天時，爬到樹上玩遊戲

二十年不到，小木屋老得化歸塵土
所有淳樸的氣質，早已深埋，又長成
雄偉、華麗、高聳的怪物
把活生生的人當食料

我驀然想逃離魔掌
奔向高速公路最遠的盡路
把一身俗氣抖落
將兩足枷鎖爭脫

像一個單純的古人
手持詩書，腳走悠閒
或看天邊飄雲，田頭白鶴
我便有足夠的快樂與
永不流失的回憶

腳印詩刊，十三期，七十三年四月

住在這戶大肚山下的小木屋時代，發生過一件「驚天動地的事件」，大概五歲多的時候，我和鄰村的幾個同年齡娃娃跑到人家的地瓜田裡遊戲，整個下午時間五、六個小蘿蔔頭把人家將近一分地剛種二個星期的地瓜，幾乎全部拔光光，地主損失慘重，一狀告進大肚鄉警察局。結果五、六個媽媽們背著她們的寶貝進了警察局，起初警察以為是這幾個女人犯了什麼罪！弄清楚後才知道是女人們背上的娃娃犯了罪，啼笑皆非。這個案子後來如何了結，我已無記憶，反正我是被媽媽打一頓。

六歲本來要讀小學，但因從家裡走到學校，以兒童的腳程大約要走兩小時，每天來回走路就要四小時，父母顧念六歲太小，體力不夠，延到七歲（虛八歲）才進台中大肚國民小學。才讀三個月，發生了媽媽把爸爸「開除夫籍」，媽媽帶著子女離開大肚山下的土角厝。從此，我算真正的、永遠離開這個最初成長的地方，但這段兒時記憶在我人生旅程上有重要的意義。幾十年後我用詩來詮釋這個過程：

大肚山下

寒風中岸然卓絕的梅影是我曾經記憶的童謠
歌聲起自剛勁稀疏的林間，餘音把斜陽拉成長影
夢裡炊煙昇起遠古的回憶
南柯初醒，大肚山之陰已非故鄉

王者之香的身段曾是寤寐以求的風範
亂石嶙峋的山崖雖有過千鈞一髮
我抓生命之路，緊握自己
讓舊夢再自童年遊戲的林間重萌新芽

松成濤，人成海，村落成市鎮
滄海桑田或囂煩城市都一幕幕從舞台經過
我只想愛這泥土，愛這夕陽和圓月
大肚山之陰正是故鄉

中華文藝月刊，七十二年十月

從「大肚山之陰已非故鄉」到「大肚山之陰正是故鄉」，這段從疏離到認同的過程大約經歷二十多年的沉潛和反省的心路。其實，從我七歲離開大肚山下的土角厝，數十年來 和大哥回去看過一次，想去重溫兒時舊夢，而且聽說很久以前大肚山下那一帶，國防部購去建造大型油庫，大肚山下對我始終只是夢中的故鄉。

大肚山在民國五十年以前種滿鳳梨（台語「旺萊」），所以當地種旺萊的百姓習稱「旺萊山」。我對這個「夢中的故鄉」有兩件事雖隔四十多年了，人已到了中年，還是記憶深刻。一件是我常在早晨四、五點隨父親到山上竹林割取筍子，我提著「電土燈」照明；一件是常在白天和哥哥到山田去看羊、放羊，照料農作，防止羊吃地瓜葉。我們所有的田地全在大肚山麓，種了很多農作，李子、梅子、玉米、地瓜、香蕉都有，最多的是旺萊。我和哥哥大多時間在這田裡消磨度日，肚子餓了就在野地「爌窰」，最常用的材料是地瓜（蕃薯），其他如生香蕉、芋頭等，都可以用來爌窰。那時候，孩子們完全沒有零時可以享用，長年累月從未見過有一塊餅干或一粒糖果，三餐除地瓜飯加一點醃漬的菜外，一無所有。想吃甚麼，都得靠自己爌窰，或到荒山野嶺去採取野果，抓蝗蟲或蟬來烤，好香。

整個大肚山在民國四十幾年到五十年間，還是非常原始，終日只聞林間蛙鳴鳥叫，還有自家的雞飛狗跳。放眼環顧，滿山煙蔓，遍目榛榛。

我想，與我同時代的小朋友，一定也有些稀奇古怪，或難忘的記憶，不外乎如何「搶劫」五分仔車（台糖早期運白甘蔗的小火車），把整綑的甘蔗搬走；或追牛車，乘牛車上下學。或驚訝的聽著鄉野村婦罵她的兒孫，「夭壽死囝仔ㄆㄨㄥ肚短命、要死不死」（據說罵的愈毒，兒孫愈能健康長大。）罵小女生更是粗魯，「死幾ㄇㄞㄚ，要死不死」。這些台灣鄉下古老的俚語，現在很少人聽的懂。

還有，給小孩取名字也愈難聽、愈鄉土，小孩愈好養，長大愈有前途。所以「狗屎」有之，「豬屎」有之（皆台語發音）。鄉下就有一則「真有其事」的趣談，老農夫把大兒子取名「牛屎」，老二叫「狗屎」，老三叫「豬屎」。後來他老了，人家問「誰養你？」老農夫回答，「第一個月呷牛屎，第二個月呷狗屎，第三個月呷豬屎。」

土角厝的回憶，人煙絕跡的大肚山麓，是我兒時整個的世界；全世界只是一座孤單、神秘的大肚山，山中的一座土角厝，加上附近的農田果樹。這個世界已經不存在了，只在夢中，不久，夢也將結束。

我的母親，我的童年

我的母親陳蕊女士，民國十四年十一月二十五日生，父陳早（我阿公），母陳彭宜（阿嬤）。母親上有一個哥哥（我舅舅）、兩個姊姊（我大阿姨、二阿姨）、兩個妹妹（我四阿姨、五阿姨）。陳家本是台中龍井的大族，據媽媽回憶，她小時候（約民國二十幾年時）家中吃飯是用敲鑼的，可見食之者眾。在媽媽還是少女時代，家道開始中落，父親早逝，所以她的婚事是由家中長輩共同決定，她也身不由己，所嫁的人都不是她所愛或可滿意的男人。她年青時在日本人家帶孩子，日文說的很好。

我為什麼說「媽媽把爸爸開除夫籍呢？」就我當時七歲的印象，爸爸太懶惰，所有工作中只願意養豬，家事和田裡的工作都是媽媽在操勞。大肚山下的山坡地種了很多鳳梨，大多是由媽媽挑到大肚街上賣，有時候會挑到東海大學附近，我大哥常隨媽媽去賣鳳梨。還有，爸爸會打女人，但媽媽從來不甘示弱，記得有一次爸爸要打媽媽，媽媽拿起扁擔抵抗。

基於這些原因，媽媽決定「訴諸群眾」，找村里長及當時村裡有力量的長輩出面，「開除夫籍」，辦理離婚，而且出奇的成功，所有小孩全被媽媽「囊括一空」，孩子們全歸媽媽所有。這件事在當時有如「大肚鄉的八二三砲戰」那麼轟動，在民國四十幾年的女人被男人騎在頭上，都只能忍氣吞聲認命，無有敢起而反抗者，我媽媽不但敢正面反抗，且取得決定性的勝利。幾十年後的公元兩千年代，當我聽到呂秀蓮自命是「台灣新女性主義的開創者」，很覺不平，早在五十多年前，我母親就是新女性主義的實踐者，她面對男人從不讓步，從不妥協。幾十年後，我回憶這件事（母父離婚）對我也有重大意義：若媽媽沒有帶兒女離開大肚山，我可能現在還在大肚山種鳳梨！媽媽生前也常開玩笑說：如果不和那懶鬼離婚，現在你們都還在鳳梨山（當地人對大肚山的稱呼）放羊。人生際會遭遇的弔詭處在此。

但是，相對的，母父離婚，帶著我們兄妹遠離大肚山，也是流浪的開始，這大概是民國四十八年的事。最初媽媽在台中市大湖街租了一個大約兩個榻榻米的房間，這是我最早住在有電燈的房子裡。媽媽每天出去賣化粧品，我轉學到台中市太平國小仍讀一年級，並照料妹妹，我八歲就會弄飯給妹妹吃。

太平國小讀沒多久再度搬家，這回搬到六張犁（正好住在清泉崗空軍基地大門口外約一百多公尺），我轉學讀大雅國小六張犁分校，這個分校總共僅有兩個班。在六張犁住不久又全家搬到沙鹿四平街，記憶中是大多棲身在四阿姨家中，我也沒有轉入那所小學就讀；不久又搬到新社鄉東興村、馬力埔等地居住，終於母親和一個現役軍人結婚，他是我繼父，全家才定居在中興嶺（當時陸軍八〇五總醫院新眷村），我轉學讀新社鄉大南國小三（不詳，可能是二年級）年級，直到小學畢業。

還記得好像小學三、四年級時，發生過一件「族群衝突」事件，我至今印象深刻。因為母親和外省軍人結婚，當時本省人與外省人真是壁壘分明，本省人稱外省人「芋仔」或「山豬」，外省人稱本省人「蕃薯仔」。有一天放學後在離校不遠的農田邊，幾個同班上的蕃薯仔攔阻我的去路，在地上劃一個圓圈，叫我站在裡面不准動，左一句「山豬」，右一句「山豬」的叫，並有人動手打我，我嚇得站在原地大哭。我回家後把這件事告訴一個姓羅的叔叔，第二天放學我和叔叔把那些蕃薯仔也攔在半路，叔叔沒有「扁」他們，但恐嚇性的告誡一番，以後我也沒有再受到欺侮。那個年代，台灣人對「外省仔」還有幾分畏懼，大人嚇唬孩子不都說「外省仔」或「兵仔」來阿！都把外省人描述成大壞蛋。

長大後我讀卡繆（Albert Camus, 1913-1960）的作品，回憶起這個年代發生這些「事件」，更深刻的感覺到這是人類的「另一種荒謬」，是人生的荒謬之極。竟然我童年就碰到。

事情很快就過去了。只是，那個事件給我一個原始的感覺。小小心靈第一次感覺到社會的本質是「強凌弱，眾暴寡」，之後的成長歷程我對所有「客觀環境」始終很小心，深怕又碰到「強凌弱，眾暴寡」的傷害。其實成長過程中，許多「活生生、血淋淋」的事件都不斷上演，人與人之間充斥著暴力、衝突、殘殺、劫掠。擴張到更大的範圍，種族之間、國家之間、黨派之間，更多的計畫性殺戮，都是沒有理由的，不問是非的，無理性的。現在我人到中年，當了人家的長輩，也常警示後生小輩們「社會處處是陷阱，江湖步步有殺機」，不知是否小時候印象的影響。

這是小學三、四年級被蕃薯仔欺侮的事，事實上我是道道地地的蕃薯仔。照理說，兒童時期這些小朋友，不應該在天真的心中就樹起「芋仔」和「蕃薯仔」的高牆，自動的成為兩個「集團」，壁壘分明，現在回想起來真是太可怕了。教育學家都說「兒童無國界」，這表示各個族群的兒童「天生」就能玩在一起，純真是兒童共同的語言和溝通方法。為甚麼我碰到了普通法則的「例外」，必定存在可怕的「因」，在當時可能許多人都不知道，幾十年後我在回憶這些「童年往事」時，我知道了上層的因。

當時本省人在哄小孩不聽話就說，「阿山吔來啊！」、「兵仔來啊！」，那時阿山和兵仔都是外省人。顯然外省族群是被「污名化」了，到底是冤情還是實況！恐怕也沒有共識。若要追這個更上的因，大概就是「二二八事件」吧！但是二二八事件不僅死本省人，外省人也死很多，真是一個荒繆的年代。統治階層瘋狂，一般百姓也失去理性，連小學兒童也失去純真搞起種族歧視。

所幸，學校裡除了族群高牆外，孩子們大體上是無憂無慮的。父母忙著種田，小孩在學校玩，回家也幫忙在田裡幹活，小學四年級前我就幹過許多活，種菜、打掃、洗衣、放羊，凡大人做的事都得幫忙做。

到小學五、六年級日子過的真快樂，那時流行惡補，凡是要考初中的從五年級開始編入「補習班」，每天從早自習補到晚上九點多十點才回家。不升學的就編入「放牛班」，全天都在「放牛」。家長也認同這種編班法（應該不叫認同，反正家長們不懂也不管），我是放牛班的，每天到校一、二節課是老師講故事（西遊記或封神榜），三、四節課自習（小朋友自行玩遊戲、下跳棋或象棋等），中午吃便當後午睡，下午一、二節課打躲避球，然後就下課。放牛班的小朋友每天就這樣玩的不亦樂乎，而且大家都帶一些玩具到學校玩，如鐵圈、瓶蓋、圓紙牌、橡皮圈、陀螺或自製的風箏等，每一種童玩都有很多玩法，現代小孩見都沒見過呢！

反觀那些「補習班」的小朋友，好可憐！每天都被「雞兔問題」糾纏的沒有時間玩。當然，如果碰到督學到校查訪，我們放牛班的老師也會做做樣子教大家算算雞兔同籠問題，但好像全班從無人懂過，我更是向來都弄不懂，因為那時媽媽在眷村旁養了很多雞、鴨、鵝、兔，從來沒有把雞兔關在同一籠子裡，所以那時我覺得「雞兔同籠」根本就是「問題」，是無意義的問題，也就不管它了。

小學五、六年級是我最快樂的兩年，那時我還暗暗喜歡一個眷村裡的高姓女生，每天騎單車等著載她，一同上學放學，高姓小女生到我家玩時，我就告訴她，「我喜歡妳，我長大要娶妳當妻子，好嗎？」小女生低頭不語，含情脈脈。我長大讀到「神曲」，知道了作者但丁（Dante Alighieri）自述，他九歲時對一個同齡女生叫貝德麗斯（Beatrice），有「強烈的感覺」，我才知道我對女生竟也很早有「感覺」了。長大後我對女生很「敢」，喜歡便直接當面說喜歡。

我小學階段那幾年是媽媽比較快樂的日子，可能是剛結婚不久，而且有眷舍可住，生活比較安定。眷村附近有大片荒地，媽媽開始發揮農家婦女的本事，開墾荒地種水果、種菜、收洗好幾戶人家的衣服，養了很多家禽。眷村的其他媽媽們每天不是打麻將、閒聊，就是到醫院生產，只有我母親最辛苦。

我母親最辛苦是有一個很「奇怪」的原因的。眷村裡其他孩子都有「黨的奶水可吃」，他們有糧有餉，讀書免費。我家小孩因為非婚生子女，不能報眷糧，所以國民黨不負責，政府也不管，即無米糧又無軍餉，讀書特別貴，媽媽就格外辛苦，每天從早到晚都在操勞。後來我漸漸長大成人，每當有人說「你們吃國民黨的奶水長大」，我都大聲而理直氣壯的頂回去說，「我不是，國民黨從來不顧我們兄妹死活，只有國民黨對不起我們，我們沒有對不起國民黨……」。這當然是氣話，往後的三十多年我始終是國民黨的忠貞黨員——到李登輝整垮國民黨之前，容後各章再表。

我一直懷念著我母親，甚至參差一些複雜的內疚。因為我初中畢業後竟就進了軍校，從此她就好像沒了我這兒子，媽媽的生老病死一切問題也完全由我兩個妹妹承擔，這種事在中國的常民文化裡不太能被接受。雖然可以用一個很形而上又冠冕堂皇的「移孝作忠」，加以美化、包裝、服人、服己，但內心深處總難調適到圓滿，因為在忠方面所做的「工量」是否等於從孝裡面移出的「工量」？換言之，是等號的左邊和右邊失衡了，我曾寫過一道詩來疏發這種內心的鬱卒，「大地之歌」：

大地之歌——獻給母親

看這包容的大地
我是
從地層裏縱身一躍成一株常綠樹
挺拔地長向藍空
回憶在乳間的擁吻吸吮
而現在張牙舞爪的齒
細嚼每一寸晒過的春泥
新芽與秋收成為一種永恆的循環

把雲望穿成一張皺皺的臉
把路望斷成一條條連接不上的手紋
把船望到成一封萬金家書
午夜夢裏尋不到童年故鄉的小路
聽海風輕唱遊子歌
看白雲追趕天空路
是辛苦而值得的享受
妳看！飄葉必定落向大地
海鳥總會歇腳風林
所有的人也遲早要歸回大地的手
妳是太陽
宇宙的中心，我之中心；縱使我是
九大行星
也是妳的
妳是萬有引力
三十年吸吮同一條血脈中的養分

三十年把妳啃噬成貧脊憔悴的容顏
燭火有燼；土地需要休息重生
啊！大地
我把肉還給妳
我把血還給妳
我把骨還給妳
我把乾淨的生命全都還給妳
我還有什麼東西可以給妳，以換取如春
泥的肥沃

七十二年母難日於馬祖
中華文藝月刊，七十二年十月

從媽媽帶著子女離開大肚山，到定居中興嶺眷村，是我漂泊且赤貧的歲月，媽媽娘家兄妹經常出手援助，除了曾經全家棲身四阿姨（陳品）家，也常得到四阿姨金錢、衣物等幫助，四阿姨有個女兒——大表妹和我感情最好，雙方家長有意磋合。後來不知什麼原因……沒有結果。

我有幾個表哥（舅舅的四個兒子），他們在當時都還是有田有地，也常把田裡的農作物，如米、芋頭、地瓜、雜糧、水果等搬出來接濟我母親。至今我家與這些親戚仍保持不錯的關係，因為我存著感激的心，當年若沒有他們伸出溫暖的手，漂泊的童年鐵定更加蒼白！

回顧小學時代，不僅蒼白，而且空白。一到四年級只記得到處搬家，五、六年級全在「放牛」，現代小孩所會的兒歌全都不會，所謂的「語文」、「常識」、「算術」……對我而言更是「聞所未聞」，甚麼「ㄅㄆㄇ」、「九九乘法表」……簡直聽都沒聽說過。事情就是這樣，看倌您絕對不相信。所以我到小學畢業為止，可以說仍處於「草木榛榛，鹿豕狉狉」的原始狀態，完全尚未被開發、啟蒙。

媽媽晚年老病纏身，她是在八十三年過逝，享壽七十，這年我剛從花東防衛司令部三處副處長轉任台灣大學，請假比部隊方便，我們兄妹都輪流到八〇三醫院照護，某個晚上她在睡夢中靜靜的走了。沒有痛苦，沒有掙扎，聞者都說這是福氣，表示她總結今生今世是滿意的，了無遺恨。

她生前帶領子女出大肚山，後來她的骨灰放在大肚山花園公墓的寶塔。每年我都和兄妹們，或帶著妻子小孩到媽媽靈前拈三柱香，雖有諸多不捨，但「天道循環，半點不由人」，人生的「荒謬」處，也正是可貴之處。

我的父親

話說媽媽帶著子女遠離大肚山，到處漂泊了一年多，住過台中市大湖街、沙鹿四阿姨家、新社鄉東興村蔡家、馬力埔。後來和一個現役軍人結婚，定居在台中新社鄉中興嶺陸軍八〇五總醫院的新眷村，他是我繼父陳建民，民國七年農曆十二月十九日生，四川成都人，住在成都北門北大街。

繼父家裡有香煙工廠，小時候聽他講家鄉事，他家的田地騎馬一天走不完，小朋友們都半信半疑，但他講的可認真。又有一次說故事，他的部隊經過緬甸原始森林時，碰到一隻大蟒蛇，身體和軍車輪子一樣粗，橫在山路上，所有人車都原地靜止不動，直等到它走了部隊才開始通行。不知故事是否真實？

有一件事確是千真萬確，我們兄妹在一夜之間從「蕃薯仔」變成「芋仔」，從台灣人變成四川成都人。這樣的突變有很長一段時間不能適應，我在眷村那群外省小孩中顯得有些唐突，實際上是格格不入。在民國四、五十年代，大陸來台軍人娶台灣女人為妻已很普遍，但像我這樣七、八歲的時候一夜突變確很少見。我在家要和外省小孩相處，在校要和「土台客」相處，真是很嚴厲的考驗。

繼父後來說過他的年齡是在大陸從軍少報十歲，所以他應該是民前三年生。他父親叫陳其品，母親陳王氏。

他早年參加過抗日、剿共戰役，後來又加入青年軍，隨部隊到過越南、緬甸，與英國軍隊併肩和日本人打過幾場硬仗，大概三十三年的一場戰役，全連一百多官兵上火線，只有五人生還，爸爸是其中之一，可見戰事之慘烈，犧牲之慘重。那時候中國遠征軍為適應滇、緬、越一帶的叢林作戰，部隊編制有大象（曾在木柵動物園的大象林旺爺爺就是）、馬、驢等獸類運輸隊，專負責在荒山野嶺中載運重裝備。他有機會參加過一期「獸醫訓練班」，後來他就真的成了「獸醫」，負責部隊的獸類醫護工作，直到回台灣獸類解編為止。民國六十幾年他晚年寂寞，還花七萬元到后里馬場標購了一匹馬，在中興嶺山上騎馬散步。

爸爸在異國五年多，小時候我們幾個小孩也喜歡聽他講異國故事。有一次他在緬甸到一個山裡部落做客，晚上主人的女兒來陪宿，起初爸爸驚訝不敢接受這份「一夜情」，那女孩負氣回去向母親告狀。不久有人傳話給爸爸，若不接受女兒陪宿，是一種輕視，恐有不利後果；接受是一種尊重和禮貌，並可以繼續交朋友，爸爸知道這是當地的風俗慣例乃接受那主人女兒的陪宿。這是他年青時代最奇異的一次「一夜情」。小時候我們聽的津津有味，長大後我看各種文獻典籍，滇緬地區確有少數民族有這種奇風異俗。不知現在還有否？

父親在民國三十九年春隨軍隊回到台灣，數年後軍隊重新改編，所有的象、馬、驢等全部「解甲歸田」。於是爸爸這個「獸醫」就失業了，又不能隨獸退伍，乃改編到當時的陸軍八〇五總醫院「醫人」去，受完「護理訓練班」後，正式職務叫「內科助理員」，所以爸爸等於當了二十多年「護士」，直到和媽媽結婚後，有一陣子還調到第七病區（精神病患區），擔任精神病患護理工作，現在聽起這種事真「有夠」離譜，從「治獸」到「治人」，再到「治精神病人」，更離譜的事還在後頭。家中有人生病，不論感冒、發燒、疼痛、媽媽的胃病，或跌跤肉傷，只要沒有嚴重到要住院動手術，都是由爸爸自己診療，直接打針或開藥吃。小時候最怕打「盤尼西林」這種針，又痛又要先做試驗，有一回爸爸給媽媽打一針盤尼西林，結果有嚴重反應，孩子都很緊張，爸爸不慌不忙的拿出事先備好的「解藥」，再補上一針就沒事了。可見他說「走過大江南北、見過大場面」，是真的。

記得是我在讀初中時，為改善家中經濟困境，爸爸曾經到處奔走爭取「黨的奶水：眷糧」（註：當時沒有眷糧是父母的一大困境），似乎都沒有結果。後來爸爸乾脆與另外一個也曾經是「獸醫」的朋友，到豐原郊外開起一家診所「非正式」的營業，附近居民來看病者絡繹不絕。聽說是因為爸爸「醫術高明」，大多藥到病除，村民視如「神醫華佗」，爸爸因此小賺一些。我初中畢業進了軍校，他的診所也不開了，那時他的理由是「見好就收」，反正我也不懂。幾年後我懂了，原來是爸爸「不敢」開下去，乘著沒有弄出人命之前快快收攤；而且當局對「地下醫療行為」追查日緊，縱使沒有被查到，萬一有個「藥到命除」，才真「吃不完兜著走」，也算見好就收。

爸爸基本上是一個嚴肅而負責任的男人，所以媽媽和他維持了幾年不錯的婚姻關係，我和兩個妹妹也有過幾年安定的童年。但有一個原因使夫妻關係越來越差，那就是爸爸是一個大男人主義者，他下班回家只做：吃飯、看報、翹二郎腿。我和媽媽合力包辦所有粗活及開源的工作，例如墾荒地種菜、種水果（香蕉最多達一百餘株）、養各種禽畜、清潔打掃（整個眷村）、收洗衣服等。這些事情父親經年累月從不參與，媽媽相當不滿而吵架，爸爸亦不改善，兩人漸行漸遠，我進軍校沒幾年他們就分居了。

好像「兒子都是護著媽媽」，因為兒子都在媽媽的肚子成長，從媽媽的最私密處出來，這是人的天性、本質，我也是。幾次他們吵完架後，我都「代表」媽媽去向爸爸「興師問罪」，當然不能改善什麼！幾十年後我也為人夫、人父，我最常對孩子們說的一句話，是「家事是家中每個成員的事，不是媽媽一人的事。」我親自分擔家事，也訓練小孩做家事，我深信「家事是一種生活教育，它本身就是一種教育，比功課第一名重要，而且是所有教育的起點。」這種理念在孩子國中之前就要教育他們接受，過時無效（來不及了）。這是父母親重要的責任。

某些方面爸爸就很關心，記憶中他最關心孩子們在成長過程中與異性朋友的交往。大概在我陸官預備班三年級暑假時，父親在台中市八〇三醫院服務，有一批實習護士到院見習，他對一位 Hon 姓小姐的見習生印象特別好，便找機會介紹我和 Hon 小姐認識，並事先給我「精神講話」，說軍人娶護士為妻的好處，對家庭的幫助等，又說了Hon小姐許多優點。可惜，我當時正和另一位 Shau 小姐打的火熱，那裡聽得進老爸的美言。為此，老爸生了好久的氣，我亦不為所動，數月後不了了之。（後來我在前方服役，Shau 在後方「兵變」。）

沒想到山不轉路轉，Hon小姐後來成為我一個死黨的太太，我和她也成為好朋友，才印證我父親數十年前所言，句句實話。

世間人事都有因果，緣起又緣滅。所以我並不後悔當初沒聽老爸的話。每個人的一生都在追尋三種寶物：親情、友情與愛情，能得其中一小部份者，已是很可貴的事，而且此三種是「平等」的，每個人都要捫心自問「心中可有這些寶物？」我，三者皆有。

老爸晚年一個人住中興嶺，我在軍中，兩個妹妹都已出嫁，生活很孤單。頂多偶爾下台中看看女兒，抱抱孫子。七十三年他得了脾臟癌，瘦的一身皮包骨，一度被醫院轉送到台南療養院「放著等死」，我從部隊請假回來才設法又轉送台中榮總，不久就過世，葬在中興嶺「大陸旅台同鄉公墓」。老爸走後我整理他的遺物，發現他的一本「洪門會員證」（如章首的照片），證書內頁有總理遺像及遺囑、總裁遺像及遺囑、蔣經國肖像及提詞、前任與當任山主肖像及提詞、入會必須遵守的規律、會員基本資料等。內口號「反攻」，外口號「復國」，「威」字旗號，詩曰：「九龍出海走西東，飛虎離山逞英雄，千江水底歸大海，萬壽香煙朝天庭。」此時我才知道老爸原來也是洪門成員。

洪門會員證的大小、內涵，都和中國國民黨黨員證差不多，洪門和國民黨關係密切得到明證。我對「洪門」這個組織還不很清楚，但已開始發生興趣。兩年後我進政治研究所，我的碩士論文「中國近代政治結社之研究」，因為洪門是清末重要的政治結社，與興中會、同盟會、國民黨及中華民國的成立，都有直接的關係。

綜觀老爸一生，還有一件事深值「留言」，他一生到走為止，對「三民主義」、「偉大領袖」、「反攻大陸」及「中國統一」等信念從未動搖，更從未有疑惑過，從生到死都堅守一個中國國民黨黨員的職責與忠貞，可見國民黨半世紀的「黨化」教育是成功的。某個角度觀之，他這一走也是適時而幸運的，若活到現在拖著老命，還眼睜睜看著李登輝如何貪瀆搞錢！如何搞台獨！如何把國民黨賣掉！身邊還有一群走狗、太監之流一起搞。所有忠貞的基層黨員完全無可奈何！老爸不病死，也被氣死。

當然，還是有些事讓老爸走的不放心。他生前一直希望我好好幹軍人，他對我這塊「正牌黃埔」充滿信心，只要我苦幹實幹一定有希望。照他描繪的遠景，我在職務上應該是排長↓連長↓營長↓團長↓師長↓……。而在軍階上也希望是中尉↓上尉↓少校↓中校↓上校↓少將↓……一直上去，好像乘直昇機的感覺。結果是我在軍校學生時代鬧過「不想幹」，中尉軍官又闖出「逃官事件」，爸爸都操心又反對，叫我必須好好幹。一再告誡讀軍校是有前途的，家無恆產，一無所有，不讀軍校能幹什麼？我畢業當了軍官，他也常叮嚀，好好幹，堅持到底！

我並沒有完全聽老爸的話，連長幹完就轉任監察官，這在「正牌黃埔軍官」來說是沒出息的事。很意外的，我後來真的堅持到底，幹了三十一年軍人，到八十八年才從「台灣大學上校主任教官」職務退休，未知他老人家九泉之下是否滿意？

現在父母都走了，我們兄妹依然感情很好，不會如台灣俚語所說「父母走斷路頭」（散夥的意思）。我和太太也經常帶著子女，和妹妹們回去掃墓，開始幾年我有一點點「徒勞無功」的感覺。後來我體悟出有重大意義，其形而上者就是我們掛在口頭上的「慎終追遠、民德歸厚」；形而下者是一種最好的「社會化」教育，甚至是一種很好的文化教育。經由這個民俗禮儀（掃墓）活動，使親人得以團聚，凝聚家庭、家族、姻親、血親等關係的和諧。這是父母走後數年我才領悟出來的。

當然，人生是有遺憾，有所缺損的。如何處理這些遺憾？有人試圖埋在深心的「黑盒子」中，每人方法不同，我是把它轉換成「商品」，放在「市場」上曬太陽。我們兄妹之間也因境遇緣會不同，例如大哥從小送人姓張，親兄弟卻不同姓，他從小也沒有讀書的機會，從來也沒有父母親人的關懷，沒有家庭之愛。我們曾經有一條不可跨越的鴻溝，總怪造化弄人，當大家都年過半百，我仍試圖打破人世間的「貧富賢愚年齡階級」的高牆，從人原來的基本面看待彼此間關係，或許會輕鬆些、自在些，由此找回原來的親情，才是人間可貴的情。小時候我看阿兄沒吃的，我把自己一點點東西，偷偷的留給阿兄。我對妹妹也是這樣，哥哥對我也是這樣。現在大家都中年了，這份情沒有變，還是存在兄妹的心中，這是「真正的寶」。

青澀的少年：我的初中時代

我讀初中是一件很意外的事，一則上一代種田的人沒有人讀初中，再則是沒有能力讀。原來媽媽叫我去學「黑手」，爸爸叫我學理髮或開計程車，但偶然的機緣卻叫我讀了初中。現在回憶這段讀初中的日子，雖然也還是很清楚的知道自己仍處於懵懵懂懂狀態，但也是整個人生過程中最是「真人」的階段。這時候的人，心中想啥就幹啥，看到甚麼就說甚麼，所想、所說和所做是合一的，不會騙人，所以我說這階段是最像人的真人。過了這年齡，為甚麼人開始「人在江湖身不由己」，真是弔詭！

話說我小學五、六年級放了兩年的牛，到了最後關頭父母才叫我考初中，所以我是參加民國五十四年台中縣新社鄉的初中聯考，結果當然「白做工」。再去考職業學校，那個年代最沒有希望的人才讀職業學校，結果我就上了「東勢工業職業學校土木科」，在這裡砌牆堆磚攪和水泥，整整三年都在「玩」這些，課表上排的國文、英文、數學……也極少在照表上課。

但是，我對「讀書」這件事開始產生興趣卻是從初中開始的。原來按照大陸老一輩人的觀念，能夠讀初中是件了不起的大事，爸爸有個老戰友名叫王淮，國學底子非常紮實，在大陸上讀過很多古書，當過私塾老師，當時也在八〇五醫院養病，常在我家進出。他看我還像一塊未經彫琢的樸玉，完全處於尚未開發的原始狀態，興起他想要啟蒙我的興趣。他開始為我講解「論語」、「孟子」兩書，有系統而持續的講了一年多，有些章節再三的講很多遍，重要的地方還要求我熟背，我照單全收，全部照辦。「孟子」有兩節他更是講解不下十次，叫我要「倒背如流」：

「天將降大任於斯人也，必先勞其筋骨，苦其心……」

「人一能之己十之，人能十之己百之……」

這兩段話的詮釋，那位王叔叔好像完全針對我的情況，所以我的感受特別深刻，以後漫長的歲月我內心始終記著這兩段話，前段在困境中自我勉勵，勞苦甘如飴；後段我當成自己特有的讀書方法。

此外，王叔叔也開始指導我寫日記、讀書心得、短篇作文，有些經由他的修改投稿到校刊「東工青年」，大多被錄用發表，我成了「校園名作家」，精神為之一振，這是我初嚐被老師、同學肯定的滋味，感受到很充實的成就感。到了初中二、三年級，我偶爾還能在重大節慶（如雙十節、元旦等）為校刊寫社論，就這樣我一路寫下去，不急不徐，成為數十年來重要的業餘興趣。

另一領域的功課我就踢到「鐵板」。爸爸的另一個朋友叫周祖權也在八〇五醫院養病，見我數理無藥可救，他自認數理很好且有特別的教學法，定能讓我「起死回生」。記得我們共同努力了好一陣子，我依然毫無起色，大概他認為我的數學根本是「朽木不可雕」，也就不想投入心力。這位周哥哥（他比爸爸小十多歲）後來成家，住在鳳山大寮眷村（正好在陸軍官校「六么二高地」後面），休假常去他府上。後因他對我們兄妹有些誤解，搬家後不再連絡，我多次去舊居打聽未果，我心中也知道他刻意避不見面。誤解或認知不同實在是人與人之間，最大的溝通障礙。

因為經常「勞其筋骨、苦其心志」，初中時我已經長的很結實，初中三年也是我體力操勞最多的一段日子。前面提到媽媽包了很多工程（墾荒地種菜、種水果、眷區打掃……）爸爸是不做事的，都是我和媽媽在操勞，我常和媽媽在清晨三、四點就起床挑垃圾，打掃眷區，一年四季，不論天氣多麼冰冷，至到我進軍校為止。那時候媽媽還是四十初頭經得起磨。所以我和媽媽那時候真是「即耐操又耐磨」，中興嶺眷村在民國五十幾年還有大片荒地，我和媽媽拼命開墾，種很多蔬菜、水果，市面上所見過的那些品種我們都種過。除了自己吃、送左鄰右舍，還能賣，記得香蕉種最多，通常整批賣掉。「沒有黨的奶水可喝」，媽媽就這樣帶著孩子走過那段艱困的日子。

初中時代我自己的零用錢來源，一個是校刊上的投稿，每月多則三十元，少則有二十元，那時身上能有三十元的同學就很「拉風」了。收集破銅爛鐵、可用金屬、雞毛鴨毛，也有不錯的收入。另一個來源是「販賣軍火」，有五〇機槍彈殼、木板我就能做一把槍，再到雜貨店買鞭炮，用裡面的火藥做子彈和引火。過年過節眷村的孩子們都玩的不亦樂乎！只有我忙著「製造槍隻、販賣軍火」，一把槍大約可賣三十元，運氣好可賣五十元。這是我初中時代賺錢、過日子的方法，現在回想也還頂有趣。

可能是這些種種原因及生活背景，養成我「思想和生活都很單純」的人生觀，初中時代的我「正義感」還特別濃厚。東工是當時台中縣最爛的職業學校（同學都這麼說），「太保太妹」很多，學生把穿載在身上的鞋子、衣服和帽子弄成各種「奇型怪狀」，視為流行和平常，老師和教官都不太敢管。有個教官「管的太多」，被高中部幾個「大條仔」一夥人在某個放學的晚上，攔在半路痛「扁」一頓，這是校園中到處流傳「公開的秘密」。還好，那些不良習性我始終沒有染上，我有自己的生活模式。

初二時我闖出一件大事震撼東工校園。有一回教育部督學要來訪視，並要單獨訪問一個學生，因為我在當屆已經維持三個學期第一名，老師公認我是「品學兼優」的好學生，又是「校園名作家」，決定叫我代表接受訪問。於是訓導主任、教務主任和導師都來給我「輔導」，告訴我督學會問什麼！如何回答，那些能說，那些不能說！我好像發現「人間最大黑暗」的感覺，更可甚者是叫我幫助「掩蓋」，我豈不成為「幫兇」。單純的心靈告訴我這是嚴重違反「正義原則」的，經過內心正反掙扎，我決定「揭發黑暗」，與正義站在一邊，王淮叔叔在講解四書時也提過「雖千萬人吾往矣」的事例。

結果督學來訪時，我一五一十全說了，把學校超收學生做地下生意也說了。該說與不該說的都具實秉告，當場所有人全都「傻眼」，校長當場「愣住」，有的老師直搖頭，有的忙著「解釋」……事件之後，有老師、同學碰到我時，說「陳福成，你幹的對，不要怕。」但實習老師對我很不諒解，他利用學校的實習工廠給「非本校學生」實習之用，拿了不少好處，事後都受到影響。幾個月後事情逐漸淡然，我回復正常、平靜的生活，所有人都忘記此事，我卻永遠記憶如新。

初中三年最得意的事，是我維持六學期、三學年成績都是全屆（兩班不到百人）第一名，畢業總成績第一名，領當時台中縣縣長王子癸的獎。這件事說來有些「怪」，我數理科都很爛，怎麼維持這樣的成績。真實原因是學校、學生素質普遍的差，絕大多數學生是不讀書的，老師也很清楚。所以考試時數理老師都會事先複習「劃重點」，只要把重點背起來一定過關，只是多數同學連背也懶的背。我就發揮「苦其心志」的精神拼命背書，初中三年的數科都是靠「背」多分，維持名列前茅及可以拿清寒獎學金的水準。

初三還有一件美麗的回憶，前面說過我對兩性意識的感覺很早就有了。因為初中部沒有女生，正好高中部有一位很文靜的淑女吸引了我，我整整想她（暗戀）一學期，終於我鼓起勇氣約她，記得只見一次面，談話不知所云，就沒有以後了。這是我少年時代美麗的「戀情」。

初中畢業我獲得免試直升本校高中部資格，但因沒錢讀不予考慮。正好那時流行從軍報國，學校大力鼓吹學生考軍校、士校，凡入伍者都身披紅彩帶，列隊接受女同學獻花，用鼓號樂隊大張旗鼓的歡送，看起來「好不風光」。班上有人報考士官學校，我跟著也想去，回家向爸爸說，沒想到老爸說「沒出息！要幹軍人就讀軍官學校。」媽媽卻很反對，那時台灣人讀軍校被當成「更沒出息」的事，更嚴重的媽媽會好像失去這個兒子。

這件事在我內心也掙扎好一陣子，若不進軍校，只有去當「黑手」別無他途，我又不願意。最後還是進了軍校，民國五十七年八月三十一日下午我由大哥陪同到鳳山報到，正式成為陸軍官校預備班十三期的新生，從這一天開始我滿腦子「革命大業」、「救國救民」的偉大理想，這是我長達三十一年的軍旅生涯開端。

回顧我的童年到少年時代，「父親」給我的印象始終嚴肅又迷離，父母關係不和，我對父親也有很多抱怨。（隨著我長大對父親了解愈多，抱怨消失，感恩之情由心而生。）

另一方面，母親真是很辛苦，每日都有做不完的苦勞，我大約十歲就知道為媽媽分憂解勞，在我進軍校前（十五歲前），每當媽媽生病，家事都是我承擔，包括洗衣服。連媽媽生理期的衣褲，都是我拿到溪邊，與一大群洗衣婦併排浣衣，起初大家好奇，久了就習以為常。等我稍長後，一群男生一起閒聊，聽說有的看到女人褻衣就會有「反應」，我卻沒有感覺。因為少年時代的我，媽媽的內褲、胸罩就常在我手上「把玩」，我把它當成「衣服的一種」，沒有性的遐思。

一直到我初中畢業進軍校，大哥都在外面鬼混。我和兩個妹妹相依為命，我大妹鳳嬌（見章首照片）是個很有智慧的女人，也是一個意志力堅強的女人。他因車禍失去一條腿，又夫君早逝，辛苦扶養兩個孩子長大成人。幾年前去大陸觀光，竟能以單腳登上長城。如果沒有兩個妹妹協助解決父母養老送終的事，我的軍旅生涯可能走不下去……

我的父母都走了，我的舅舅陳火老先生也走了（台中龍井陳家最後的長老，民國二年六月十八日生，九十二年二月廿七日壽終正寢，享壽九十一歲。）。上一代那個「家」在形式上不在了，所幸我們四兄妹感情始終很好，我們很珍視的是今生今世這份情緣。

人生的黃金三十餘載，

我在做甚麼？

一言以蔽之，

意識形態的信仰與實踐。

我用我的青春生命去信仰實踐，

我走過一個個道場，

金防部、馬防部、各軍團、花防部；

碰到許多高僧大德，

總統、部長、將軍、校長……

叩、叩、叩……

他們日以繼夜爲我講道。

最後我來到一個不惑的道場

台灣大學。

2 軍旅三十載

——意識形態的信仰與實踐

老校長最後一次主持校慶，隔年我才進軍校。

後，民國 90 年同學會中，已
將軍、作家、總經理、董事
當祖父的。二排左五是我。

大陸方面封我爲「台灣軍魂」、北京軍事文摘以我的上校受階照爲封面人物，標題台灣「軍魂」陳福成之謎。

進軍校後第一張寄回給媽媽的軍裝照片。

在預備班精神堡壘，59 年（已拆除）

軍校畢業與兩個死黨合照，時在民國六十四年六月。

三預備班三年級，「毛」都沒長齊，前排右一是我。

四年級打野外，攻佔山頭後歡呼，右三是我，是否有人還記得這是「M1」步槍？

86年元旦晉陞上校，六號在台灣大學蘇杭餐廳（原僑光堂）舉辦餐會，這天，台大的三長、教官、老師、職員到了一百多人，席開十餘桌。校長陳維昭教授親臨主持並頒階。

86年元旦台灣大學教官晉陞人員與長官合照，左起：陳國慶、林怡忠、蔣先凰、處長宋文將軍，總教官李長嘯將軍、我、吳元俊、詹源興。

官校二年級合照，前排左二是我。左一是好友翁思德，曾任三軍大學戰略教官，五十歲時因病去逝，實是國家與家庭的損失。

預備班三年級與同學劉建民合照，背景是黃埔湖畔，現在精神堡壘都不見了，59年。

在小金門當營長，與四個連長合影，79 年 6 月。

84 年歡送總教官韓懷豫將軍（中間著戎裝），全體教官在台大行政大樓前合影留念。我在二排右二。

在八軍團幹了一年營長輪調小金門，官兵列隊歡送，我正後方掛值星帶的是副營長王東祿少校、和輔導長吳建坤少校。野戰部隊很重視這方面禮節，78年4月。

一群在各級學校打拚的革命夥伴…教官們，後排左一是作者。

總教官李長嘯將軍主持春節餐會，85 年，都是台大的老面孔。

學務長（最右）向大家敬酒。

夥伴們，謝謝你送我一程。

八十八年二月從台灣大學退休，長官、同仁、教官歡送掠影，
個個酒酣耳熱、情不自禁！

▲左起：我、台大學務處處長何寄澎教授、軍訓室主任黃宏斌教授（現任教育部高教司司長）、夜間部學務組組長秦亞平先生。

▲

▲都是台大教官、同仁。

◀

軍校七年

我這輩子會成為黃埔軍校的一員，會成為老校長、先總統　蔣公的子弟兵，負起救國救民的重責大任，真是做夢都沒想到。這件事現在我仍感到三生有幸，是一件光榮的事，對老校長還是很崇拜的——大丈夫當如是也。當然，以前也許是一種「盲目崇拜」，但現在是一種理性的崇拜。現在這種心態不是國民黨給我的，而是我自己後來發現了「歷史真相」。在我談軍校生活之前，有必要先把這個真相「說明白講清楚」，因為他影響我後來不惑的心態。

話說一九三六年十二月十二日，張學良發動西安事變。十三日下午四點，毛澤東召集一個三百多人的會議，準備要把蔣中正「公審」（按美國國務院解密文件，共產黨最初是要槍決蔣委員長）。可是隔一天，情況全變了。十四日夜晚，莫斯科第三國際電令，對中共指示三點：

㈠西安事變乃日本人的陰謀，目的在製造中國的混亂與內戰；蘇聯不會受其欺騙去支持西安，而且還要反對西安。

㈡中國所需要的是統一的民族戰線；張學良永遠也不能成爲這一戰線的領袖，相反的，蔣委員長可能是唯一具此領袖資格之人，只有他才能領導全國對日抗戰。

㈢中共應盡力使西安事變和平解決，釋放蔣氏，並利用一切機會接近蔣氏。

（註：這是蘇聯觀點，後在郭華倫著「中共史論」、李漢雲著「西安事變的前因與經過」，都曾提到，李敖在「舊案、新黨、兔」一書也有詳盡的分析。）

為甚麼要先重述這段歷史？身為一個中國現在的「革命軍人」，「蔣中正」這三個字，這個人，在你心中的定位應該是很重要的。他在你心中是不是仍是個「偉大的領袖」？這個問題我「以敵為師」，蘇聯共產黨都認為蔣公是唯一可以領導抗日的領袖人物，張學良永遠不具有這個資格。蔣公是我「永遠的校長」，更永遠不會動搖了。

再把話題拉回來，我怎樣成為一個軍校學生，軍校生活怎麼過的。以一個貧窮的農家子弟，家族（龍井陳家）中兩百年來沒有族人是職業軍人，親戚中許多對外省人和軍人都有很壞的印象，我沒有任何理由進軍校。我有一個親戚就說，孩子要進軍校，乾脆宰殺了餵豬，我仍選擇進軍校。（後來這位親戚的孩子也進了軍校。）

軍校生活是非常堅苦的，非常人所能忍受。凡能夠熬過四年或七年的，就像從少林寺熬出來一樣，個個都有機會成為一代高僧。所以，從軍校熬出來就不是普通人，專業術語叫「革命軍人」，未來都要領導革命大業。培育這些革命軍人的地方叫「黃埔」搖籃，或乾脆稱「野獸營」（喻擬美國西點軍校的稱呼），可見這裡是「不適人居住的地方」，革命大業也不是「人」幹的。

那麼，我在軍校待了七年每日都在幹些什麼？應該說學校有計畫的按照教育目標，讓學生們年年歲歲幹些什麼！而不是我們能做什麼！軍校七年分成兩階段，前段叫做「預備班」有三年（算高中階段），後段叫「正期班」有四年（算大學階段）。兩階段受教育的內容（課程）不同，但生活模式完全一模一樣，大體上這七年的教育方式可稱徹底的規律化、團體化、革命化、意識形態化或黨化。這是怎麼辦到的？我們可以把一天二十四小時如何運用，概略取一平均數來解釋軍校生如何渡過七年（高中考入就是四年）！

首先，睡覺時間約六小時。（正常一天約八小時屬於睡覺時間，但因每人每天概約有一班兩小時的衛兵要站，或其他事故被處罰就寢後繼續「操」，這種機會常常有。）

體能操作約四小時。包含野外戰術教練、基本教練、大會操（每週都有）、重要節日慶典貴賓來訪的閱兵分列演練、戰技教練、種草皮、打掃、整理環境內務。有段時間規定每個革命軍人必須同時是「跆拳高手」，於是每天練武至少兩小時以上，持續一年多後逐漸「沉寂」。軍校教育對「整理環境內務」的基本理念，是當成訓練耐力、服從性，甚至培養「定、靜、安、慮、得」的過程，所以廁所可以比床舖乾淨，星期天整理及檢查內務可花三小時。

聽訓約三小時。這是軍校生每日的「必修課」，如同聽師父教誨或「禮佛」，也和軍事教育「由外而內」的設計有關。通常排連長每日訓話數次，營長、指揮官及校長每週必定利用週朝會訓話，休假與收假時也有訓話。而最重要的是黃埔前輩或高級長官訓話（講話，我們的術語不叫演講），如羅友倫、顧祝同、劉玉章、陳誠、王昇、何應欽、蔣緯國，或當時的國防部長、總司令等，在我印象中都曾來訓話，我們叫「聽訓」。這些前輩講話千篇一律是「黃埔子弟如何如何！好好幹，以後每個人都是軍團司令，都是總司令。」對十幾歲的學生產生巨大的吸引力，但禍害無窮，這要十幾年後才看得出來，本章末檢討省思再說吧！

無學分課約三小時。包括「國父思想」、「領袖行誼」、蔣經國、王昇等人的講詞或著作、「共匪禍國史」、「匪黨理論批判」、三民主義、「反攻復國戰爭的本質與目的」、「為誰而戰為何而戰」、「漢奸必滅暴政必亡」，及五大信念、革命人生觀、軍人武德等。這些課程都是經年累月，透過小考、測驗、大會考，一變又一變研習，以期內化成軍校生思想、觀念的一部份。例如我們曾一再講述美國西點軍校為什麼只有「國家、責任、榮譽」三大信念？黃埔軍校為何再加上「主義、領袖」而構成五大信念。

規定學分課程六小時。高中部（預備班）或大學部（正期班），都有教育部規定要修完的課程，如大學部修理學士課程，一百二十八個學分才能畢業。但這些時間也常被挪用，加上學生基本素質低（學科方面），大家並不太重視，反正能畢業就好。我記得預備班有次考試全班英文只有兩位及格，結果老師「開平方乘十」都過關了。

其他二小時。包含餐後有一些休息時間、自由活動，每天至少有八次以團體集合，在「集合—解散」之間難免要浪費一些時間。

以上是軍校生在一天二十四小時中整個的時間分配，可謂「七年如一日、一路走來始終如一」。為了快速、方便、直接使所有教育內容讓受教者接受、認同產生「內化」效果，在方法上使用「二分法」，蓋因革命教育是不容思考或質疑，甚至只有「是」與「不是」，沒有「第三種答案」。當學長問學弟或長官問學生任何問題，都只有「是、不是！沒有理由」一種回答法，超出這個範圍而有其他回答法，都要接受任何嚴厲的處分，可見這種二分法教育法則的厲害。可用下表詮釋之。

用「二分法」進行大是大非教育法則

黨團	正：正統、救國	中國國民黨
	反：邪統、禍國	中國共產黨
人物	正：聖潔	國父、蔣公、先烈先賢
	反：魔鬼	朱、毛匪幫
理論	正：真理	國父遺教、三民主義、蔣公思想
	反：邪說	馬列朱毛思想、共產主義
代表	正：正統中國（漢）	三民主義的中華民國
	反：非中國（賊）	共產中國
世界	正：自由世界	西方民主陣營
	反：鐵幕	中、蘇共的共產陣營
島內	正：大是	國民黨領導的政權
	反：大非	海外台獨、島內邪說
結果	贏：國民黨	一個自由、民主、和平統一的中國
	滅：共產黨	從中國及世界舞台上消失

當時的世界似乎一切都用二分法加以區隔，沒有現在所謂「灰色地帶」或「模糊空間」，凡事黑白分明，人不須要花腦筋再自己判斷是非對錯，上級已經定案，下面尊照辦理。極少數有異議的「毒草」也成不了氣候，「拔除」就是。（註：九十三年總統大選後，歷史又輪迴，成為藍綠二分世界。）

為使「內化的教材」能形之於外，更進一步透過儀式化在行為上「表態」，所以軍校生與國軍部隊所有軍人同樣，每天都要「表態」以示效忠，這就是呼口號。學生們每天早晚點名、週朝會或節日慶典大會，都要高呼「中華民國萬歲、三民主義萬歲、蔣總統萬歲、消滅萬惡共匪、解救大陸同胞」五句口號。二十多年後的民國八十九年六月十九日，我們看見陳水扁主持陸軍官校校慶，他也要高呼「中華民國萬歲、三民主義萬歲」。他再喊下去，陳水扁甚至民進黨，也可能被「內化」或質變。

軍校生就是這麼辛苦，生活無趣、無聊、無味，但必須要在這種沒有美感的環境中自己去創造更多的意義與美感，套用存在主義者卡繆的口氣說話，「要活下去，就要了解人生的無意義。人生越是無意義，越能活得多彩多姿。」所以學生們只能利用極少的自由時間，自己找樂子、過日子。在民國六〇年代前後，校園都流行西洋歌曲，初進軍校時有幾位同學吉他彈的好，很羨慕人家邊彈邊唱西洋流行歌，後來又發現彈吉他追女朋友很有利，我和另一個死黨叫劉建民的，乃開始用心苦練吉他。記得那時最流行的英文歌如 **Blow in in the wind**、

Cotton Fields、Five Hundred Miles、House of the Rising Sun、Scarborough Fair、Sound of Silence、Unchained Melody、A Time for Us等。這些好歌都可以流行好幾個世代，世紀末的九〇年代吹起復古風，「第六感生死戀」又用Unchained Melody融化我的心。

唱的最多的，該是相關的軍歌。除國歌在週朝會必唱外，平時陸軍軍歌「風雲起，山河動……」、校歌「怒潮澎湃，黨旗飛舞，這是革命的黃埔……」，每日早晚點名，都唱的響澈雲霄。而每日隊伍行進間及各種集合，唱的更多的軍歌是「斬斷敵人的魔手」、「鐵的戰士和將領」、「莫等待」、「夜襲」、「命運靠自己創造」、「敵愾同仇」、「我有一枝槍」、「勇士進行曲」、「黃埔男兒最豪壯」、「九條好漢在一晚」……長年累月，起床到睡覺，無日不唱。有的人連夢遊也在唱軍歌，唱軍歌成了生活的一部份。

唱軍歌確實有一些實際的功能，就個人言，鼓舞士氣，使人生觀積極些；就整體言，也能鼓舞團隊士氣，使隊伍看起來更雄壯威武。

有些國語歌也很流行，如淚的小花、苦酒滿杯、月滿西樓、龍的傳人，都是那個時代最好的吉他曲，例假日軍校生與附近學校女生出遊時總要用得上。另外在軍校大學時代我有如一塊吸水的海棉，大量涉獵課外讀物，例如鄧克保「異域」、拿斯特拉得馬斯「大預言」、林語堂「生活的藝術」、卡繆「薛西弗斯的神話」、「叔本華選集」等，我也繼續初中時代的寫作習慣經常在校刊上投稿。

官校二年級曾一度對革命軍人的理想破滅，原因是我們有四個死黨（劉、虞、張和我）似乎發現軍校生未來前途不像長官說的那般輝煌、偉大，有多位「很優秀」和不少位「不怎麼樣」的同學都設法退學，只要利用考試時作弊或全考零分就退學（或開除），或設法轉專修班。

說到「考試作弊」，我暫時把場景拉到民國九十二年間。五月底，媒體報導有五位陸官學生，因考試作弊遭退學，向立法委員及媒體陳情。剛開始有些不明事理的人給予同情，陸軍官校現任校長楊國強在記者會中嚴斥作弊行為，強調軍人的核心價值，強調陸軍官校栽培國家軍隊重要將校的重要性，這種「勇於說對」的勇氣，受到一面倒的肯定。想必那五位學生只好回家「閉門思過」了，不過當年我和幾位死黨曾經想要用考試作弊退學，雖未付諸實行，我卻很想針對這件「我思未行」的事多說幾句話：

第一、考試作弊退學是校規規定「唯一」的途徑，既是唯一，就是沒有其他辦法，只能退學，要不要依法執行規定？

第二、最重要的，軍校生的價值理念一個是「貪生怕死莫入此門，升官發財請走別路」（陸官大門對聯）；另一個是榮譽制度（考試作弊違反榮譽制度）。這些價值與理念，軍校生每日都受到耳提面命、醍醐灌頂。現在有人違反，要不要處理？

第三、陸軍官校不是「普通」大學，一般大學考試作弊頂多記過。陸官如同武林中的少林寺，其成員的武學、地位和道行都被以「最高標準」要求。現在門人違規，要不要清理門戶？以上三點我認為是軍校賴以立的要件。

我可能是一個「天生」不喜歡作弊的人，打從初中、預備班、正期班及以後的考試，有機會給我看課本也不會看。企圖利用考試作弊退學只是構想之一，我們四人開始反省、檢討，是不是走錯了路，「男怕幹錯行、女怕嫁錯郎」，這是嚴重且嚴肅的問題。四人利用晚點名後在大操場的草皮上集會討論，研商退學或轉「專修班」，那時聽說退學家長要賠大筆錢，四人都是因家裡窮才讀軍校，經多次開會仍「議而不決」。

後來決議仍讀到畢業，能不能闖出革命大業就不管了。服役滿十年退伍，一起投資開牧場。但張姓死黨決定轉專修班，讀一年服役三年就退伍。所以我和劉、虞三人在官校三、四年級時，讀書重點一度曾放在經營牧場有關的書，如何養牛、養羊等，並利用星期天到屏東牧場參觀。並把我們這個小團體取名「長青」，以示友誼恆久。

關於「長青」這個代名詞，是民國六十四年五月十一日，我們三個死黨在屏東新新旅社決定的。當時我們還買些黃蓮，每人吃幾口以示不怕苦。未來也要打拼出一片天，有「歃血為盟」的實質意義。當日每人所構想的，條列式把「長青計畫」重點寫出來：

㈠畢業四年左右建立家庭。

㈡利用時間參觀牧場，閱讀相關知識。

㈢部隊只幹十年，不留營，到時就退。

㈣三人之中，發現誰犯錯，要及時提出，當事者應當接受。

㈤每年定期或不定期集會，商討碰到的問題。

㈥用房地產或副業籌集資金。

㈦長青代號是「堂哥」。

㈧所有要延長服役的考試不參加。

㈨要使長青揚名中國。

這是年少時代一份非常非常天真的生涯規劃，當然不可能實現，這算是人生的遺憾嗎？也許是。只是每一個人的一生（帝王將相、販夫走卒），都不可能充份實現所有願望，孔明五次北伐都失敗，鄭成功、蔣中正先生的願望也都落空，但他們獲得最高的評價與歷史定位，凡事，盡力就好。

軍校生最羨慕的是四年級生，只有他才稱「學生王子」。每個人碰到你都要「甩五百」，你不爽隨時可以把他叫過來，在任何時間、場地把他教訓一頓，反正「合理是訓練，不合理是磨練」。我極少幹這種事，有些同學則樂此不疲，屢訓而爽！

畢業前一個從天而降的霹靂事件，讓我再度面臨「以一人抵抗眾人意志」的選擇。民國六十四年四月五日老總統走了，我們是「領袖的子弟兵」，自然要表態效忠。全校同學都在長官「輔導」下自動發起「自願留營運動」，那時我編在砲兵連住在官校南營區，起先有幾位留營五年、十年的，也有「自願終身留營」，隨著壓力愈來愈大，輔導長進行精神講話，連長「強力輔導」，終於全體一百一十三位砲兵同學，除了我和另外一位史同鵬同學打死不簽留營表。我們認為畢業後好好幹就是最佳的效忠，至於留營延長服役是以後的事，幹的好有前途自然會留營，現在簽留營表以後上不去怎麼辦？硬是不簽，輔導長發現硬的不行，用軟的，發動「人情包圍攻勢」，叫同學勸我簽兩年意思一下，我堅決不從。此事後來又不了了之，畢業前夕我成了長官眼中的「問題學生」。

總之，軍校七年生活是很苦的，很累的，又很無聊的一種肉體和精神的磨練，和到少林寺出家苦修沒兩樣。但也有快樂的事，交女朋友幾乎是所有軍校生醉心欲試的功課，我有一個女朋友姓蕭，頗有氣質與瀟脫。從大一維持到畢業後一年多才結束，所以她和我在軍校生活有一些彩色花絮，有過一段甜蜜的回憶。高雄、鳳山看看電影，咖啡廳泡泡，去過幾個地方渡假，她是一位頗有靈性的女孩。

另外，也有一些例假日，幾個死黨會到住在屏東的死黨劉建民家裡玩，大夥兒找到幾部單車（腳踏車）到鄉下欣賞美景。晚餐劉媽媽做涼麵給大家吃，劉媽的涼麵有十多種配料，三十多年後的現在我仍記得那股香味，是媽媽的味道。

軍校生最痛苦的，我敢說是環境內務檢查，煩不勝煩。在這七年間的所有休假日，在放假前都要環境內務大檢查，從地板、天花板、皮鞋、棉被、衣服、廁所……內內外外，一再的清掃、整理。一個星期天經常從早晨起床到上午十點多，還沒有「搞」完。通常值星官先檢查，連長和營長再檢查，班主任複查，校長最後再檢查，當時有一個校長叫林初耀最會搞這一套。直覺的是擺明的搞你、磨你，把你磨成一個「絕對服從」的殺人機器。軍校教育如此而已。（軍隊有一個不雅的稱號叫「殺人機器」，世界各國皆然，以美國軍隊最厲害。）

民國六十四年六月終於要畢業，七月所有三軍九校的畢業生全體到北投政戰學校報到，接受「反共復國教育」，九月結訓，十九日在高雄乘登陸艇（二二九號），目標：金門。不管是快樂還是痛苦，如今回憶起來，還真是在那苦悶的年代裡，唯一可以記憶的影像和樂趣。

在軍校被磨了七年，畢業前我把這七年做了回溯壓縮，以綿羊、牛和馬象徵三個階段，寫了一篇小品文刊在「黃埔日報」上：

我的回憶

陳福成

一隻小綿羊

我時常記起那遙遠的回憶，我可以很清楚地聽到往日每一段歲月中自己的足音——

我很乖。

一向對學校功課我很重視，每次考試都能輕而易舉地及格了，在星期天總是由一些唱片、書本、吉他伴著我，偶爾也被黃埔湖的萬千蜻蜓吸引住了，看她們在水面上追逐求偶，一在平靜的波面產卵，便起了一圈漣漪。

春天來了，看整個校園片片密密濃濃，地上鋪了一層青綠色地氈，百花爭艷，青松欲滴。我否認了天堂是在頭頂上無限遙遠的國度裏，它不就近在我的腳下嗎？

春天去了！夏天來臨，然後又漸漸遠去。

晚餐後的黃昏，是一天中最優美的一段時光，我都不忍心讓她消逝太快，即使下著小雨，也願意伴到最後一道餘暉告別才離去，如果是在沒有太陽的陰天，也愛凝視那些趕路回家的烏雲，雲下伴著幾隻歸鳥，也是萬般無奈的匆忙，「去吧！趕快把所有人間的醜事帶離我的視界，把一切傷心事驅入墓場埋了！讓我忘記世上所有的不公平。」我每次都這樣告訴他們。

聽說飯後散步對身體有益，所以三年級那段時間，大部份的黃昏都和兩位哥們一起繞著黃埔湖畔，也不知走了多少圈。那時正是芳年十七、八的，做夢時期，我們愛談一些令人費解的哲學，尤其是連自己也不懂的哲學問題蓋的最「來電」了。當靈感從潛在意識湧出而超越了意識世界時，心更似平原走馬，易放難收，亞理斯多德那幫人爲何有著閱多靈感，原來他們都了解散步的奧妙。

日復一日，我像一頭小綿羊，乖乖的在大地上吃草，黃埔湖的水爲我要飲而儲存，怒潮亭爲我們休息而建造，我忘了時間的流轉，預備班三年就這樣去了！

一條牛

突然有一天，聽說預十三期就要「化龍」了，我好高興，眞的要化龍嗎？改變一下生活方式，到天上去呼風喚雨，興風作浪該有多刺激。

那天，一大早理個三分頭，扛著行李，整隊準備化龍，教育班長已經開始叫了，什麼「不像樣」、「麻木不仁」之類的字眼如打機槍似的放個不停，好險大家心理有數，不過，未成龍如此，化成龍可能如雙管機槍，每分鐘以七百發的高速連放。果然入伍生三個月總是「緊張刺激的」。對我而言那些都是小場面，讓他，不理他就行了。

一、二年級過的很平實，就像一頭牛，默默地耕耘，遵守著「今日事，今日畢」的原則，不論主人心情如何不好，總是被我以靜制動的順受了，沒有一位主人肯忍心隨便責備那頭忠於他的牛。

這段時間我對功課、身體和知識三管齊下，功課依然保持原來沒有紅字的紀錄。鍛鍊身體成爲每日必修學分，因爲我已經很清楚地了解健康的身體是事業、前途的根本，沒有健康身體，一切無能爲力，尤其是一位軍人，身體就是本錢，對軍人而言，體力差都是一項重大打擊，一但成「虛弱」的地步，則毫無事業可言。再者是學識領域的推廣，我同時意識到學問對一個人的重要，就好像警覺性之對於一隻軍犬一樣。所以除了自己功課之外，特別加強一些課外知識。於是，我忘了黃昏何時來臨，預備班那些夢一般的生活都已離我遠去了。

三年級下期我對學問的範圍有重大改變，以往只限於「K」書，這段日子我體驗到生活即知識，無論所見所聞，甚至高山大海亦無一不是學問，難怪古人說：活到老，學到老，一點不錯。

一匹馬

有位老師說：「讀了十年書，人都不如我；再讀十年書，我不如人，再讀五年，便什麼也不懂了。」當我邁向官校第七年時，更覺自己所學無幾，尚待加油者還多。但自己客觀分析一下和預備班時代一比，也的確進步許多，所謂「積土成山」應是做學問的最佳形容，雖然目前尚是一座小丘，但官校已經把我培養成一位不後退的青年人，現在將以一匹馬的態勢衝出陸軍官校大門，奔向另一段人生旅程，照著上級的指示，好好開創這一條道路，去收我應有的成果。

（六十四年八月十四日）

第一次金門來回與逃官事件

以前軍事院校學生在入伍訓練時，有「三軍九校聯合入伍生教育」三個月，以示三軍同源於「黃埔」軍校；畢業時則共同在政戰學校接受「反共復國教育」，以示當局不忘反共復國大業，同時三軍各軍事院校學生在畢業前夕，利用一些時日共同研討若干共同性問題（反共戰爭），以後在戰場上有利於三軍聯合作戰。

反共復國教育主要內容還是思想教育，例如三民主義的本質、反共復國戰爭的本質。方法上透過高級長官訓話、演講、專書研讀、心得報告、分組討論等，加強學習效果。到底有沒有效？是一個千古的謎，因為反共復國戰爭並沒有爆發。不過很多人在反共復國教育結束後，就要到金門、馬祖報到，民國六十四年的金馬和對岸的大陸，仍處於「單打雙不打」的準戰爭狀態，雙方關係非常緊張，我方處心積慮在「殺朱拔毛」，對方則回以「打倒蔣幫」。另有少數同學反共復國教育後會分發到「反共救國軍」，這是東引的部隊，被蓋上一層厚厚的神秘面紗，要去的同學都很緊張，以為一去就要和共軍決戰的樣子，能否回來再見到親人都是未知數。

不管到金門、馬祖或反共救國軍，心情都很複雜，臉上看不出一絲笑容。我是到金門，心情複雜（國事、家事和女朋友），也有幾分男兒志在四方的豪情。

「反共復國教育」結訓後，休息數日後按抽籤及任官令規定到高雄壽山營區等船，準備到金門報到。記得第一次金門的海上之旅正好是中秋節，看著藍天、大海，我內心再度澎湃。學生時代想退學、不留營事件的陰影已揮之身後，我依然有熱情，走向金門，走向戰場，身為一個職業軍人還有什麼事會比這一刻更激動。數月後我寫下「這一段征程」記錄這時的心情，幾段文字這麼說：

> 突然之間，我聽到自己的跫音已邁出官校大門，那個革命遙籃唯一的進口，七年前從此入，七年後從此出，桑田本無太多變化，但是漫長歲月已消失，追念往事，進步多少？我發覺很多事情的突變常是一念之間，此一念之間則是成敗分水嶺。蔣公病中隨筆「成敗之分，在於絲毫之間，存亡之分乃由於一念之間也。」由此看，桑田已成滄海，世事原本無所謂「變」及「不變」，都只是內心的一種感覺而已，人是這些的幕後主持人，哲人哲言，洞察我心之所想。
>
> 逝者如斯，不分晝夜；來者待吾等追求。
>
> 六十四年九月十九日是這部未寫完（正在每天拚命地寫）的傳記中頗可以懷念的日

子，扛著下午火熱的太陽，裝了滿懷感傷，揮離親朋好友，步上「二二九」的第一階梯，更告別美麗之島的每株草，母親送別的熱淚波動似的流入心房，被微血管送到皮下各部位。家！可愛的家，臨時的旅館，對青年人而言，那的確是不可久留的客棧，我只有意利用畢業假的十多天在那裏修養生息，待精力充沛時飛往他處。

家！充滿關心、溫情，這些現在我都要放在一邊，我已能自立；堆滿了水果、冰箱、電視的安樂窩，我要甩開，免得磨去了雄心壯志，「人要事磨」，那兒都是安樂，那裏是個砥礪的場所，只是一個加油站而已。

家！四面牆立，壓迫了我要飛奔的心，那兒只能容納我的一隻腳，另隻卻掉在門外，那裏只屬於老年人，年青人都應「離家出走」。那個以大地爲床，天空爲帳，山岳爲牆的家，才夠氣魄。

我終於醒悟，不再感傷，中秋之夜，我坐在一條好大好大從未坐過的大船——二二九——上，藍天緊抱住浩瀚大海，太闊了！人生不就像一隻船一樣？在茫茫海中，無時無刻不在把住它的舵，朝向目標航行。我們的目標就是金門。

金門正氣中華報，六十五年三月七日

初到金門在斗門砲兵連（屬金防部砲指部）當中尉連附，負責砲兵指揮所業務。因為連上沒有其他值星官，才一開始就背了半年值星帶，每天帶著部隊「出操上課、上山下海」，我甘之如飴，毫無怨言，完全如長官所示「苦幹實幹、埋頭苦幹」。當時情勢還很緊張，金馬與對岸仍維持隔日砲擊（打宣傳彈），經常早晨起床發現滿陣地附近都是「共匪」的宣傳單，內容大致不外「蔣幫集團如何如何」。我親眼看過一份最離譜的宣傳文字說，「在邪惡的國民黨統治下，人民都吃香蕉皮。」這種與事實不合的宣傳只會增強人民對黨的向心力，對我們這些忠貞的革命軍人更是無效。

還有一件事叫我們也緊張。當時北韓積極準備南侵，美韓聯軍在三十八度線附近佈下天羅地網，唯獨忘了「九地之下」，北韓挖了兩條大隧道，要從地底深處入侵南韓，快挖到停戰線附近被美軍偵測到而炸毀。被媒體批露後，南韓人心惶惶，武裝部隊進入全面緊急狀態，第二次韓戰大有一觸即發之態勢，民主與共產陣營的對峙再度緊張。此事對金門防衛大有影響，因為金門四週海岸線平坦，戰略與戰術上都屬「易攻難守」之地，距離大陸一萬公尺的海域很淺，中共要挖隧道過來並不難，大陸時期的內戰及越戰期間共軍都用「隧道戰」，瓦解對手最強固的碉堡。

六十四、六十五年的兩岸情勢緊張，除北韓的「隧道戰」外，另有原因。六十五年四月大陸爆發「天安門事件」，數月後王昇將軍訪問日本時，稱有「萬人傷亡」。接著國民黨連續兩次發表「告大陸同胞書」，支持大陸同胞抗暴，我們也將發起聖戰。國防部也訓令前線

官兵，準備支援策應。（註：六十五年是另一次天安門事件）

誰都知道「戰爭勝負只是比較那一方犯錯少，就是勝利者。」金防部權衡當時情勢及上級的敵後情報，通令金門地區所有第一線步兵陣地、第二線砲兵陣地，夜間全部派出「聽音哨」，以耳朵貼地聽地底下的聲音。此事持續到六十五年年中結束，各方才證實中共沒有向金門挖隧道，真是「風聲鶴唳、草木皆兵」的年代。

當時的金門就是這樣，每天都在加強戰備、戰備、戰備，尤其身為砲兵，每天從觀測所—通信—測地—射擊指揮所—砲陣地，砲兵叫做「觀通測射砲」五大科目，全都要演練反砲戰。

長年累月都不休假（按民國六十四年當時規定，初任軍官到部隊兩年不准休慰勞假。）每日都在戰備、訓練，人真的會發瘋。人對待社會現狀通常有兩種方式，一種是處之以和諧的態度，另一種是抗拒的態度。我讀過一個印象深刻的故事，大意說哥德和貝多芬有一次結伴逛街，突然遇到奧國皇后車隊通過，路旁眾人紛紛向皇后鞠躬致敬，哥德亦行禮如儀，貝多芬卻理都不理，昂首而過。

身為軍人，理當如哥德，遵守規定，行禮如儀。可惜我在官校時對軍人事業發生觀念動搖後，進退兩難，內心的矛盾始終沒有調適得好。面對緊張的敵情，我能「苦幹實幹」，其實只是一種自我麻醉。

在國際上共產與民主兩極對立，核戰似乎隨時要爆發。北韓積極準備南侵，美韓聯軍日夜處於備戰狀態。在兩岸，共軍也隨時要攻打金門，國防部和金防部隨時都有「殺朱拔毛、反砲戰」訓令下來。這是震撼、瘋狂的年代。

但是，兩年後的六十八年五月十六日，是「震驚金馬台澎，險些動搖金門防衛作戰」的一個日子，震撼力遠超北韓隧道事件，這便是「金門馬山連連長林正義叛逃事件」。二十多年後的政壇上，仍然為此事發燒，林同學因父喪欲返台參加亡父告別式，國內政壇為此事吵翻天，最後國防部長湯曜明以痛斥「不忠不孝不義」定調收場。（九十一年六月四日）

林正義是本期最優秀的同學，考上台灣大學不讀，去讀陸軍官校，在當年確實是很轟動的新聞。蔣經國和王昇都召見嘉勉過，報紙以頭條新聞報導，成為全國青年楷模。聽說畢業的操行成績是九十九分，到金門後不久自動請調到第一線馬山當連長，沒想到卻「投匪」，當時金門的兵力佈署和作戰計畫曾緊急重新調整。許多人受到連坐處分，聽說連王昇上將都被波及；對我（該說全體陸官四十四期同學吧！）更是一種莫明的沮喪，因為事後聽說本期畢業生列入「永不錄用」名單，夠慘了！

林正義是怎麼從馬山到大陸？游泳或有接應？是長期深謀遠慮的計畫或臨時起意？動機如何？都還是懸案。恐怕已和「桃園縣長」、「林義雄滅門血案」等，成為千古不明的疑團。他去大陸後銷聲匿跡，無從證實他的存在與否！同學間謠傳他在游泳渡海時淹死了。二十年後的民國八十幾年，他重出江湖，改個名字叫「林毅夫」，身份是朱鎔基的經濟學家、首席經濟顧問。數年前兩岸交流熱絡，聽說他就要到台灣訪問，我認為萬萬不可。若他來訪國防部對「敵前逃亡判死刑」的法律如何處理，就算時效已過，敵前逃亡已無罪，對四十萬軍人如何交待？對我們這些沒有逃亡、死守陣地的黃埔子弟情何以堪！後來他果真沒有來台灣訪問，我認為他回台灣的「政治」時機未到。

當然，這樣思考是以「分裂分治的中國」及「國軍與解放軍的對立性」為基準，才有所謂「叛逃」存在。若從「一個中國」思考出發，則湯曜明痛斥的「不忠不孝不義」就不能成立，更無所謂「叛逃」之事了；即然都是一個中國，林正義（林毅夫）所思所言所行，不就是我們數十年國策想做的，千萬人敢想不敢做，林同學做了，從這個角度來看，必須贊曰：「勇哉！林正義，大忠大孝大義也！」他的案例有些像美國南北戰爭時，南軍李（Robert E. Lee）將軍與江士頓（Joseph E. Johnston）將軍，在一八六五年四月投降的決定，違反南部邦聯戴維斯總統（Jefferson Davis）的命令。但對於未來統一的美國，他是大功臣，這是現在國軍將領要思索的問題。（註：二〇〇四總統大選後，民進黨政府已是「非法政權」，國軍已不該效忠陳水扁。）

關於「是漢奸、不是漢奸」的問題，因為滋事體大，關係到個人及家族生生世世的名節，我少不了要多說一些，以表達我的看法。近代以來類似案例很多，我以毛澤東、汪精衛、溥儀和李登輝等四人說明，判定是否為漢奸，只有一個標準：是否背叛中國（非中共）。

毛澤東雖推翻中華民國，建立中華人民共和國，但他未反中國或背叛中國，所以他不是漢奸。

汪精衛雖先捍衛中國，惟晚節不保，成為日本的走狗，他是漢奸。另一個實例，末代皇帝溥儀，背叛中國去當日本的兒皇帝，肯定是個漢奸；晚年重獲新生慚愧後悔，成為一位新的「中國公民」，保住晚節，蓋棺論定，他不是漢奸。

李登輝下台後，媚日賣國，背叛他的選民，背叛他的子弟兵，否定了他的列祖列宗，否定了他自己流著中國人的血液，他是一個「鐵證如山」的漢奸。像李登輝這種人，不僅是漢奸，而且內心更是「姦」的可怕，是台灣民間所說的那種「姦神」。他雖當過總統，但歷史定位跑不掉是「亡國亡種亡黨亡家」之君，這種人不能交朋友，他一生也沒有朋友，因為他以出賣朋友（戰友）來累積自己的舞台。最近有一則新聞，有個人為了保險金，殺害自己的妻子兒女朋友多人，李就像這種人，好可怕！怕怕！

我想判定一個人是否為「奸神」或「漢奸」，並不很複雜，只要看看他的行為，是否背叛了子民或國家利益就行了。按此標準，國防部長湯曜明說林正義（林毅夫）是漢奸，是過於情緒化了，也與事實有些距離，因為他和你我一樣，以身為中國人為榮。

故事回到我自己身上，轉眼間，我到金門也一年多了。經過一年的親身體驗，漸漸發現部隊的真相，萌生不想幹的企圖。第一個原因我發現絕大多數的基層幹部是醉生夢死的，他們看不到遠景，沒有什麼希望，「天天醉」，連我都常爛醉如泥。還有，當時所見到的基層長官和士官幹部，都無心在部隊好好幹，而在外面搞副業。第三是那些當主官（管）的，根本也無心帶部隊，拿著辦公費（美其名曰交際費）在沙美、山外的酒樓裡，不是叫女人陪酒就是與長官「會餐」。就現在的觀點看，這當然是以偏蓋全的。基層所見只是一些個案，並非全軍普遍現象，但這也代表二十多年前，那個早期的我——內心的感受。不幸，這一幕正好被我看見吧！

到金門才一年多，心情從頂峰跌到谷底，熱血又冷卻。放眼看去，整個大環境沒人在好好幹。我早在學生二年級時就放棄「成大功、立大業」的夢想。只想好好服役十年算是對國家栽培之恩的回饋，那想到部隊的現況竟如此。這一年還有一件事讓我很鬱卒，我「馬子」Shau小姐竟在後方發動「兵變」，她是我最早、最久的情人，我們有五年的戀史，同學間都還傳為佳話，那知山盟海誓也經不起前方戰火的「烤驗」，別人發生「兵變」時，我們只是隔岸觀火，好像看戲，發生在自己身上就覺得戲唱不下去了！

諸多複雜因素，我終於決心「不幹了」。那時候想退下去只有兩個途徑，其一當時規定體罰士兵記大過，成傷則判軍法；其二是刻意製造「逾假不歸」（可解釋成逃亡）。是時已有同學用這種辦法脫離軍職，不過只能在戒嚴地區台灣行之，戰地金門判刑很重，放眼看去無人敢試，我內心盤算回台灣再說吧！

六十六年初部隊換防回台灣，駐地桃園更寮腳，因在金門表現尚可，回台灣便調升副連長，我一面尋找「逃亡」機會，一面也觀察桃園部隊現況，這裡軍官生活比金門更糜爛。每日所見都是「吃喝嫖賭玩樂」，老軍官嗜賭、年青軍官嗜嫖、搞女人，把女人帶到營區房間睡覺是常事。軍官如此，士官更別提啦！兵抓住機會好混。至於逛窰子、酒家、茶室，根本是每日夜生活的一部份。

這段日子生活失去了重心與方向，人生失去了意義，所謂「革命事業」簡直是狗屁，天大的謊言。唯一的生活樂趣就是和女人鬼混，連自己都不知道當初的壯志理想到那去了。後來我回憶我的前半生，更寮腳這段時間，是最荒唐、胡整的歲月。

那陣子好像難以抵抗女人的吸引力，但持續約兩個多月我就有罪惡感。很多年後我讀胡適的作品，發現大學者的他也坦誠有過一段墮落期，吃喝嫖賭逛窰子館全能，有一回喝醉酒倒在路邊被人送到巡捕房。（見胡適「四十自述」）很快我自己覺醒不再逛窰子館，但多年後我寫一首詩「她們」刊在詩刊上，記錄這段印象：

——六十六年路過桃園市長美巷印象

她們

坐著，站著，兩眼如流
列隊恭迎
少爺
自己看吧！價碼寫在臉上
人客，來坐啦
飢或渴
我是羅曼蒂克的餐館
她的臉是輪日昇之陽
朋友，免走啦
西服或手錶也可以

我是一道色香味俱全的小菜
她的臉是一張燒紅的太陽

人客，如果你冷
我是一壺溫熱的酒
年輕的，免錢
她的臉有如黃昏的殘雲
籠罩著暗暗的天空

詩人坊第七集，七十三、元、十

終於等到一個「逃亡」機會，我是在等一個駐地演習，時間大概六十六年五月間，正式演習命令開始後，我找了一個夜晚換上便服一走了之。記得我在外遊蕩數日，又去台中看媽媽，回中興嶺看爸爸，父親見我閒適多日便追問，我只敷衍他說休假，隔兩日老爸又問，我心中盤算部隊的通緝令應已發出。才實話實說「我不想幹了！寧願軍法判刑兩年，脫離部隊。」老爸是老軍人，知道事態嚴重，也知道軍法的厲害。那夜，老爸與我通宵達旦長談，所有利害全分析過。但我很堅持，不願計畫了將近一年的事半途而廢，後又想反正已經跑了一個星期多，早就可以判軍法，回營也好讓事情儘快有個了斷。

天一亮，老爸堅持要親自帶我歸營。他可能打算當面向部隊指揮官求情，或擔心我又不回營報到。老爸幾乎是一路拎著我，帶著我從台中到桃園更寮腳向部隊報到。

果然，我一回部隊指揮官（羅縱上校）馬上告訴我父親，我犯的是「戒嚴地逃亡罪」，必須接受軍法審判，並立即通知監察官做筆錄，令軍法組前來處理。老爸直向指揮官求情，又說「看在父子兩代都獻身革命，報效國家，年青人一時想不開，給他一次機會……」反正該說、能說的全說；又叫我當面向指揮官「認錯、以後好好幹」等，我都照辦。

終於，指揮官向老爸說「離營通報已經發出，也不能當面說沒事就沒事。」要老爸先回家，此事要慎重處理，他也不希望就這樣毀掉一個年青人。

目送老爸的身影離開營區大門口，我突然想起朱自清那篇「背影」，六十五歲的他雖已老邁，步履蹣跚，但走路姿勢依然抬頭挺胸，很有精神。那夜，我躺在木板床上反覆輾轉，整夜難眠，心情複雜到極點，不知眼前的路怎麼走下去！囹圄之災也許即將面臨。

第二天下午指揮官召見告誡一番，並說見我有悔意一定會向長官報告，懇求從輕發落，叫我不可輕舉妄動，好好反省自己犯下的過錯，不要辜負父母長官的期望。另外也指出我的「逃亡」動機，只算「部份」屬實，但並非普遍現象，叫我不可「一竿子打翻一船人」。當然，我並沒有把所有事實全都抖開，因為我不能把一起去混的朋友也拉下水，指揮官的嘉勉我猛點頭稱「是」。

過兩個多星期，我得知軍法雖免，一個大過難饒，我內心平靜接受。又過好久，羅指揮官調職，來了新指揮官叫杜金榮上校。（他後來官運很好，當過總政戰部副主任，八十四年我出版「決戰閏八月」時，總政戰部一口氣買三百本，他正好在位，應已不知我為何人了！）幾個月後有一天，杜指揮召見我，告知「你記一大過，最好換個環境，一九三師七七二營有個連長缺，現在把大過撤銷改記兩小過，好好去幹連長，重新開始，是否願意？」

我欣然接受，當下謝謝指揮官栽培。事後人事官告訴我，前任羅指揮官記的大過只發「行政命令」，一直沒有發「人事命令」，所以考核表沒有記錄，要我放心。現在新指揮官把大過再降為兩小過就會發佈正式的人事命令，原來長官為了救我，前後兩任指揮官是用這種方式發揮愛心，我深受感動，決定好好幹，十年再退伍。

六十六年七月我走馬上任到一個新單位，步兵一九三師砲兵七七二營營部連連長，駐地中壢雙連坡。九月一日晉升上尉，改調原單位砲兵連連長。

後記：

①後來我又去了兩次金門，第二次是民國七十四年，在金防部當監察官。第三次是民國七十八年，在小金門當營長。

②「逃亡事件」對我影響還是非常大。民國七十九年我幹完營長，調金防部砲指部作戰官，我透過各種管道要去國安局，原先人事部門已同意，我已準備上路。後來局長宋先生看我的資料，發現這個問題，又不同意我到國安局。塞翁失馬，焉知非福；若去了國安局，便沒有後來台灣大學這段開展格局的福緣。

③我在外島很長時間，除了忙戰備，有段時間部隊瘋狂的搞「養豬、種菜」。小豬在一夜之間變大肥豬，菜種子前晚才播下，兩天就大到可以吃了，這些都不是笑話，而是真有其事的奇聞。

重新做人：三年連長、五年監察官

許多複雜的原因，導至我剛畢業那幾年日子過的很荒唐，也常在追悔過去（學生時代沒有下定決心退學或轉學），沒有目標，當然也沒有希望。這種情形要怪誰呢？我想軍校教育、部隊環境和自己都有關係。逃官事件對我雖然殺傷力很大（國安局沒去成），但讓我清醒一些。

「逃官事件」後，我決定重新做人，讓自己的心態回到常態的軌道上運行，做一個「負責任、守紀律」的軍官，好好執行任務但不求聞達（不求將軍）。因而有連續的三年連長、五年監察官經歷，此期間除工作任務外，其他空閒時間大都用在寫作上，作品也僅在表達當時的內心世界、客觀環境或生活體驗。此處為避免「流水賬」的無趣，或有枯腸之虞，用當時所寫並發表過的作品，詮釋那段「重新做人」的思想，捕捉、回憶當時的柳營細語。

三月的風

一陣狂亂從天邊掃過來
火花自海中爆起
是三月的風
多少人驚出一身冷汗

有一排排的手姿
在山間澎湃揮舞
接著，又一排排槍聲自風林灑落
屋和人被從地面拔起

這樣的世界任誰也要
倒下
這時，海島端坐成
一尊神祇
我在碉堡中修道
風也罷
雨也罷
都只在方寸之間起落

七十二年三月馬祖某堡中
腳印詩刊，十三期，七十三年四月

「三月的風」寫馬祖的天氣，三月正寒，惡劣之極，終日排山倒海，霧濃到伸手不見五指，此時敵情顧慮最低，通常九級以上風浪就不能進行海上作戰。此時我大可靜坐碉堡讀書寫詩，置險惡的外環境於度外；隱比人必須從內心修為更高定力，才能抵抗不利的環境，戰勝邪魔歪道而成獨立自主的人。

島之夜

一座被世人遺忘的
古戰場，沉睡！沉睡
那鼾聲一陣陣……
如敵情

黑夜中的大海是一個很難對付的頑敵
而島是一位冷靜的老叟
善用的兵法是
以靜制動
以慢制快

忽然，刷的一聲，劍花如雨
老叟穩重如前

大海暫時退下——重新調整部屬與隊伍

這一回，大海發動人海攻勢，猛撲上來
島以逸待勞，在黑夜中苦戰
當東方出現魚肚白
那老者愈戰愈勇，千鈞一髮之際——
大海有了敗退的徵候
將軍發動總反攻
只見頑敵兵敗如山倒
退，退，退——
在堅強的堡壘之下
再大的海，那有不退之理

藍星詩刊七十一期，七十三年元月十日

我的三年連長有兩年在馬祖高登島，這是一個約一平方公里的小島，六十七到六十九年我率領數十砲兵弟兄駐此，島上另有四個步兵連，這是一個無水無電的島。「島之夜」明敘高登島的夜景，實則以大海譬喻敵人，不論如何攻打一定「兵敗如山倒」。在意象上，透過動（海）與靜（島）的對比，表示兩個不同的決戰者使用不同的戰略，守的一方是無可選擇的戰略「以逸待勞」，才有制勝之機。後面的「島」也是指高登島。

島

微風說起他童年的故事
一排頑皮的樹都哈哈大笑
惹得小鳥唱山歌
山坡上的小草學著村姑的秀髮飄動
陣地旁的士兵鐮刀整修他的散兵坑
春天呵
在我新陳代謝的旺季裡
不要慢了腳步

當鐵扇公主在我上面煽起大火
還得忍受海水燜墩
老樹也要發昏
村落的雞和狗躲起來打盹
只有打野外的士兵在我身上翻滾
夏天呵
有種把太陽也請下來
這裡是決戰的沙場
野菊為我披一件高貴的金黃
夕陽忍不住要摹仿
那天邊歸雁
翱翔的雙翅是我楓葉的箋
此外是戰士荷槍無語對晚風
秋天呵
山後煙囪挺立

把天空潑成一幅畫

漁夫在大海裡佈下陷阱
騙得黃魚螃蟹走錯地方
強風天天打我鬍子的歪主意
雨水常常把我泡的感冒傷風
哨兵更在濃霧中提心吊膽
冬天呵
能夠一年四季永不動搖的
就是我

藍星詩刊七十三期，七十三年六月十日

「島」表現三個層次的意象，其一是高登島的四季天氣，可謂景緻分明；其二是軍人在島上的四季生活和心情；其三以島的永不動搖比喻官兵死守高登的決心。我在島上整整住了兩年，這裡沒水沒電、沒有女人和百姓，「八三一」每三個月來「補給」一次，每當電話通告「某日某時第十一類補給品運達本島，自某時起，白天服務士官兵，晚上服務軍官。」大家就知道是女人來了。但因我在逃官事件已有反省，上「八三一」女人雖屬合法，我也未再逛過這個臨時、公辦的窰子館。我只用我「專屬」的，下面這首「歸」就是描述我從前方回後方休假時，發生的另一場戰事，自古以來兩性不都在戰爭嗎？

歸

我從前方來
凱旋而歸

在暮色時分裡
投向妳
這兒沒有槍林彈雨
天空沒有砲火飛機
妳的嫵媚如迷魂煙幕
妳的豐盈是一座座難攻的山頭

我武裝自己，迎向挑戰

就在今夜
長短兩針展開追逐戰
直到二十四點
敵人始被制壓

檢討戰局
雖不致在山巒水灣處迷途
卻險在急流殘月裡敗退
原來這裡是一個不以火力兵力論勝負的
戰場

掌門詩學社，十八期，七十三年六月一日

我是六十九年八月回台灣，仍駐桃園雙連坡營區，十一月卸連長職並結婚。數月後轉監察官，當時一個官校正期班軍官轉監察，被認為是「沒出息、畏苦怕難」，長官大多不諒解，師長陳廷寵將軍（後來當過總統府參軍長）要我跟著他好好幹一定有前途。我直接而婉轉的告訴陳將軍說，「我對營長→旅長→師長→軍長……」這條路恐怕在能力上有所欠缺，為免誤人誤國，應儘早轉彎。師長尊重我的意見，從此我走入黃埔的「叉路」——五年監察官。此期間，我心無旁騖放在工作上，大家知道監察官是部隊的兩把「刀」之一（另一把是保防），我的「用刀原則」始終把握「高高舉起、輕輕放下」（貪污案不適用）。在生活上則調整到比較清閒、無為的位置上，利用公餘淨心讀書和寫作。有一次到花蓮出差監辦工程，事後寫「花蓮十日記」在台灣日報連載十天，這篇遊記很能代表我當五年監察官的心情，全文太長僅擇其中第二篇摘錄如次，以與讀者分享。

花蓮十日記（十～二）

天祥一日

昨日的成就是今天的光榮，昨天工作的圓滿完成是今天的信心和快樂。

於是，今天是一個美麗的星期天。我把自己交給大自然，交給一座座的山，看青山要把我怎麼辦，就怎麼辦。

上午九點從花蓮公路局乘中興號，目的地是天祥。在太魯閣與花蓮市之間的路段，還算是郊外農田景觀，路的兩旁儘是農作果園，偶爾有幾棟小別墅「插花」。山，還站的遠遠的呢！其上有白雲飄飄。

一過太魯閣，地理景觀完全不同，開始感覺到山谷的動魄驚心。車在峻嶺重山之間起落，一顆心也跟著跳動，兩隻眼睛緊盯著司機，深怕他一不小心，有什麼「三長兩短」。低頭看右側溪谷，有流水，歌聲輕柔；抬頭看絕壁，沒有天，就像一幅深山裏的國畫。才訝異於造化之偉大，這樣的作品如何能在千萬年間慢工細活地完成，更佩服人類的「鬼斧神工」。這些老榮民的子孫們能永遠懷念和驕傲的，就是這條路了。

記得十五年前到此一遊，那時覺得「見山是山」。十餘年之後的今天，舊地重遊，突然頓悟「見山不是山」，山是那樣的親切又偉大，他是一個仁者。

不知十年之後，見山又如何？

車行約八十分鐘到達天祥，此地景物如昔，不過增加若干建設。天祥四面環山，山已不再那樣令人驚魂。這一片山景，濃豔欲滴，遠山直插向雲端。而過往的旅客還是男女老少，加上幾個老外。我呢？不是來「玩」的，是來找個安靜的地方，讀山，也讀讀書。

天祥車站背後的半山腰上有個小教堂，花木扶疏，臨水依山，裏面空空靜靜，隱隱約約傳來山後瀑布的水聲。這裏是個好地方。教堂裏放著許多闡釋聖經的小冊子，我無意讀到其中的一段經文，這樣寫著：

「主耶穌和他們說完了話，後來被接到天上，坐在上帝的右邊。門徒出去，到處宣傳福音，主和他們同工，用神蹟隨著，證實所傳的道。阿門。」

本來我對宗教尚有某一部份固執於科學態度。近日讀張曉風女士「給你」一書，在「上帝存在嗎？」文中，她是這樣認爲的：「上帝也是如此，不能被稱斤，不能被捏拿，不能被估價，不能被分析定量，不能被化驗，不能用一則方程式解出，然而，祂的存在卻如此眞實。」

所以，現在我不計較耶穌到底坐在上帝的右邊或左邊（至少現在的體驗是如此，未來如何尚待更深刻的感受）。此刻，上帝的存在是多麼眞實而莊嚴，就像這山的存在，實際的給人信心。

瀑布在演奏一首永恆的進行曲，聽空山人語，看白雲悠悠，讀書，就是這樣的一個上午。

中午十二點半，下山吃飯。今天本來就打算要遠離人間煙火的，故中餐以淡茶粗飯解決。下午仍然是安詳沉靜的，有如一段山中的夢。

在立霧溪上有一座玲瓏可愛的吊橋，名叫「普渡橋」。過此橋有個叢林寶剎，名曰

「祥德寺」，乃花蓮士紳許聰敏等多人發起建造。該寺位在峻嶺聳立的群山間，海拔五百五十公尺，可謂驚險萬狀。教徒們多能不計錢財，披荊斬棘，篳路藍縷，化荒山爲佛國，此種精神是超乎世俗的，俗人如我等，又如何知其「動機」。除了當成一個旅遊勝地外，我極力想要尋找更高層面的意義。

中午一點多到達祥德寺。參觀「觀世音巖」，作女裝打扮，赤著雙趺，由白色岩石塑造而成，高八公尺餘，法相慈祥莊嚴，迷途的人們若能靜下心來，多看幾眼，當有所領悟，或登覺岸。善惡是非之間，往往只在那一念之差。接著參觀天峰塔、鐘鼓樓、大雄寶殿等，寺院內花木清幽雅緻。教徒爲弘揚佛法，教化眾生，印發各種警世良言，其中有兩種頗具動心，足爲現代人深思。

其一，是禪門寶訓：

寒山問拾得：「人家謗我、欺我、辱我、笑我、輕我、惡我、罵我、騙我時，如何？」

拾得答曰：「只可忍他、由他、避他、耐他、敬他、不要理他，再等幾年，看他。」

這個寶訓讀過的人必定不少，但在這種凡是講求「成本、公平、權利」的現代社會裏，已很少人能澈悟其眞義。甚至有人會問，「不要理他，再等幾年」，他在銀行早有數百萬存款，到時「看他」又能如何？故有人謗我或辱我，我必依法告他。於理於法來講並沒錯。但是，今天社會上充滿著兇殺、搶奪、姦盜，至幾無寧日；人與人之間的相對、懷疑、功利、現實，不滿等氣氛太濃，雖然我們美其名曰「社會的轉型期」，仍非文化大國所應走出來的一種「路」。寒山與拾得答話有如深山流泉，吾等現代人要深思之，忍一忍，讓一讓，家庭會和諧快樂的多，社會必然安詳的多。

其二，是無際大師心藥方：

大師諭世人，凡欲修身、齊家、治國者，先服我十味妙藥，方可成就。正是：「好肚腸一條，慈悲心一片，溫柔半兩，道理三分，信行要緊，中直一塊，孝順十分，老實一個，陰騭全用，方便不拘多少。」大師還叮嚀服此藥方須「用寬心鍋內炒，不要焦，不要躁，去火性三分，於平等盆內研碎，三思爲末，六波羅蜜爲丸，如菩提子大，每日進三服，不拘時候，用和氣湯送下，果能依此服之，無病不瘥。」

大師又提醒：「服此藥時，切忌言清行濁，利己損人，暗中箭，肚中毒，笑裏刀，兩頭蛇，平地起風波。」

眞是好藥，可惜全心眞意服用的人也不多，因爲大多數人都怕吃虧，猛佔人家便宜，誰也不讓誰。於是，好肚腸、慈悲心、禮義廉恥心、孝順心……都沒了，如果看官認爲我說的過火，不妨多注意報紙的社會新聞，多觀察社會現象。目前的「社會氣氛」存在太多的火性，每位國民有必要從自己開始深思與檢討。

我相信寒山、拾得、無際大師等人，與耶穌、上帝的道理是相通的，都充滿著仁愛、美善、忍讓、相敬、慈悲之元素，值後後人去學習跟隨，也是做爲一個「人」所不可或缺的。

靜思、看山是多麼好的享受啊！用錢買不到的。有的人根本靜不下來，看山也看不懂，所以現在我眞的滿足。而在山中讀書可以領悟的更深，可以讀出弦外之音。祥德寺左側有個小魚池，魚兒在水裏游來游去，好生美麗自在，是個讀書的好地方，下午就在「山、書、雲」之間來去隨意。

讀張曉風的好書「給你」（宇宙光雜誌社出版），使人感受到自然界到處是愛。在作者的筆下，不論寫宗教、民俗、政治、哲學，甚至一株無關緊要的路邊草，都離不開愛的本質。

於是，我肯定的說：

上帝就是愛。

釋迦就是愛。

自然本身就是愛。

張曉風所要「給你」的，也是愛。

一切屬於人類的，與人類有關的（請問甚麼與人類無關？是石頭？還是老虎？）都須植根於「愛」的本質內，凡違反此一天道均是不存在的，也是無意義的。

而讀「楊喚詩集」（光啓出版社），除了對詩人楊喚的才情感到敬佩外，就是那份讓人斷腸的可憐和同情。一個二十五歲的青年，飽受流離失所，從小在繼母的毒打，折磨，在流浪、流淚中長大，沒有父愛母愛，這已夠痛苦的。沒想到，他還要以那樣青春年華，連同絢爛的詩歌和情感一起慘死在火車輪下，如劃過長空的流星，走了，與拜倫、雪萊同樣來去匆匆。在他短短二十五年當中，似乎未曾享受過甚麼是愛，在「二十四歲」一詩中他說：

白色小馬般的年齡。
綠髮的樹般的年齡。
微笑的果實般的年齡。
海燕的翅膀般的年齡。
可是啊，
小馬被飼以有毒的荊棘，
樹被施以無情的斧斤，
果實被害於昆蟲的口器，
海燕被射落在泥沼裡。

這就是詩人對自己的寫照，也算是楊喚的一生，可謂不幸之極了。所以他眞的沒有享受過愛的滋味，然而，在他許多作品中充滿著愛。「我是忙錄的」詩中，是對人生的熱愛：

我忙於擂動行進的鼓鈸，
我忙於吹響迎春的蘆笛；
我忙於拍發幸福的預報，
我忙於採訪眞理的消息；
我忙於把生命的樹移植於戰鬥的叢林，
我忙於把發酵的血釀成愛的汁液。

有主動積極的戰鬥精神，絕不向強權暴力低頭，在「號角，火把，投槍」詩中他說：

苦難而倔強的中國呀，
也永遠要聳立在黎明的東方

決不流淚，決不投降，
雖然被暴力劫奪了母親的土地，
而我們哪，

卻用戰鬥的血手
緊緊地擁抱了不屈服的海洋。

經歷過這樣多的痛苦折磨，很多人必定是垂頭喪氣的、消極的、悲觀的。楊喚正好相反，這是了不起的。在文學的領域內他另一貢獻是童詩，他的童詩寫的活潑、可愛、新鮮又有創意。例如：「肥皀之歌」、「毛毛是個好孩子」、「小蟋蟀」、「小蜘蛛」、「小螞蟻」、「小蝸牛」、「水果們的晚會」、「童話裡的王國」等，都散發著天眞童稚的愛。楊喚這個叫人永世哀悼痛惜的詩人，在他的詩歌中到處充滿著對人生、鄉土、國家、朋友、赤子的各種愛，不能逐一列舉，只有請讀者自行去買一本「楊喚詩集」啦！

山中的太陽走的早，我正在想著，楊喚信甚麼教的，也許他甚麼教都沒信過，但他有一顆高潔的愛心。這比現在許多人犯了罪，再去求神赦免要偉大得多。

黃昏，風在呢喃，該是下山的時候了，花蓮市的牛肉麵一樣不比臺北市的差。回程的車上客滿，而我的心中也客滿了——住滿寒山、拾得、無際、耶穌、上帝、觀音、釋迦，以及楊喚的愛。

台灣日報，七十四年六月二十六日

這「三年連長、五年監察官」時期，最值得回憶的是在馬祖高登島當連長那兩年。高登距大陸約十公里，位北竿和黃岐之間（定海灣內），島上約駐四百餘軍人，沒有百姓，島上沒水沒電。世人很難想像我如何帶著官兵在一個沒水沒電的孤島上住兩年，島的面積不到一平方公里，每日每處都可以看海，吹海風。我們晚上點馬燈、油燈或蠟燭，從山谷取水，吃後方運補的米糧罐頭等，把生活所需簡化到最低，才見人與人之間的真性情。

幹了三十年的反共大業，我沒有打第一仗、立第一功，至少站在最前線，也有微功。

從大樹到小金門：兩年營長

「營長」這個職務，是職業軍人在校級階段最重要的主官經歷。連長純悴是最基層的帶「兵」官，欠缺帶「官」經驗，到了營長就不一樣了。營長手下有四個主官（連長）及數十位參謀軍官，還有數百位士官兵。因此，當營長不僅帶官，也帶兵，能把營長幹好，校級階層職務便打通了「任督二脈」，向上爬昇就具備了優勢。可惜，我對這個軍旅生涯最重要的職務始終在排斥，不想幹！

有些事情像命中註定一樣，跑也跑不掉，躲不開。等到被迫要去歷練這項職務時，還是得走馬上任，只是優勢盡失，時機已晚，同期同學早已幹完這項職務多年了。有智慧的人常說「人生成敗在於時機與選擇而已」，三十歲的我為甚麼沒有這種選擇智慧？

幹完連長、監察官等職，到七十四年本期服役已滿十年，我開始規劃退伍事宜。沒想到國防部來個命令「民國六十三到六十六年班的四年制軍校畢業生服役期限，因部隊需要延長三至五年。」對這個荒唐、烏龍決策，很多人利用立法委員到立法院去吵，那裡吵的過國民黨，大家只好認栽。「後退無路、前途無亮」，我又不想鬼混過日子，乾脆與同學虞義輝商議連袂去考研究所，二人以「土法煉鋼法」苦讀半年，雙雙金榜題名，虞同學讀外研所，我讀政研所，另一個死黨劉建民隔年也考上外研所。

七十五到七十七年我在復興崗政治研究所安靜讀書，碩士論文是「中國近代政治結社之研究」，這個題目是受老爸是洪門會員啟發的興趣。

畢業後不久接任第八軍團四三砲指部六〇八營營長（在高雄大樹），不到一年輪調到小金門（烈嶼）接任六三八營營長，這是金防部砲指部在小金門唯一的大砲營。所以我兩年營長有一年多是在小金門，這一年正好碰上「天安門事件」，我摘錄那時候的日記片斷，以窺任職營長期間的掠影浮光。

上午司令官陳邦治來小金門視察砲兵營舍工程，很不滿意，當場把負責施工的幹部罵一頓。檢討原因㈠日夜趕工造成品質不良；㈡欠缺技術工；㈢人員編組不當。改進後擇日再來看。

七十八年五月廿三日　星期二

中國大陸的民主運動風起雲湧，全世界的中國人都起來聲援，台灣卻相當冷漠，政府到前天才發表聲援民主運動，民間、學生反應也不熱烈。楊國樞對我們的冷漠提出批判檢討，趙少康在國父紀念館發起群眾聲援運動，我們是該支持，台灣不就是要促使大陸民主化嗎？

七十八年五月廿四日　星期三

天安門廣場「人民英雄紀念碑」上，被群眾貼上兩首詩，很受感動，不知中國人何時才能如詩所言：

萬千學子拳拳心，國殤血淚塑民魂。
廣場遍灑精英淚，宮牆難透民主音。
動地驚雷君不醒，漫天苦雨民怨深。

莫道專制能長久，載舟覆舟唯人民。
紀念碑前起狂飆，天怒人怨圍官僚。
絕食學生奄待斃，無情政府冷眼瞧。
先烈空遺自由恨，後生再掀民主潮。
欲哭神州已無淚，苦爭人權不折腰。

七十八年五月廿五日　星期四

總司令來小金門，召集營長以上幹部講話。要點㈠做好領導統御工作；㈡任用幹部唯一的考量是忠貞；㈢演習出操或施工安全第一；㈣帶兵不要情緒化，讓他退伍後恨部隊。

七十八年五月卅一日　星期三

新聞報導中共竟然出動軍隊向學生開火，學生死亡已達兩千人。人民的解放軍用子彈、坦克車殺害人民，喪心病狂到極點，寫不下去了。金門也很緊張，所有官兵在營加強戰備。我心情也很激動、複雜！

七十八年六月四日　星期一

坐在碉堡內想心事，忽聞堡外有小兵用近乎戲謔的聲音叫「李×！李×！」；另有人叫「來！小×」。我好奇出去看個究竟，原來有小兵捉到兩隻小狗，帶回來養，一隻取名「李×」，一隻叫「小×」。

七十八年六月十二日　星期一

接到太太來信，她說台灣也有些緊張，平時覺得軍人太多，現在好像覺得不多。太太叮嚀要我多關心士兵生活，人家夫妻的信是「努力加餐食」，太太要我關懷官兵，也是感人！

七十八年六月十五日　星期四

在「海園」餐廳與一大堆四五、四六、四七期的老弟喝酒、聊天，一個個都在不滿、抱怨、消極，看樣子部隊制度要重建，黃埔要大翻修，否則這塊招牌遲早……

七十九年三月卅一日

部隊有些現象實在不可取，不知道那裡出了問題。某長官三令五申不准帶女人到營房，才罵完了人，回過頭他自己帶女人關到自己小房間裡，弄到晚上十點多才放那女人出來。領導統御要如何做下去？

七十九年四月廿五日

與砲指部陳副指揮官到小蘭那去喝酒，我們是同學、熱情的小蘭手藝好，煮一手好菜，酒量也好，又了解軍人離鄉背井的鄉愁與苦悶，和我們很投緣。數年前陳同學的房間被政四（保防單位）查到一本「黨外雜誌」，被記在考核表上，成爲三軍大學的「拒絕往來户」，沒有長官敢推荐他報考。到中校也停擺了，又不能退位，說到傷心處，眼眶通紅，小蘭猛安慰他。

七十九年四月廿八日

昨夜，與陳副指揮官、四七二旅旅長把酒一壺到深夜，談起遭遇和部隊的事，三人竟抱頭大哭，時已凌晨兩點。所見皆灰心喪志者多，對部隊前途有信心者極少。

七十九年五月二日

在小金門當一年多營長，御任後調金防部砲指部作戰官。這時我積極努力要去國安局，人事部門已經同意，我正打包要去報到，局長宋先生發現了我的「逃官事件」資料，結果又推翻原案。八十年三月輪調回台灣任砲兵飛彈學校戰術組教官。努力準備考三軍大學，隔年六月考入指參學院就讀，八十二年六月畢業下放花東防衛司令部砲指部，接任副指揮官，這是我第十八年野戰部隊生活。

當兩年營長，我最大的感受是體驗到「帶兵」和「帶官」的差異，以往當連長重點是帶兵，是「一個命令一個動作」，至少是比較單純的作為。到了當營長要帶官，並不是一個命令一個動作可以處理，加上我們的軍官（主官、主管、參謀）在部隊的權利、義務關係很不明確，甚至非常的「政治性」，這就是考驗領導統御的能力。我在三十歲之前早已讀過「武經七書」，都講過領導統御，奈何如「豬八戒吃人參果」。那兩年營長幹的很勉強，沒出事真是天保佑。

還有對上的關係，當營長開始會和「高級長官」有接觸，懂得生涯規劃的人都會在這個階段好好「投資」，和當時的上層長官（主要是旅長、師長、指揮官）建立好關係，這是向上爬必然要做的工作。但我因沒有生涯規劃（錯誤的規劃），也可能自己在這方面尚未啟蒙，因此，我在兩年營長任內雖與多位將級長官有許多共事機會，關係始終「普通、普通」。營長幹完，關係也結束了。

後來我三軍大學畢業時，已無去處，硬著頭皮去找學生時代的老連長（時任陸總人事署長）幫忙，見面批頭就丟下一句話「幾十年都不寫一張賀年卡，現在找我幹甚麼？」就像古代禪宗大師教育他的弟子，當頭一棒！！

我猛然一醒，不經營關係那有「關係」可用。佛經不是早已說過了，「未成佛道，先結人緣」。當我如此「困而知知」後，為時晚矣！軍旅生涯已走到了尾聲。

學生時代一個「不想幹」念頭，影響軍旅生涯從頭到尾的不順，真是「未慎始又未善終」，這要怪誰呢？從小到大，我一直在摸黑。

一個懷念感恩的句點：台灣大學五年

當我決定要去台灣大學當教官時，同期學員都以為我在「跳火坑」，為甚麼會產生這種印象？當年我們對台灣大學的認知很兩極化。一方面台大是台灣的學術重鎮，台灣能夠「端」出來在國際上與人較量的大學，首推台大；另一方面，最讓當局頭痛的總是台大，因為台大學生「不乖」，「不聽話！」。民間工商界對台大學生也經常有「怕怕」的心理，台大學生給人的印象也是「怪怪」，愛搞怪，不遵守團體紀律。當老闆的人就是怕部下不乖、不聽話，為甚麼台大會教育出一批不乖、不聽話的孩子呢？而我即將要到台大去面對這些愛搞怪的孩子。

但畢竟「跳火坑」是有風險的，而且也不好玩。更何況在我的軍旅生涯中也從來沒有規劃要到台大當教官，人生就是這麼絕妙，計畫要做的都落空，那些一一實現的都是從未計畫，更從未想到的。這是不是在解釋人生不可預測性及其無常？

這個軍旅生涯的節外生枝——台大五年，事後證明是我半生中最美妙、最有價值的五年，前因後果容我慢慢的道來。

到台灣大學服務是軍旅生涯中的意外，促成這個偶然因果關係的因素，要從我八十二年三軍大學畢業下放花防部說起，大概副指揮官太清閒了，未幾我便到第三處接副處長（處長欠）。部隊參三專管作戰訓練，號稱「不是人幹的」，它是「火車頭」事業，參三動起來其他各參（參一人事、參二情報、參四後勤）才能動起來。我在三處帶領十餘同仁每日苦幹實幹，除負責作戰訓練外，凡上面有國防部長官、監委、立委、各種視察、參訪……無日不有，都要三處做簡報。每日操勞至少十六小時以上，如此過了半年，而處長一職仍然懸缺，眼見是沒我的份。

我慢慢了解，當時我和司令官畢某人根本不認識，任副處長職之前我不知他是何許人！他亦不知我是何許人！只是煩雜的三處業務要有人做，由我去做，至於佔缺的事壓根兒是「五兩棉花」。那個主管職寧可懸缺，放著等一年由他的老部屬來接，這種「誰的人馬、跟著誰升官」在部隊至今仍是難改的惡習。難道只問關係不問才能，已成軍隊文化？

眼見我在野戰部隊升上校的機會已無，心情有夠鬱卒。事後證明「塞翁失馬，焉知非福」，福之為禍，禍之為福，化不可極，真深不可測也。部隊雖失意，卻因而有機會到台灣大學，我的能力始有機會受到欣賞與肯定，從到台灣大學起，我幾乎每年出版一本書，產量可謂驚人。才有「五十不惑」之事，我堅信這個流程有必然因果關係；反之，必然是另一個灰暗的結局。

八十三年我轉任軍訓教官，受完訓後，四月十六日我向台灣大學軍訓室人事官許火利中校完成報到手續。再者，小女佳莉與我同步，也在這天早晨六點於三軍總醫院出生，母女均安，真是好造化。一般人都認為台大是「反軍」情結很濃的地方，我在受教官訓時就知道，結訓前大家填志願都不敢選台大，幾個老弟來問我意見，我故意謔而不虐的笑說「記著蔣公的話，最危險的地方就是最安全的地方。」又自己補一句「最亂的地方就是最好混的地方。」結果教官班四十八期有劉亦哲、王潤身和我等共五人來到台灣大學服務，現在除我退伍外，其他人都幹的很好，劉亦哲還升任東南技術學院主任教官，王潤身也在台大升上校。

慢慢我對台大有些了解，並能親自做「近身觀察」，我稱「台大是威權主義和意識形態的屠宰場」。任何威權主義或意識形態想在台大「著床」，都很難發育、成長，據我粗淺認識從帝大時代到現在，凡有想要入侵台大學術殿堂的「異形」都沒有成功。而有情治、警調、政治或軍事單位，也曾在台大校園「撒野」，最後也都踢到鐵板，還台大自由、自主的本來面目。為什麼台大有此能耐呢？原來都是有背景因素的。第一、台大幾個前輩校長如傅斯年、沈剛伯、錢思亮，乃至現任校長陳維昭教授，都是當代之碩學通儒，對學術自由和言論自由非常堅持；因而第二、使台大成為國內自由主義之重鎮，例如前輩自由主義者殷海光教授我就很敬仰。他在民國四十九年就斗膽敢在「自由中國」發表「我對于三民主義的看法和建議」，反對國民黨把三民主義教條化（見自由中國，第廿二卷，第十二期）。殷教授在台大執教多年，五十八年病逝，老一代自由主義受到統獨意識撞擊和威權打壓後，曾一度凋零潛隱，現在的台大也以自由學風，聞名於國內外。

初到台大，聽到不少人說前一年校園掛滿「教官滾出台大校園」的白布條，教官室還被學生群眾重重包圍，我恨的牙癢癢的，怎沒早一年到台大也好見識。八十三年九月又有狀況，台大率先全國各大學把軍訓課改選修，男生選修率竟高達百分之八十六，教官「飯碗」總算保住。隔年又有狀況（八十四年暑假），台大認為部頒課本太僵化，要求教官自己端出「菜單」講授，這時我已出版了「決戰閏八月」一書，以書為講義，定課目名稱「國家安全」，大受學生歡迎。其實是我挾十九年野戰部隊經驗對戰爭事務的了解、在三軍大學對軍事戰略打下的基礎，及政治研究所曾用心涉獵相關政治理論，自信應付這些「小朋友」是綽綽有餘。在台大五年我都主講「國家安全」、「戰爭概論」、「波斯灣戰爭」等課程。

八十四年的台大校園是很熱鬧的一年，看的我眼花撩亂，包括男生宿舍開播電台、女生宿舍開播A片、「台大哲學系事件調查」、「四六事件調查」、「台大校園同性戀日」等，各種希奇古怪，我都沒見過，打破了原來的觀念與規範，卻都能公開、自由的在台大舞台上演。

首先在男生宿舍搞社區電台，是由台大建國俱樂部、濁水溪社、台灣歌謠社、掌中劇社與三民主義研究社等五個學生社團共同籌設，五月十六日中午先在校內傅鐘前舉行開播儀式，晚上在男六舍開播，節目有音樂、新聞和現場CALL-IN等。

台大女生也不甘寂寞，由「台大女性研究社」發起，也在同時間在女生宿舍公開播放A片，觀賞完畢後進行情色、色情、藝術、兩性與性知識等問題討論。男舍搞電台，女舍放A片，都是青少年學生有心或無意地在挑釁校園自由的限度，甚至挑戰現有學校規範與法律。身為軍訓教官非常難為，管或不管都不對，只能適度去「關心」，媒體樂得每天有新聞報導。六月還有一個熱鬧的劇碼上演，是由台大同性戀社團推出的「校園同性戀日」，以「人人都愛同性戀」為主軸，展開一系列活動。這些似乎都是看熱鬧的人多，在現實世界裡真正愛（支持）同性戀的人會是「人人」嗎？

在台大校園的大舞台上，八十四年還有兩個劇碼最受各界注目，對國內政治環境有微妙的影響。一是發生在民國六十二年的「台大哲學系事件」，一是三十八年的「四六事件」（註）。

八十五年再有「狀況三」，台大社運團體發動大規模運動抗議中共文攻武嚇。（凡國內或兩岸有「大事」發生，台大師生通常不會缺席。）這個狀況三容我後面專節再講。（見下節『近身觀察台大學生社運』）

最具震撼性的狀況是八十六年台大把軍訓室總教官（軍訓室主任）改由文職教授取代，為此兩個單位（台大和教育部軍訓處）關係一度緊張，所幸經雙方首長（校長陳維昭教授、處長宋文將軍）發揮高度耐心與智慧，及多位教授、教官的努力，才使關係緩和，使軍訓教學能在常態中進行。這些爭議來自一個「源頭」，時序回溯八十四年五月「大法官三八〇號釋憲文」，謂「教育部訂定共同必修科目係屬違憲」，應屬「不符大學法中大學自主精神」，意即大學之共同必修科目應「由各校自訂」。而各校是否能本著基本國策及國家情勢的需要，維持軍訓教學則屬「辦學良心」，其可能的連鎖效應是㈠因「反軍訓」致使修軍訓的學生減少；㈡教官任教資格將引起爭議；其他還有打擊教官士氣、形象及教學品質等等。

八十七年三月大法官會議又丟給教官界一顆大炸彈，由謝長廷提出的「釋字第四五〇號釋憲案」：「大學法及施行細則強制大學應設軍訓室並修習軍訓和護理課程違憲」，再度深深震撼軍訓制度，都是終日為學生辛勞的教官們難以承受的痛。這幾年我和許多教官在處長宋文將軍的領導下，到處奔走「滅火」，尋求支持及鼓舞教官士氣。最盛大的一次活動是由軍訓處與淡江大學合辦「第一屆中華民國國防教育學術研討會」，八十七年十月十七日在凱悅飯店舉行，工作小組在三個月前就開始籌備。

小組是由淡江大學戰略研究所所長翁明賢教授領銜，下有楊正平（輔大主任教官）、谷祖盛（華梵總教官）、廖德智（淡江主任教官）、李景素（文化教官）和我（台大主任教官）等任務編組，各再帶領若干工作人員。我另外擔任論文發表人，提報「國家競爭優勢與國家安全」一文，同時邀請國內俊傑之士如淡江副教授施正權博士、交大教授丁崑健博士、美國大西洋理事會顧問曾生博士等共九人，發表九篇有關國防、軍訓及政治發展的論文。會議順利進行，由教育部長林清江和國防部副部長王文燮共同主持，參與者有黨、政、軍、學各界二百餘人。

有一個小插曲，會議前後花七十多萬，小組一毛都沒，大家效法　國父革命精神到處「化緣」，我到南山保險公司化了十萬元。聽說會後仍欠，多虧處長、淡江大學及幼獅公司等分頭張羅，又請凱悅飯店「打折」，大會才劃下完美的句點。

台大這幾年也有許多溫馨的回憶，我晉陞上校時，校長在校內餐廳主持餐會致詞贊美說：「能一年完成兩本書的，本校只有陳福成，他應該獲得晉陞。」後來我在一本論文集的序曰：

民國八十五年十二月二十八日是個特別的日子。是我軍職第二十八年，任官第二十二年。這一天我晉陞上校，是人生旅程上的一座「界碑」，這一天同時晉陞上校者尚有法學院主任教官吳元俊上校，管理學院主任教官林怡忠上校；晉陞中校者有蔣先凰、陳國慶和詹源興三人。授階典禮於當日在松山商職，由教育部吳京部長主持，軍訓處處長宋文將軍爲我掛階，吳京部長在會中講述教官在校園中的重要性及面臨挑戰，闡揚當前教改理念。國立台灣大學軍訓室總教官李長嘯將軍、台北市教育局局長吳英璋先生、內人潘玉鳳及許多佳賓都前來觀禮。八十六年元月六日晚上，在本校蘇杭餐廳（原僑光堂）舉行晉陞餐會，校長陳維昭教授親臨主持，本校三長及許多教授、同仁與全體教官百餘人均到場參與，席開十桌。台大有如此盛事，正愁不知如何紀念！夜闌人散，已無記憶。當下決定印自己近年發表的論文，供教學、研究及學生輔導方面之參用。給自己一個鼓勵與紀念，並對長官舉用之識，深表謝忱，贅文誌之。

宴席總要散會。八十八年二月一日我報准正式退伍，三十一年軍旅生涯在台灣大學滿意的結束。那美好的仗我已經打過，當跑的路已經跑盡，所信的道（國家安全、軍訓教學與上官交辦任務及我在台大發現的寶貝）已經守住，從此以後會有公義的冠冕為我存留。軍旅生涯雖長，大多時候只在觀戰，看別人收戰果；待在台大雖短，我親自參戰，自己收戰果。

註一：「台大哲學系事件」，是民國六十二年間因一場「民族主義座談會」導致哲學系教師有十三人被解聘，分別是：陳鼓應、趙天儀、王曉波、游祥洲、楊斐華、胡基峻、李日章、陳明玉、梁振生、黃天成、郭實渝、鐘友聯和黃慶明。本案台大在八十二年就開始調查，持續到八十四年，已有多人回復原職。

「四六事件」，是民國三十八年四月六日，部份台大與師大學生因捲入政治漩渦，可能受到迫害的事件。

註二：為因應教育改革的須要，教育部於九十二年二月成立「高級中學國防通識科課程專案小組」，七月間的會議決議「軍訓課程」名稱改成「國防通識」課程。龍騰出版公司決定出版國防通識相關書籍，找我擔任召集人，找人來寫國防通識五大領域課程（國家安全、兵學理論、軍事知能、軍事戰史、國防科技）。有機會為我們下一代的青年學子做些事，我欣然答應。

近身觀察台大學生社運

在國內各大學中，學生最積極參與政治運動、社會運動，乃至各種活動，首推台灣大學。以前如斯，現在或未來可能亦如是。今以社會運動為例，談談當台大教官時我所見。

前節提的「狀況三」內容特殊，單獨「切割」出來在本節專述。此處所謂「台大學生社運」，概指台灣大學以學生為主的社團活動及所參與的社會運動。想要「近身觀察」的動機，來自我想印證一些理論，而且我正好身歷其境在台大當教官，為避免因身份敏感產生不必要的後遺症，還是為自己訂下近身觀察的原則：「對學生運動有興趣而不介入，親身上舞台但不參演，去接近而不影響活動。」所以那陣子我常到學運集合點附近「遠觀」，也注意媒體報導，在校內找機會與學生多聊。觀察時間是八十五年三月，以下區分背景及現況陳述、觀察及判斷分析、檢討及參考意見等三部份概述之。（本文所提人、事、時、地都是實況，且為當時各大媒體報導過）

壹、背景及現況陳述

兩岸從八十三年底到八十四年「閏八月震顫」，接著八十五年初又因我總統民選等事，中共對我發動文攻武嚇，國內反應最迅速激烈者是台灣大學的學生社團。

一、三月七日台大改革派學生社團大陸社社長董瑛鎮（夜法律三年級，曾任八十三學年度夜學代），結合建國俱樂部（建國部，以下括弧都指簡稱）、大新社、三研社、掌中劇團、大論社、台文社、學生會、學代會等均屬改革派社團，於台北市「二二八和平公園」（二八園）紀念碑前發起「憤怒之愛」靜坐抗爭，揭開學生抗爭序幕。接續加入的台大社團還有濁水溪社、台灣歌謠社（台歌社）、輕舟社、無線電社、鳳山校友、正氣學會、大氣海洋研究學會（氣海會）、景美校友、師大人文、逢甲論壇、中山女高台文社等。抗爭時間持續到三月九日晚上十一時，人數約三十餘人。訴求要點㈠摒棄政黨歧見停止彼此攻訐；㈡召開跨黨緊急協商會議，保障台灣住民尊嚴與利益；㈢反中共霸權，救台灣；反中共迫戰，護人權。

二、三月九日台大台文社吳國禎（中文二）、林忠治（農化二）復結合學生台灣語文促進會（台文進會）所屬加盟社團，包括台大、成大、交大、淡江、實踐、靜宜、藝術學院等校的台語文社，於省博物館前展開為期十七天的夜宿靜坐抗爭。後又加入清大台文社、淡江環保社、靜宜浪淘沙社等，到二十五日止，曾到總統府、教育部抗爭，人數約四十多人。訴求要點㈠不怕威脅直選總統到底；㈡宣示中共的行動是侵略行為；㈢停止兩岸交流往來；㈣審查排除有大中國意識的教育內容。

三、三月十五日前台大學運成員林佳龍（前大陸社激進派）自美返台聯串台大學運社團，於二十二日假二二八公園（原新公園）發起「為台灣民主守夜三二二全球連線」（三二二線）活動，抗議中共軍事演習，確保總統大選順利完成。到二十四日凌晨止，人數不超過四十人。訴求要點㈠兩岸各自以獨立的政治實體加入國際社會；㈡不畏外力威脅堅持總統直選；㈢呼籲全球向中共抗議確保區域和平；㈣譴責政府行政部門推卸責任、立法部門停擺、總統不負責的態度。

貳、觀察及判斷分析

一、三月八日有彭明敏學生助選團「種籽鯨神學生矩陣」（種鯨陣）參與，因理念不合未獲「憤怒之愛」認同。社運也企圖介入，如獨台會史明、綠黨高成炎、台教會張國龍、醫界聯盟、台語協會林央敏等都到場致意，但學生堅持自主性，婉拒社運團體介入。

二、獨派另起爐灶，包括台大建國部、台文社，及台教會、種鯨陣、三二二線等各股勢力合流，於三月二十二日在省博物館前舉辦「爲台灣獨立建國守夜」晚會，包括史明、李鎮源、張國龍、高成炎都到場演講，宣揚台獨理念，參與者有教授學生近百人。二十三、二十五日都有獨派的活動，這表示學生的自主性已顯單薄，舞台已被獨派主導，演出劇碼質變成爲台獨建國造勢。

三、台大參與社團最多，但大多由社長一人代表參加，活動人數侷限於數十人間，因爲台大雖社團林立，惟各有堅持的正統龍頭，異議社團之間無法整合意見，相對削弱學運影響力。

參、檢討及意見參考

不論學運或社運，能在正常情況下運作都是好的。社會是一個「有限空間」，和一家人住在同一屋子裡也是有限空間。依據社會批判理論及衝突理論的研究，讓異議有機會相互激盪，不僅對政治及社會發展有利，且有益於趨向整合，促成團結的氣氛。但我觀察此次抗議活動始末，仍有檢討之處，試提幾項意見參考。

一、政府處理類似事件態度軟弱與斷傷公權力。集會遊行都未完成法定程序，政府負責單位未處理，始終也未取締。更多的違法行為（大多獨派團體），如損壞公園物品、霸佔紅磚道，在省博物館前路面彩繪「台灣獨立建國萬歲」，污損路面等均未見警察單位處理。

二、台大社團頂著「台大」招牌，但因屬非法活動，給各界一個印象「反正台大師生都是不守法」，對台大的社會形象是有負面的，不知「台大人」們是否曾經反省？

三、目前多數大學都以「學生在校外行為自行負責」，劃清學生類似這些涉外行為的責任，認為「反正是管不動」。依我之見也未必完全不管，學校（授課教授、導師、校長、三長等）還是有影響力，應教育學生進行合法活動，使活動兼有教育意義。

以上是我以一個台大軍訓教官觀察本校學運活動的心得，關於台大學生的「不守法、不團結」現象，校長陳維昭教授深有所感，曾大聲急呼力圖改進。我記得在八十五、八十六、八十七年連續三年的新生訓練開學典禮上，校長一再針對台大學生讓企業界「怕怕」提示警示，勉勵同學們要守法守紀，要有合作精神。（本文完稿於八十五年，九十三年重修。）

（九十三年四月補註：近年對民進黨政府的貪污腐化、大選的不公不義，大學生的反應卻很冷漠，此種情形可能如李敖所說，現在大學生只知讀書、玩樂，失去了熱情與理想性，也就不顧社會正義了，果如此豈不也很悲哀嗎？）

關於一個意外的封號「台灣軍魂」

許多人都有過「封號」，國父孫中山先生曾被封「孫大砲」，我在預備班有一次開榮團會，我起來發表意見，開口便說「我有一點小意思」後來許多人認為的大事，我都認為「小意思」。從此「小意思」成為同學間最常叫的封號。或諧音叫成「小力士」，也有叫我「拿破崙」的，但以後來我在台灣大學當教官，大陸方面封我的「台灣軍魂」最偉大。

在我軍旅生涯快要結束時，當時還在台灣大學當教官，意外獲得「台灣軍魂」封號，這要從兩本書和一張照片說起。

八十三年底「閏八月」危機，海峽情勢緊張，島內隨之動盪不安，移民潮再起（可能演變成逃亡潮）。八十四年七月我先出版「決戰閏八月——後鄧時代中共武力犯台研究」一書，對「閏八月預言」提出二十點批判，正反論據並陳，剖析台獨的立即危險性，共軍武力犯台的時空因素、能力評估、行動方式；及政經因素對犯台決策的影響，以「第三波」標準評估兩岸戰力，後鄧時代改善兩岸關係等。書出版後各界反映熱烈，尤其教官界和軍方。我告訴出版社老闆，「決戰閏八月」是研究共軍如何來？來不來？能不能來？如何使其不來？這只是客觀對手的研究，應該算是「上冊」；另一個我們自己主觀的問題，即如何防衛？也必須研究出版「下冊」。

是年（八十四）十一月，即出版了「防衛大台灣——台海安全與三軍戰略大佈局」，針對台澎防衛作戰（含外島）的戰術、戰略，深入研究檢討及尋求改進之道。本書的出版正好在中共對台兩次飛彈威脅之後，第一次飛彈試射是七月二十一日到二十六日，第二次是八月十五日到二十五日。兩次飛彈落點都在台灣北端東海、彭佳嶼週邊地區，這些讓我對台海安全有新的思考。

「決戰閏八月」和「防衛大台灣」兩書出版後，引起國內很大迴響（見第五章），甚至海峽對岸也高度重視，此事我原是不知道的（到民九十一年止我並未去過大陸）。一個朋友俞劍鴻教授，任職新加坡大學東亞研究所（East Asian Institute, National University of Singapore），到大陸把資料寄給我。北京軍事文摘專刊（總第五十九期）介紹我那兩本書，並稱我「台島軍魂」，該雜誌九—十頁有如下簡介：（原文為簡體字）

「台灣軍魂」

隨著李登輝又一次拋出所謂大陸與台灣之間特殊的「兩國論」，台灣問題又一次引起國人的關注。

隨著香港的勝利回歸，澳門也將在幾個月後回到祖國的懷抱，台灣的問題決不能無限期地拖下去。

但是，如何統一台灣卻一直是個敏感話題。和平統一當然是炎黃子孫的共同的心願，可是如果台灣當局刻意要創造「兩個中國」或「一中一台」的局面的話，我國將完全有能力和決心維護祖國的統一。正因此，祖國大陸一直不言對台放棄武力。

而且隨著台島內「台獨」的聲音塵囂甚上，全國人民盼望早日統一台灣的呼聲也此起彼伏。

在和平統一台灣的願望下，我們也要做到對台灣軍隊「知己知彼，百戰百勝」。爲此我們，更要了解台灣軍隊將領們的軍事指導原則、作戰方針、戰略思想。

而號稱「台島軍魂」的台灣大學中校教官陳福成，雖是一介校官，但是其撰寫的《決戰閏八月》和《防衛大台灣》兩書奠定了其在台灣軍界的戰略家的地位。

所以，了解了陳福成的戰略思想即基本掌握了台灣軍隊的作戰策略。

陳福成雖一直在台灣陸軍就職，但是，他針對台灣的特殊地理位置提出的「海、陸、空」一體化的防禦體系，深深地影響了台灣軍隊的頭頭腦腦們。

由於台灣的地理生存環境和政治生存環境都很狹小，所以陳福成認爲，台灣軍隊和大陸軍隊對抗中，將主要以防禦作戰爲主，但是台灣除了有一般防禦作戰的性質上，更有其獨特的特質，這些特質在古今戰爭史上尚無同型，陳福成認爲台灣的防禦作戰更應是一種「特種作戰」。

他認爲台灣的防禦作戰的特點是：預警短、縱深淺、決戰快、外援難、守勢作戰、以小搏大。由於這些特點，陳福成認爲，如果一旦大陸對台動武，第一輪攻擊波可能在離台灣一島10-20海里的海面區，形成戰爭初期的水面激戰，而眞正的決戰將在3000-5000米的海灘上進行。

正是在這種作戰指導思想的影響下，台灣軍隊在台灣島的東、北、西之面形成了遠、中、近三層立體防禦工事。

陳福成簡歷

陳福成出生：一九五二年六月十五日。

現職：台灣大學中校教官，主講課目：《戰爭概論》及《波斯灣戰史》。

學歷：一九七五年畢業陸軍官校四十四期；一九八八年畢業於復興崗政治研究所碩士班；一九九三年畢業於三軍大學陸軍指參學院。

經歷：台灣部隊連長、營長、監察官、教官、副指揮官、副處長、於一九九四年四月轉任軍訓教官、任職台灣大學至今。

興趣：寫作、研究、讀書、教學、演講、旅遊。

作品：有學術研究、遊記、翻譯小說、現代詩，曾著有《管理與管教》一書約十二萬字，《高登之歌》獲現代詩銀詩獎。

初看這些軍事雜誌的報導，我確實對大陸方面的情報蒐集頗為驚訝，小小一個「台灣大學的教官」，寫了兩本對我而言只是「常識」的專書，對岸卻能蒐集到我的相關資料。平心而言，台灣方面更多人關注在八卦小說，或更聳人聽聞的戰爭小說，關心到我這兩本專業分析的書者，其實並不普及。

詳讀「北京軍事文摘」該文，對我也確實過於推崇，彼謂號稱「台島軍魂」的台灣大學中校教官陳福成，雖是一介校官，但是其撰寫的「決戰閏八月」和「防衛大台灣」兩書奠定了其在台灣軍界的戰略家的地位。所以了解了陳福成的戰略思想，即基本掌握了台灣軍隊的作戰策略。

以上之言都是過於「以小看大」，台灣軍方戰略家（野戰戰略以及民間文人戰略家）雲集，我不過星雲之中一顆小水滴。如果說我寫的「決戰閏八月」和「防衛大台灣」兩書，果真能奠定我在台灣軍界「戰略家的地位」，我也很高興，表示我的努力是值得的。

「一張照片」所指，是該專刊封面使用了我的受階上校（八十五年十二月二十八日在松山商職）現場的一張照片「如本章首」。很詭異的是那張照片並非我託人所照，而是現場有大陸人員或台灣記者拍照，再流回大陸，該專刊得以使用。封面除我的相片外，尚有「台灣軍魂陳福成之謎」等標題字樣。

說我是「台島軍魂」也好，「台灣軍魂」也罷，其實過於抬舉。如今封號已成歷史，只證明在我的軍旅生涯中對某些問題下過工夫，對當時兩岸有正面意義的影響，於願已足，如是而已。八十五年後，我又出版多本研究兩岸問題的書（見小檔案或年表），都在闡明「一個中國」的有利、有益、合理及必要性；反之，就是台獨的大害、大弊及非理性。台灣之不能脫離中國而獨立，從一百年前到以後，都永遠沒有機會獨立，道理其實很簡單。感性者說是歷史、文化，其實最厲害的三種「自然力」是：地緣關係上走不了、大叢林中的弱者不敢跑、台灣對中國有「強烈的需要」。說我鬼扯的人，早已買好了機票：去大陸。

軍旅生涯的反省與檢討

本期同學（陸官四十四期、各四年制軍事院校六十四年班），到民國九十二年八月已是「上校二十八年頂天」年限，絕大多數退伍還鄉了。少數未退者，有的快升中將了，有的現在仍是陳水扁總統和連戰先生身邊的要人，當然也有混到中校吃到「終身俸」的。但就一個職業軍人言，沒有爬到頂層，到達自己想要的目標（至少將軍），總是有遺憾，這是需要自我反省與檢討的。

漫長的軍旅生涯雖未「打第一仗、立第一功」，也算戎馬倥傯三十載，我有資格、有心得可以反省檢討出一些利國利民的東西出來。服務期間的每個階段，不論本島與外島，防衛作戰之實務與理論，我都會用心體驗，深刻去感受正反利弊，否則不會發生「逃官事件」。換言之，我是「如人飲水冷暖自知」；以下分提幾點供國防部、陸官母校或有能力、有權責解決問題者參用，還有現在的軍校生，未來要進軍校的青年學子參考。

第一、軍校（特指四年制軍事院校）應改變學生「生涯歸畫」教育政策，避免製造成「僅一個成功者，九十九個失敗者。」如何說呢？數十年來的軍校教育都一再以教育學生成爲「總司令、軍團司令」，或成爲「麥克阿瑟將軍」、某某名將爲唯一目標與政策，師資儘用於此。結果，數十年後通常約兩千畢業生（約二—三個期別）出現一個總司令，及不到十位的軍團司令，這幾位是眞正達到軍校學生的生涯目標。其他全是失敗者，何謂「失敗者？」混吃等死、鬼混、抱怨，每日「苦酒滿杯」是也！其更甚者，貪贓枉法、吃兵喝兵、混終生俸……這些是部隊的現況，由不得各級長官「睜著眼說瞎話」否認之。

改善之道從教育與制度著手，教育從軍校教育開始，並非每個學生都適合當「名將」，根據統計名將的出產率是五千分之一。應捨不足取之道，改走「專業軍人取向」，去發現每個軍校生的興趣專長，則人人都是成功者，不管未來甚麼階級，他的專業成就會是他的驕傲與尊嚴。到部隊則從建立制度開始，是情報專業者由他去搞情報，他會成爲一流的專家；是後勤專業者由他去搞後勤，他會成爲後勤高手。而不是要每個軍校生都是排長↓連長↓營長↓旅長↓師長↓……這是害人害己，浪費資源的事。

第二、關於軍人素質士氣的提高（因爲低落）。阿扁新總統上任提到「軍人三安」便是，這和第一項的教育與制度有直接關係，所以這是國軍整個政策及制度的改進，軍人素質和士氣才有可能提高。其中一個重要因素是薪資，由此度量比較之，國軍部隊的中、下層軍官仍是我們社會的「二等國民」，相同等級的軍官與其他公職人員比較，薪資依然差很多；若再算上工作時間是「八小時制」與「全天制」之別，本島與外島之差，則中、下層軍官薪資根本是「大幅度落差」。

讓軍人去當「二等國民」，社會有什麼資格責備軍人犧牲的不夠多，國人有什麼充份的理由要軍人犧牲家庭到前線好好幹！已是一介草民的我，把此事託望給陳水扁的新政府。他已如是說，應如是做；我會「察其言、觀其行」！（我開始計畫要寫本書時，大約二〇〇〇年時，隔了四年，書要出版了，阿扁還是只會搞選舉，形同白付託了。）

第三、如何破解部隊的人事派系？這是多年的老問題，你總是要「誰的人！跟著誰！」才有升官佔缺的希望，只要你「死忠」的跟著人，跟對人，不出大問題，趟著幹也能輪到你升官。反之，不是誰的人，幹死了也沒有長官分一杯「羹」給你，我在花東防衛司令部當三處副處長正是這個下場，這種情形部隊很普遍，只是抱怨，無人能奈何！但部隊要成為能打「第三波」戰爭的現代軍隊，此非改不可。建立合理的人事制度，「公正、公平、公開」的人事考核是最重要的關鍵因素。

第四、暢通後勤補給系統管道，這也是老問題，所謂「彈盡糧絕」就是後勤問題，我在當連長、營長時，許多補給品都是空有一張「申請單」，實物經年累月下不來。而地區補給庫房裡成堆發霉，主官不去「擺桌子」，東西硬是下不來，這些事在部隊都很普遍。事隔多年，我常碰到一些後期老弟也當了主官，他們又在抱怨這樣的問題，高層冷氣房中的將軍們不知是否了解？

第五、台海防衛作戰的檢討。此我在「決戰閏八月」和「防衛大台灣」兩書已有深論，不再贅述。說來弔詭，防衛作戰的成敗因素並非「軍事」而是「政治」，所以國軍部隊要多少人？需不需要發展中程飛彈？也只是一種政治考量。而新政府的國防政策考慮改變「灘岸決戰」，採「境外決戰」，在軍事上也沒有多大意義，試問台灣拿什麼去和中共在「境內」或「境外」決戰？所以談防衛作戰的成敗，就是「統」和「獨」的問題。國軍現在可以把「獨」放一邊，美其名曰「不干政」，但「獨」把敵人惹來了，國軍能躲一邊嗎？在政治上解決了統獨問題，就沒有防衛作戰的問題。

第六、加速軍隊幹部來源的多元化。黃埔建軍至今，我們軍隊幹部（連長以上領導人才）都是一元化，不論陸、海、空三軍都是「黃埔一統」體系，此在革命及威權時代可也！但要走向現代化軍隊就要有現代思維。「一元化」必然是「一言堂」，也是導至腐化的開始；再者，「一元化」也必然是「近親繁殖」，幹部品質愈來愈低落幾可預期。目前雖有ROTC（預備軍官團），但每年數十人起不了作用，要擴大規模並加速多元化，才能解決軍隊幹部來源與素質，保證品質管制的良好。

第七、軍訓教育制度合法化。這問題已在前面敘述過，未談解決之道。延宕十年的問題，總不能始終懸著，現在教官還是「黑官」，教官室還是「非法單位」，大學中的任何「阿狗阿貓」都可隨時去質問教官「你以什麼資格站在大學講堂上？」這是跨部會問題，行政院長召集國防、教育、內政三部協商提個法案，立法通過就行了。套句阿扁總統說的「有那麼困難嗎？」不論存與廢，總要有合法的定位，不能懸著不管。

第八、個人反省檢討。每個進軍校的孩子都有一個夢，長官也為「領袖的子弟兵」劃了一個「好大好大的餅」，遺憾的是尚未走出校園就已夢碎餅破，又沒有決心與能力快速轉行。此後，如打游擊般且戰且觀且走，摸著石頭過河，那裡有路那裡走，此最不可取。勸正要進軍校、已在軍校及剛畢業不久的老弟們，「男怕幹錯行，女怕嫁錯郎」，發現自己確實走錯路，要勇於斷然下決心改變航行方向，否則拖下去對己對部隊兩不利。我的「逃官事件」是錯誤示範，幸虧長官仁慈手下留情，老爸的正確堅持，免去我牢獄之災。是後我反省思過，重新調整心態，勉力行之，總算「滿意」的走完軍旅生涯。

第九、（九十三年四月總統大選後補加）陳水扁以不公平的選舉，操弄數十萬軍警等公務人員不能投票，作票、作弊疑雲重重，又一再推拖調查眞相。此情，已使民進黨政府成為「非法政權」，人民如何對待「非法政權」，推翻它吧！因此，我以一個熱愛國家的國民，宣佈啓動「第三次國民革命運動」機制。（第一次倒滿、第二次倒袁世凱）我堅信，這是我生涯中最大、最後的一役。

在台灣大學劃下美麗休止符前那幾年，有兩個長官對我溫馨的勉勵很重要，當時我內心像一頭從野戰部隊鬥敗的公雞（外表可能看不出來），有嚴重的信心危機，他們重建我的信心。第一位，當八十三年底「閏八月恐慌」發生，真是人心惶惶，幾乎有三十八年從大陸大逃亡前的徵候，十一月當時總教官韓懷豫將軍叫我對當前情勢儘快提出簡報，好讓各教官對學生有個說明。在莒光日上我用心做完簡報，韓將軍思索數秒然後說，「這是我見過做的最好，寫的內容最好，也報的最好的簡報。」現場的教官爆出熱烈的掌聲，達十秒多之久。

掌聲停止，韓將軍又說，「關於閏八月危機，中共武力犯台的情勢判斷，台海防衛作戰的現狀，就依陳福成教官的簡報，向學生說明，一定要給學生一個信心。」隔年（民八十四）我把簡報充實，便出版「決戰閏八月」一書。

第二位對我「信心重建」的長官是校長陳維昭教授，他在我的晉陞餐會上對著上百餘位台大教授、職員、教官致詞時說，「在台灣大學能一年出版兩本有關兩岸情勢研究專書，廣受好評的，只有陳福成教官一人。」

這些事情長官可能早已忘記，但我畢生難忘，因為他們讓我找回失落在野戰部隊的個人信心。當然，我是在當時總教官李長嘯將軍手上「起死回生」的，處長宋文將軍的提拔更是關鍵推手。這些對我有恩的人，我永遠銘記在心。人是需要鼓勵的，鬥敗的公雞，也可以再成為一條壯牛。

台灣大學讓我「明心見性」，讓我發現自己有比當將軍更高的才能與價值，台灣大學是我該來參拜的「廟」。

軍旅生涯中除「逃官事件」外，有幾件緊急狀況順帶一提。六十六年底「中壢事件」我正好在中壢雙連坡當連長，奉令完全戰備狀態，官兵全副武裝在雙連坡路邊待命出發，但有上級三令五申的命令「不准開槍」，所幸沒有「出發」前往現場，否則不知道要出什麼大亂子。六十七年底中美斷交時，我在馬祖高登當連長，聽說老美不管了，第七艦隊也要走了，大有與島共存亡的決心（島上有很多標語寫著：與島共存亡、人在島在、人亡島亡），全面戒備了好久才回復正常生活。

「八九天安門事件」和「九〇波灣戰爭」時，我都在小金門當營長，情勢也很緊張，金門全面戒備。這是一個發動戰爭的良機，八九年中共要轉移人民視線，九〇年西方國家無暇東顧，是毛澤東之後千載難逢的武力犯台時機。所幸戰爭沒有爆發，這些都待日後我「加油添醋」再說給兒孫聽吧！「有一天，中共……」

回顧半生軍旅生涯，最須要檢討的該是自己，當年幾個「毛都沒長」的死黨，立志要去開牧場，享受田野風光，結果半生已過，牧場沒開成。張君現在是國際標準舞教練，已是國內「舞」林高手；我和劉君雖只得到上校退伍，對國家栽培和黃埔教育都心存感激，以黃埔為榮；最有成就的是虞君，民國九十年元旦現任總統為他掛上將軍階，相信是他府上最感榮耀的時刻。就在此時，虞君又獲博士學位，將軍博士謂之「儒將」也，乃文章、道德、武學都達上乘之境。此在歷史上似無幾人，在本期（陸官四十四期）也是第一人。大多只得其一，難望二者兼有。幾個死黨也與有榮焉，乃共同製作一幅對聯贈老友，文曰：

諤諤黃埔子弟雖棄文從武有幾人能圓少年將軍夢
袞袞仲尼之後縱懸樑鑿光獨虞兄同日封將授紫襟

當然，此將軍博士更珍貴的還是那份真誠清淡包容的友誼，自學生時代以來歷半生不變，未來也不會變，此之謂「長青」也！為甚麼說「真誠清淡包容」？我想「真誠」是友誼長久的必要元素，「清淡」則是重要因素，許多人都見證過，那種濃的化不開，「大碗喝酒、大塊吃肉」的友情關係，大多不久就結束了。只有「君子之交淡如水」的友誼，才是可長可久的。至於包容的心更需要，人是有缺點的。

談到「友誼」二字，我想多說兩句給朋友們參考，一般都認為「志同道合」才能交朋友，其實這只是一個「切面」的看法，「帝王將相」和「販夫走卒」也可以交朋友（如蘇東坡），因為朋友是建基在誠實、尊重與平等的基礎上。幾年前我參加一個登山會，會中有多位「台獨基本教義派」人馬，我最少有三次以上在深山中聽到他們私下講話，說「外省吔那吔不滾回大陸」、「國民黨吔人總是豬狗畜牲」。如此，人與人之間的平等與尊重、誠實與誠懇就破壞了，朋友便交不下去，我也不再參加那個登山會。

正當本書快寫完的民國九十二年下半年，民進黨政府又用一種「民悴主義」的手段，炒作要把軍人退休俸百分之十八利息降息。一些「活百老姓」朋友也附和者，問我的意見。我用一個比喻回答說，我們把立場對調一下，換你去當三十一年軍人，此期間須在外島服役十年，且每年回家（在家時間）不能超過一個月，我的退休俸全數給你領，是否願意？

聞者不是啞口無言，就是嚇的直說不要，說他三十多年青春可以在社會上創造更多利潤，何苦去當兵？可見群眾根本是盲從，照顧軍人是先進國家的「先進政策」，在英國、美國和中國大陸尤其重視，為甚麼我們陳水扁政府如此短視？

任何政權、統治者或權力掌握者

都必須不斷的給予批判。

本著軍人「懂政治不干政」的原則，

我對兩岸政治提出嚴厲批判。

著書立說捍衛合乎正義原則的政治信仰，

針砭統獨，褒貶人性，

臧否政壇要角，月旦權力擁有者，

期其更臻佳境。

這是我的另一種生涯。

沒有我，

兩岸政壇將更腐化、惡化，

有了我，

更多的人民會看到更清楚有利的眞相。

這也是我開展生命的方式

3 我的政治生涯

——意識形態的崩潰過程

兩岸關係演講，88 年在台中太平讀書會。

用這張照片並非彰顯阿扁有多偉大，相反的，他用不公平選
、作票、作弊方法當上總統，他已經是「非法總統」，一個
非法政權」，各界要求查明眞相，他為何推拖？我要彰顯的，
我兒子的優秀，他國中畢業拿總統獎（他老子也拿過，就是那
國之君李登輝，父子兩代都拿亡國之君的獎，還眞不幸！）。

7 年小馬哥選台北市長
時，我和許多台大的朋友
都主動去拉票。

第二排左四是我，政戰制度之成立就是爲對抗共產主義，未來若共產主義「非共化」，政戰制度將如何轉型？我們也是玩政治的人物。

太多政治使人生去智慧和
理性，清涼一下吧！6
年暑假在中横公路上的溪
谷下。

三軍大學陸軍指揮參謀學院正八十二年班畢業留影
中華民國八十二年六月十九日於台北大直

最後一排右六是本書作者。照片中人物都是當前國軍部隊重要將校幹部，負責維護台海地區和平的第一線「終極戰士」，「政治

我的政治聲音：捍衛我的價值與信仰

戎馬三十載，過的是軍旅生活，何來政治生涯？首先得解釋這個問題，否則豈不流於無的放矢。首先，我是民國六十年在鳳山官校加入國民黨，但五十七年進預備班也等於進了黨校，我已是三民主義忠實信徒，所以我等於是三十二年黨員生活了，前三十年幾乎完全照黨的規定辦事，後幾年見黨主席李登輝愈來愈離譜，各種價值（主義、統一、台獨、思想等）逐一崩解，我對信仰的堅持才由鬆動而潰決。（並非對三民主義信仰，指對教條潰決。）

其次，我以一個軍人的身份，從學生時代被教育（主要是總理、總裁的著作）成要「懂政治，而不「干涉」政治，也要「關心」政治，我對政治也有興趣，所以我用我的方法「從政」。數十年來，每當國內外有重大政治議題，我都會運用憲法賦予我的言論自由，發出我的「聲音」，而且我的聲音一定比以前的李元簇、連戰等人當副總統時，多而銳利。看官大人說，我能不能回顧一下「政治生涯」呢？我用筆在政檀上馳騁！

七十五年九月當時「黨外偏激份子」林正杰要入獄，我心目中的台大名教授呂亞力參加「歡送林正杰入獄餐會」，我立即在報紙上提筆「我燒掉了一本書」批他：

今天我燒掉一本書，以示對作者的抗議與不恥。

燒掉的書是呂亞力著「政治學方法論」。呂教授是國內知名學者，並執教於國內學術重鎮——臺大學府，雖不致桃李滿天下，想必也是萬千學子學習仰慕的對象（包括我）。只可惜「我們的教授」竟然如此沒有道德勇氣，更對價值判斷的無知，無視於司法尊嚴與國家處境，去為一個只會搞示威、遊行、街頭運動的人搞入獄「歡送會」（即參加九日十一位臺大教授在臺大校友會館為林正杰舉行「歡送入獄餐會」），此舉等於鼓勵犯罪，獎勵坐牢，對民心士氣、社會風氣的誤導與打擊太大了。

政治教授學的是政治，政治問題離不開價值判斷，呂教授在「政治學方法論」（三民局七十四年九月三版）一書中說：「關於政治研究中價值的地位問題，我們擬再說幾句話：價值是需要的，政治研究倘若捨棄了價值，是殘缺不全的。」這個概念也就是當前世界上政治學家研究政治問題的「定向」，亦就是「後行為主義」的研究途徑這個道理與潮流呂教授是知道的，但其此次所為，不但捨棄價值，毫無價值，而且與自己一貫信念大相違背。

九月十二日呂教授接受臺灣日報專訪時說：「目前我們內部的一些問題及衝突情形，那都只是表面現象而已，我們全民信任政府，一致反共的基礎並未動搖，我們國家仍舊是全民團結一致，絕不會出現分裂內鬥的情形，這點，全民必須更有共識，而後我們就如蔣主席所說的；對國家前途『抱持無憂無懼和樂觀的態度』了」顯然，呂教授對當前時局與國家政策有正確的共識;以他身為高級知識份子、大學教授,為人師表,為何替這些專製造社會暴亂的「民主人士」助陣,動搖國本,導誤視聽,危害到國家安全?

很顯然的,呂教授說的、寫的是一套,做的又是另一套,此種對「政治價值」的雙重標準,言行不一,如何以為人師?所以他的書要燒,不讀他的,尚有別的可讀。

大衆報,七十五年九月廿六日

八十一年十一月剛出現「一中一台」形態時,我把台獨問題做了一個比喻,在報上宣揚我的觀點,我認為兩岸已經在向我的觀點開始以緩慢的速度傾斜:

「台獨」最近又以另一種形態—「一中一台」出現,不論主張台獨或反台獨,朝野及學術界已有許多討論,下列管見提供思考:

第一、中國從秦漢以來,國家處於統一狀態時通常百姓日子好過些;反之,處於分裂局面,人民日子就難過了。我們是否在製造分裂呢?

第二、關於「台灣如果宣佈獨立,中共會不會打台灣?」這種「假定事項」無法用自然科學方式來實證,我們不能不顧後果進行驗證,等到妻離子散、戰火燒起時,才來叫停。所以,台獨是不負責的做法。

第三、但是,台獨也不會在短期內消失。因為從百年前中日甲午戰後,「台灣民主國」一詞出現在歷史舞台上，便好像一把「絕世寶劍」出現在「武林」中，誰都想「染指」，於是出現一場接一場的大決戰。年復一年，永無休止。除非有一位仁者、俠者，武功高強者出世，否則難望復治。

第四、台獨問題一直沒有消失，另有原因，便是百年來的內亂與各級政府無能交互激盪而成。打個比喻，一個家庭中如果父不父，只會在外面搞女人；母不母，只顧打麻將，不管子女死活，則必然個個求去。國家的道理亦同。

第五、結論：要解決台獨問題，勢必等待中國之和平統一、民主、富裕之時，到那時台獨問題自然消失。恰如一個家庭中，父盡父職，母盡母責，則子女誰願或何忍求去？

中國時報，八十一年十一月十二日

日本侵華的賠償與道歉，對「慰安婦」的處理，都欠缺誠意且顯得「小鼻子小眼睛」，我最為反感，我對「日本鬼子」從來沒有好感，我定要為前輩同胞爭口氣：

貴報於十二月十日報導，日本非官方團體於九日在東京舉行「全球慰安婦」見證會，有各國當年受難的「慰安婦」七百多人與會，出面控訴日軍在二次大戰的暴行。針對本案，我想發抒多年潛藏內心的意見。

第一、每次提到要求日本賠償二次大戰時對各國侵略所造成生命、財產、傷害的重大損失，日本便拿中國的「以德報怨」做搪塞，殊不知「以德報怨」是屬「道德問題」之範疇；而損害賠償是法律問題，二者各有不同概念。前者指「化敵爲友」，後者是法律上的「公平原則」，試想殺人不法辦，迫害婦女不算罪，世界上那有公平！

第二、德國最近已通過一項法案，對當年被迫害死難的猶太人全面給予金錢賠償，這是面對歷史事實負責的做法，同時也告誡德國人後世子孫不能再犯錯。反觀日本人，一副「小鼻子小眼睛」做法，不敢面對事實、不肯承認錯誤，一味企圖掩飾過去，實在讓世人恥笑輕視，稱之爲「經濟動物」不爲過。

第三、從「學習理論」觀點看，人類的知識、行爲都透過經驗學習而來。犯錯給予相等的處分能增強認知，以後不再犯，若殺人無罪，則明天將再殺人；若日軍在南京大屠殺，在各處強拉純潔少女當慰安婦，此種傷天害理之事不須賠償、不算犯罪、甚至不必道歉，則若干年後，此類事件將再發生。因爲日人的上一代、這一代都不認爲這樣做是有罪的，其第三代以後更能合理化。

第四、日本人應有長遠的歷史眼光，從大處著手。民間與政府都要痛下檢討，國會儘速完成立法，對當年的暴行趕快正式道歉，辦理賠償，是爲經濟大國之風範。

中國時報，八十二年二月三日

八十二年四月「新國民黨連線」快出走了，那時我對國民黨還有些希望，不願見到百年老店的分裂，用了「別名」提筆上陣：

「新國民黨連線」似乎搞得過火了，加上「高雄說明會衝突」後，新連線成員已認定是「國民黨當權者聯合民進黨共同打壓他們」。而國民黨「主流」方面也似乎不太「愛理」他們了。不好耶！於是我有幾點意見「緊急陳情」如下：

第一、不論國民黨是否承認黨內有派，「新國民黨連線」的動作已經是事實的證明，對國民黨產生強大批判力—快成為反對黨了。同一黨內竟然理念上差別這麼大，甚至溝通、協調是絕對必要的。否則再搞下去，雙方都沒臺階下—國民黨必然要分裂，此非黨員願見，也非國民之福。

第二、新連線說要推荐縣市長、議員及未來立委的候選人。此萬不可，這一來等於超越「政團」界線，成為一種「政黨」，此與另組政黨有何區分？新連線既然是要實踐孫總理的三民主義，那絕對必須要在「國民黨」黨內奮鬥。

第三、新連線提出政團綱領—「驅逐獨台、反對獨裁、打倒金權、平均地權」，這些內容都很合孫總理的理想。但稱之「新三民主義」則萬萬不可，五十多年前毛澤東為打國民黨，把他們所行的稱為「新民生主義」或「新民主主義」，同樣給人玩文字遊戲的感覺。外行人覺得新鮮，內行人一看便洞穿，蓋三民主義便是三民主義，絕無新舊之分，且當初孫總理也只著過一本「三民主義」，沒有另外寫過甚麼新的或舊的。

第四、希望國民黨方面和新連線能有溝通和妥協的雅量，千萬不能把自己理念當成「眞理」，因爲世界上能稱爲「眞理」的東西是絕少的，大家應能體認。（民國九十三年出版前夕補註：新連線出走，是「亡國亡黨之君李登輝」的陰謀，現在很清楚，現在李已走了，未來泛藍陣營應思考重新整合在一起，才是國家之福。）

中國時報，八十二年四月十一日

「閏八月」震撼之際，我和當時台大教授李長貴、國策中心主任田弘茂（現任外交部長）、立法委員丁守中、國關中心研究員丁樹範等五人共同在自由時報會議室，為國人詮釋兩岸變局及中共企圖。我的聲音如下：

中共武力犯台的時機有十五個可能：一是台獨聲浪最高漲的時候；二是台灣內部發生政治、經濟、軍事等方面的大動亂時；三是國軍戰力明顯居於弱勢時；四是我方長期拒絕談判；五是台灣發展核武，但此點目前較不可能；六是國際情勢有利於中共，對台海問題不加干預；七是中美合作密切；八是中共其他邊界領土問題解決完成，有餘力處理兩岸問題；九是中共完成對台作戰準備；十是外國勢力介入；十一是台獨勢力高漲到一定的程度；十二是我方加入聯合國等務實外交行動有成；十三是台灣進行總統民選；十四是中共權力分裂鬥爭，發生大動亂；十五是台灣無限期拖延統一。

評估中共軍事侵犯台灣的能力要從三個方面來分析，分別是總戰力、能力與輸力。總戰力是目前各界人士談得最多的部分，是指中共全國三軍戰力，若是輸力無法配合，則無法完全動員。能力是指對台戰爭時可用的能力，可分陸海空三方面分析。陸軍方面以南京軍區三十二萬兵力爲主；海軍方面有東海艦隊三百艘船艦爲主；空軍方面以台灣五百浬內，中共約有四百架戰機、二百架轟炸機可供調度。輸力指的是運輸能力，包括兩棲正規輸力、兩棲非正規輸力、空降輸力與投射輸力四種。兩棲正規輸力是指正規軍力運輸，兩棲非正規輸力指的是商船、漁船等非軍力運輸，總共約有九個師的軍力。空降輸力方面，有三百架直升機。投射輸力則是指飛彈。

解讀中共近日飛彈演習的動機，主要是爲了對台灣務實外交的警告，並宣示「一個中國」的理念。其箭頭指向總統李登輝，也有影響明年大選的動機，並對台灣近五年台獨勢力增長作出反應。而且中共此舉展示了其武力犯台的能力，以告知台灣，中共隨時可以打過來。從國際角度來看，可以增加談判的籌碼，同時警告法國與日本。從軍事的角度來看，李總統訪美前曾三次親自校閱反登陸作戰演習，所以中共也以此反制。

總的來看，中共採取的是政治恫嚇與軍事手段並用的兩手策略。軍事行動是中共長期逼迫我與其談判不成的施壓行爲，李總統訪美只是引爆點。

自由時報，八十四年七月廿七日

總之，我是這樣的不甘寂寞。在很年青的時候我就不願意只是一個單純的「兵」，因為常聽人家說「秀才碰到兵有理說不清」；也不要是個「秀才」，人家也說「秀才造反十年無成」，所以最好是「文武雙全」。我期許自己「一手拿槍、一手拿筆」，可惜做的兩不成，有點神似罷了！

馬英九參選台北市長時，我和台大一些朋友們利用課餘積極為小馬哥競選拉票，這是我唯一突破言論範疇，用行為表示「從政」的唯一經驗（如章首照片）。小馬哥雖一直和李登輝貌合神離，但那時我認為他還是很有「風骨」的人，也居於不願見獨派當選帶來兩岸緊張，所以台大支持者都主動拉票參與遊行活動。

歷年來李登輝把所有人才（趙少康、王建暄、郝柏村、林洋港、宋楚瑜……）全都「趕出家門」，國民黨也垮了。在他精心設計下把政權轉移給民進黨，他立即發表談話「快樂的不得了！」現在黨內吵著，「該不該開除李登輝黨籍？」我內心掙扎很久，堅信這是我身為國民黨員三十二年來，最後一個要處理的「政治問題」，也是「政治生涯」以來面臨最大的政治難題。這要從「該不該」與「要不要」兩個層面分析，也就是社會科學領域裡「應然」與「實然」的問題。

開除李登輝黨籍的理由是甚麼？

本來我一介退伍老兵，一個在野草民，在自己「五十不惑」的時候寫些經歷過的寶貴心得，和李登輝有甚麼鳥關係？可以說一點鳥關係都沒有。那些黨政高層要員寫回憶錄，就當然會扯上李登輝（如郝柏村、林洋港、許信良等）。但我還是扯上李登輝，而且以下各節都和李有關，我首先要說明這個原因。

第一、「他對我產生巨大，可怕的影響」。按憲法第三十六條「總統統率全國陸海空軍」規定，因此他是三軍統帥，在他當副總統、總統的十多年間，他的言論是三軍官兵的最高指導原則，他的行為是三軍官兵的標竿模範。換言之，他是官兵的偶像，是承接蔣中正、蔣經國之後，國軍官兵心中可以崇拜的有形偶像。誰知道這個偶像一夜之間破了，滅了，死了！這震撼力是很可怕的。你的偶像成為一個無恥，背叛你的人，使你心碎。

第二、「一個無恥、背叛、蕃癲的政客竟活生生的出現在你的生活中，不斷的衝擊著你。」他在總統就職時還依憲法第四十八條規定，余謹以至誠，向全國人民宣誓，余必遵守憲法，盡忠職務，增進人民福利，保衛國家，無負國民付託。但他還是背叛職務，背叛國家，背叛了人民，背叛了子弟兵（三軍官兵）。他真是讓我傷心！背叛自己的誓言是會遭天譴的，甚至禍害子孫，臭名萬年。他是基督徒，他以後如何去面對他的上帝。俚云「人不要臉鬼都怕」，搞不好上帝也怕他——怕被他出賣。他也不可能去天國見上帝，只能到地獄，他去地獄搞分裂，閻羅王也頭痛。

可知的是國民黨要不要開除李登輝的黨籍，這個問題困擾了國民黨很久，因為黨內有「李登輝人馬」。但事實歸事實，國民黨得依照「證據」辦事，找出李登輝的「犯罪證據」。

根據李敖、元豐瑜、親民黨立委李慶華、新黨立委馮滬祥和北市議員員李慶元、律師林憲同等人，於今（八十九）年五月二十一日共同舉行控告卸任總統李登輝的記者會表示，所要遞狀控告有大溪鴻禧山莊貪瀆案、內亂案、洩露國家機密罪。持有瑞士銀行秘密帳戶、偽造蔣經國遺囑等案。前三項先提告訴，後兩項下一波再提。

關於「內亂罪」，是指李登輝以總統身分，跳越過行政院而公然對外作有關「國家主權」暨「固有疆域」的主張，「兩國論」明顯構成「破壞國體、顛覆政府」罪行，並引起兩岸緊張、台灣人心動盪及國際爭議。

「洩露國家機密」部分，李登輝在八十五年四月十七日公開宣稱，「中共軍事演習是空包彈」，這是我政府派往大陸地下情報人員冒生命危險到手的「國防軍事機密」，李登輝未經國防部法定解密程序，就以「總統參選人」身分隨意公開。我敵後情報人員因而曝光殉職，被害人張志鵬及姚嘉珍的家屬均可出庭作證。

關於「貪瀆案」部分，鴻禧山莊價值一億六千多萬，李登輝以一千萬餘元買下並贈與妻子曾文惠，涉嫌瀆職及逃漏稅。（以上均見當時國內各媒體報導）

前述各案即向高檢署及地檢署遞狀，自然是「法律問題」，自有法官依法論斷，至於能否公正公平進行審調，就看我們司法獨立與勇氣的水準。所以這方面由法官傷腦筋吧！我要解決的是「政治問題」，以下用簡單的條列式逐一述明理由。

㈠錯誤的政黨輪替（政黨政治、民主政治）示範。這一套西方的遊戲規則，是A黨黨主席帶著本黨黨員與B、C等黨競爭，勝者執政，如英美的政黨政治是這個模式。絕無A黨黨主席處心積慮為B黨打拼，為B黨候選人站台（開玩笑也不行）。李登輝就是為他黨打拼、站台的黨主席，這是錯誤的政黨政治示範。

㈡人民已對他投了不信任案。李登輝自己承認「講了一百多次統一、反對台獨」為何沒人相信？統治者不獲人民信任就該下台，我在鄉下常聽鄉巴佬都說「李登輝耶話那也聽咧！塞龐也呷咧！」

㈢是自卑、媚日還是心中有病？竟在許多公開場合以一國元首的身份說「我是日本人」、「南京大屠殺不要提了！」「台灣人的悲哀」；再者，經常公開在媒體上說「要為民進黨的某某候選人站台」等，這些都不是身為總統、國民黨主席的身份所該說的，白痴才這樣說。

㈣整肅異己，圖以一人治天下，留在身邊者儘是一群沒有聲音的人，如李元簇、連戰、吳伯雄、章孝嚴……凡有聲音者無不除之而後快，治國者儘是一批唯李登輝之命是從者，國家終於日漸向下沉淪，日漸腐化、惡化。（九十三年出版前註：連戰已走出陰影，可喜。）

㈤最重要的本題：他整垮國民黨是蓄意或無心，我想這已無須追究，無論那一種，身為黨主席要負責，如今已下台負責。惟其事後「得意」的樣子，言下之意是「故意的」，這就是罪過了，黨內頭號「內奸」、「抓耙仔」，此即構成開除黨籍的理由。

中國人權協會理事長柴松林教授曾提「總統守則十二條」：繼續成長、抗拒榮崇、動機純正、權力限制、超脫屬性、慈悲愛眾、和平理性、用人所長、行為示範、感謝反對、勇毅灑脫及停止競選等，我逐一審查校對，李登輝竟無一做得到。那些所謂「李登輝之友」或死忠支持者，有必要把自己降溫，比較理性來看待此事。前民進黨主席施明德說的很簡潔，他認為李登輝最大的「貢獻」就是從內部把國民黨瓦解，這是他的個性使然，並非本意。但此種個性在蔣經國在世時，李登輝把自己壓抑並包裝成長官最喜歡的「樣子」，等自己權力在握就露出狐狸尾巴了。用施明德的話說，叫做權力的傲慢與知識的狂妄；另外應加上「居心叵測」較合乎事實，身邊若有這種人可要小心了，被賣了還幫他數鈔票。不過小心也無用，連蔣經國都沒有洞察此人事的智慧，何況你我？

為何大家只罵李登輝有罪，難到他主政十二年間無功嗎？例如終止動員戡亂、修憲、頒國安法等民主化措施，一般認為這些事在蔣經國走後已是「大勢所趨」，誰當總統都要執行這些任務。惟年年修憲我認為不可取，只為他自己利益或打壓異己而修憲，任期結束前還一度想用修憲延長總統任期，當萬年總統，民意反彈太大而做罷，權力欲望使他罪大而功微，甚至無功。無疑的，他的定位是「亡國之君」，是撕裂族群和諧的禍首，是政客、騙子。

附註：關於李登輝的貪瀆、內亂、叛國罪，因爲泛政治化的原因，法官可能也辦不下去。但歷史會給他公平的審判，他的良知會給自己審判，除非他的良知已被權力慾所消滅！爲甚麼獨派一些人只質疑宋楚瑜有五棟房子，他當了一輩子高官有五棟房子很正常。像我這個小老百姓的一些朋友，當一輩子小公務員，夫妻兩個省吃儉用，多的是有兩棟房子，三棟房子的。而李登輝上億房子，台灣司法卻無可奈何？我小時候常聽母親說，「台灣的法律，有錢辦生，無錢辦死。」現在是否依然如此呢？

國民黨黨員心中在想甚麼？

這又是一個有階段性問題的命題，例如民國二十年、三十年、四十年……或任一年代，政壇上環境背景下，「國民黨黨員心中在想甚麼？」目前所指的是李登輝把國民黨搞垮後，國民黨黨員心中在想甚麼？可能很複雜。但不外是為甚麼李登輝會出賣國民黨？有些更痛恨的想他為甚麼不馬上死掉？較理性的想到這個「老猴」應該下台了，想的遠一點的人開始考慮如何在下回拿回政權！如何重新獲取人民的信任？

國民黨員如此設想也有一些「歷史原因」，半個世紀來都是執政黨，從未想到有一天會淪為在野黨。因為有一個偉大的使命尚待完成——中國統一，不論多麼遙遠，終有實現的一天，這是歷史定律。完成這個使命的前提是國民黨要執政，若換成民進黨執政離這個目標就愈來愈遠了。由於這個原因，國民黨員（含中國屬性的人）才不能接受丟掉政權的事實。

但事實擺在眼前，政權確實丟了。而且李登輝已經說明白講清楚，就是「故意」的，國家元首、三軍統帥、黨主席就是特大號「奸神」，該不該開除這個奸神？

「是否開除李登輝？畢竟是國民黨的家務事。」所以也先得聽聽黨員的聲音，在高層大多被排除（或開除），留下來的誓言改革並重新贏取政權，乃有今（八十九）年六月十七日第十五次臨全會，連戰正式接任黨主席，副主席有蕭萬長、王金平、吳伯雄、蔣仲苓、林澄枝等五人，不過我對這些人並不看好。理由是他們對黨的目標、理念、黨格、黨德、黨魂都不很在意，更談不上堅持，還說「大家都是登輝學校畢業的」，聽不見會場外黨員的抗議聲：「槍斃李登輝、活埋蘇志誠」。敗選數月以來，這些高層黨官依然不敢真誠面對自己的內心世界（自己真的被人賣了嗎？），如此便不敢面對客觀世界的事實真象，所謂「檢討」

只是做做樣子，或再把敵人（宋陣營）罵一遍。

總之，江山易主後，未聞有誰表示負責，此在民主政治社會實不可思議。打敗仗不反省思過，檢討自己，儘說對方不對，怪黨員不支持本黨候選人……真叫我這老黨員傷心。

除了數十高層黨官外，所謂「兩百萬黨員」指的都是基層黨員，但數年來第一波出走的組成新黨，這次大選出走的組成親民黨，國民黨大量失血後留下來的無多，只能乾坐在那痛哭流涕、錐心跺腳。所以我認為高層黨官須要「傾聽基層黨員的聲音」，改革之路才走的下去。（以下簡摘中央軍校校友會訊，八十九年四月十日）：

專程從美國趕回來投連戰先生一票，怎麼想也想不通會敗給陳水扁，更搞不懂我的百年老店國民黨會敗的如此之慘。（上官亮）

國民黨的挫敗，主席是罪魁禍首，他拿改革做幌子，穿上民主外衣，骨子裡搞權謀，所做所為都是為自己擴權。如施明德所說，共產黨搞不垮國民黨，李登輝十二年就瓦解了國民黨。（樂可銘）

宋楚瑜沒有輸，全國二十五個投票區開票結果，他有十五個縣市領先。陳水扁只佔十個。（朱文磊）

看見民進黨立委罵「中國豬滾回去」，我們的執政黨、委員、代表從不幫我們說公道話……老黨員為國為黨付出一輩子，老了，國民黨怎能把老黨員一腳踢掉呢！（鄭義峰）

現在距大選還有廿二天，中央只打宋，不打扁，這種做法欠妥……台北市很多里長是國民黨籍，現在反而支持阿扁，罵支持連蕭的人。（齊衛國）

二月十六日「連蕭大會」在三軍軍官俱樂部舉辦，市黨部的要員再三叫罵的對象都是宋楚瑜。那種不實的謊言，不但無法得到共鳴，反使人感嘆！……國民黨痛失江山根本是黨主席個人製造的矛盾，更製造了嚴重的省籍情結……九十二高齡的馬樹禮先生最後跳出來說：李登輝主席不但放棄了連戰，而且放棄了國民黨，真一針見血的肺腑之言。（華敏行）

基層黨員的聲音不論大選前後，都如海浪般一波波湧出，普遍認為李登輝一錯是不讓「連宋配」、二錯是全力打宋、三錯是他還想垂簾聽政、四錯是吝於交出主席位子、五錯在錯估黨員及人民要改革的聲音。軍校校友會理事長龐雄先生有一篇最直接的聲音，特摘錄出來：

李登輝最傳奇、最精彩之處，是他能將身邊所有的人都矮化成人格的侏儒。他要推動任何一項陰謀，都有人會去做，全黨幾乎沒有一位黨員敢反對；民間的批評他更不放在眼裡，還利用走狗小丑蘇志誠那種沒格調的東西經常出來亂放話。

在他想整宋楚瑜的時候，只要他使個眼神、罵句叛徒，就有死忠的人趕快替他編寫劇本、加入表演行列，尤其是黨工人員、黨籍代表、甚至政府機關的黨員主管，全部運作起來打宋楚瑜，如此批判鬥爭之大動作，眞是空前絕後，但也是造成國民黨主要失敗的主因。李登輝主席讓執政的國民黨丟了執政權、黨員當然氣憤地轟李登輝下台。

一向聽命於黨國的忠貞黨員，爲何突然在選舉揭曉後變成了暴民似的，他們自動地到中央黨部去造反、高喊、發洩、打不負責的黨高官，因爲他們被黨主席及黨務高官們出賣了、欺騙了。尤其是還利用蔣老夫人、蔣方智怡、孫資政、陳履安、維覺和尚、吳伯雄等多位有影響力的人共同騙了他們票，加上醜陋無比的關中、劉家昌、小蘇子小丑們，早就讓黨員們恨得牙癢癢的，所以他們去中央黨部宣洩心中的憤怒與不滿。

連、宋的支持者都聚集黨部前吶喊，曾自認聰明的黨務工作者及黨員們；至今才恍然大悟自己只是個棋子，一條乖乖的玩狗，因此，他們心中難捨多年的疑惑，將內心中的不平發洩了出來。

各位看倌！不是我沒修養罵蘇志誠「走狗」，龐雄也罵他走狗，恍然大悟後又發現「黨務工作者及黨員們只是人家一條乖乖的玩狗」。陳水扁又罵李登輝是「老番癲」（癲者，神經錯亂或白痴是也！）一個精神錯亂的老白痴，帶一群乖乖狗，如何能成「政黨」？如何能治國？不換黨做做看才真沒天理呢！

附記：政黨輪替、國家興亡，都是歷史的常態，不行的就下台，我個人並不爲國民黨失去政權而惋惜。我們看西洋三千年大歷史，也和中國一樣，一朝亡另一朝興，都不足挽惜。我們所在乎的，是過程中有多少合乎社會正義？有多少「民之所欲，常在我心」的？像二〇〇四大選，民進黨政府已經失去了統治的合法性（正當性），已經是「非法政權」，因爲選舉過程用了太多不公不義的手段，人民有必要起來用各種方法推翻不公不義的政府。

選項一：不開除李的黨籍，利與弊

我寫本文的二〇〇三年時，這問題已過去了，老李已離開國民黨。但公元兩千年大選結束前後，這問題發燒了很久，老李為台灣社會帶來的後遺症，影響太深太久了。離政治圈很遠的文壇上，久久都難解心中的鬱悶：

天災和天災之間人禍也不斷，下台總統李登輝，已經八十多歲，原先承諾退休後傳教、做做禮拜，支票不兌現也就算了，卻老在幕後繼續操縱權力，翻雲覆雨，興風作浪，挑撥省籍情結，弄得民心不安。

報上說，李登輝又有新書出版，書名「慈悲與包容」。天啊！請不要這樣糟蹋中國字。如果李登輝還有下一本書，建議改用日本字。

（以上引文均見：爾雅出版社，二〇〇二隱地）

真是，天啊！這麼自私、黑心肝的人，怎麼還在談「慈悲與包容」，難不成權力和金錢真的使這位老人失去了理性和智慧。他真是兩岸可怕的大煞（SARS），如何讓他離開國民黨，真是頭大的問題！他說要傳教，為何不去？教會怕他去搞分裂吧！或主教也怕被賣了。

選項不開除，首先考慮到是「利」，也就是留住李登輝對國民黨還是有好處的，至少是利大於弊。預估這些「利點」可能是：㈠接收李的支持者票源，如本省籍、原住民、死忠老榮民、眷村票等；㈡表現改革後國民黨容忍、溫馨的一面，何必對一個老人窮追猛打？㈢避免把李登輝推向民進黨，又讓民進黨撈到一點（指李登輝可能加入民進黨），「與其敵人用，不如留著自己用。」㈣醞釀大和解氣氛，包括族群、政黨的和解。㈤現在的連陣營、馬英九陣營都認同「李登輝路線」的正確性，果如是，當然也是「不開除」，例如馬英九就說他還要走「李登輝民主改革的路」。㈥連陣營有意利用這次機會讓國民黨「瘦身」，那些出走的人最好不要回來「搶位子」，看得出敗選後的「改革」只是在「防宋」。

前六項不開除的利點，㈠至㈣有點道理，但也牽強，利多並不明顯而且是短暫之利，隨著李登輝老去，或司法上的不利被判有罪，這些利點將快速幻滅，可能把國民黨也拖下水。

至於後二項才真悲哀，原來現在國民黨台面上的這些人，主席、副主席、秘書長林豐正、章孝嚴，及被稱「國賊」的劉泰英……都只是在「搶個位子」當當，國民黨要談取回政權無異緣木求魚。

其次是「弊」，留住李登輝看似有利實大弊，前面六項利點仔細分析還是有弊，但這裡要提的是直接之弊。㈠前面提到涉嫌有罪部份，不論司法或政治方面，國民黨都要承擔，認同「人」，總不能丟下「事」不管。㈡不開除李，則對李的定位沒有頭緒，就是對自己定位沒有頭緒，也是國民黨的目標沒有頭緒，一直亂下去，吵下去，國民黨就會一直垮下去。㈢支持者回不去，不是流向親民黨就是流向民進黨或新黨。㈣留著李登輝也表示要走「李登輝路線」，國民黨就難以和「兩國論」劃清界線，而當「國民黨漸漸民進黨化，民進黨則漸漸國民黨化」時，主導兩岸情勢的就是民進黨或親民黨，而不會是國民黨。此事我們不妨慢慢看。

總之，留下李登輝之弊，在國民黨內是很無奈的，不可能有什麼共識，我修改一首花蕊夫人的詩來形容那種心境：

登輝府裡豎降旗，黨員上下都知道；
二百萬人齊解甲，還有幾個是男兒？

當然國民黨並非「二百萬黨員齊解甲」，大部份僅是「帶槍投靠、另闢戰場」，這些都是有「種」的男兒，深值為他們喝彩。留下的黨員也很痛苦，試想登輝把黨賣掉，也等於出賣自己，卻無可奈何！難怪作家林博文也說，李登輝已經是國民黨的瘟神。我認為，他也是台灣的瘟神。

李登輝卻實是台灣的亂源，台灣族群分裂的罪魁禍首，「教壞子仔大小」始自李登輝。若李登輝不反省，他會是兩岸爆發戰爭的「火種」，反正死別人的孩子，他不在乎！

想要找到一些不開除李登輝的理由，還真是很難。要怎樣說李登輝這個人呢？我讀德齡著「愛戀紫禁城」一書，說到慈禧太后雖權傾天下，但她一生都不快樂；另一個大權僅次慈禧的李蓮英，一生也都不快樂。李登輝出賣戰友的功力，不亞於猶大，猶大只出賣一個耶穌，李登輝出賣了成千上萬的人，子弟兵全被他賣了。我想李登輝就像慈禧、李蓮英或猶大這樣的人。權力和利慾已成滋養全身生命的要素，於是男人不像男人，女人不像女人，根本失去了人的本質——權力是很可怕的。

李登輝這種行為對全體台灣人是很不利的，會變成所有台灣人都是出賣別人的「奸神」。電影「受難記」就是講猶大出賣耶穌，最後變成「猶太人都是害死耶穌的兇手」。造成數千年來猶太人被歧視，李登輝真害人不淺。

選項二：開除李的黨籍：利與弊

這個選項之利弊，和上個選項利弊是相對的，上項之利就是本項之弊，上項之弊就是本項之利，故本項不再贅述分析之。

但此事應儘快有個了結，一直拖，一直吵，國民黨的資源和支持度會愈拖愈少。根據中時晚報whoswho名人網站，最近針對「國民黨是否該開除李登輝黨籍」事件所做的投票，結果顯示有五九・二%支持國民黨開除李登輝，有一〇%認為李登輝應主動退黨；而反對開除與認為應該提案中評委的分別佔一七・七%與一〇・九%。（見八十九年六月二十二日，中時晚報，九版，whoswho.com.tw）

依我之見，請李同志（八十九年我還是老黨員，形式上還算同志）自己走人，不要再拖垮國民黨，大丈夫敢做敢當，提得起放得下。當一個無黨無派的退休總統，國家每年在你身上花幾千萬民脂民膏也該滿足了。（此事尚有保留，萬一法律判決有罪，豈不豬羊變色！）

終於，九十年九月二十一日下午，國民黨中央考紀會一致決議「撤銷前黨主席李登輝黨籍」。這是國民黨創黨一百零七年以來，首次對前黨主席用黨紀處分。國民黨似乎還頂厚道，用「撤銷」，其實大家心裡有數，他是被開除的。他的剩餘價值多少還有一點，殘肉老骨，還是有其他「須要」的生物要吃要啃。

寫到這裡，我不禁要同情他，可憐他！他本來有足夠的條件和資源可以當全台灣的「爺爺」，不分黨派的人都推崇他，尊敬他。現在弄到被國民黨清理掉，民進黨對他愈來愈討厭，台聯黨不久也可能和他劃清界線，到時可真的成為陳水扁所說的「老番癲」了。

不論是開除或撤銷，或任何形式的和他區離，除前述各項原因外，我認為關鍵因素還在㈠黑金問題，㈡戰爭與和平問題。

先談第一項「黑金問題」。國民黨在台灣主政半世紀，會成為黑金代名詞，始自李登輝主政的十二年間（後來李登輝也承認國民黨有錢從他開始）。原先兩蔣時代國民黨和財團仍能保持距離，至少維護小老百姓及弱勢者利益，貧富差距都還讓小市民滿意的程度。老李開始和財團掛鉤，財團五鬼搬運，也方便老李和他自己人搞錢。國民黨財產從李開始也大幅度增加，這是已經查明的事情。為此，國民黨要擺脫黑金形象，一定要擺脫李登輝，好好處理黨產，挽回人心。

人民為甚麼懷念蔣經國？因為他不搞錢，他兩腿一蹬，身後一窮二白，留下千秋美名。

人民為甚麼討厭李登輝？因為他搞錢弄權，他留下千秋惡名，遺臭萬年。

第二項「戰爭與和平問題」。這部份至為明顯，李登輝向台獨基本教義派靠攏，必將激化島內統獨問題，對島內而言，是引起內部分裂，乃至族群衝突或動亂。對兩岸言，不論島內衝突或動亂，都給中共武力介入的合理性與合法性；萬一民粹高漲，盲動的宣佈獨立，也將引起戰爭，這是國民黨不能承擔的重罪。

姑且不談台灣和大陸的民族情感，光說國民黨，自孫中山建黨以來，就以中國大地為舞台，在本質上就是「中國的」，中國國民黨不能縮小成台灣國民黨。（當然，改成台灣國民黨有「捨身餵獅」之功，也算功德一件。）

分析過以上種種問題，國民黨撤銷（開除）李先生的黨籍，是國民黨唯一重生利多的途徑。只有這條路才是愛台灣、救台灣，使台灣安全發展之正途。

九十二年八月間，李登輝已經一把年紀了，又發「台毒」歪論，說甚麼「中華民國不存在」了。看樣子他非把台灣帶向戰火，非要兩千多萬人都陷於兵燹焚燒，他是死不瞑目吧！所幸，不出幾天他就去了榮總，真是天譴。

有李登輝在，台灣還會再亂，不知要亂成甚麼樣子。如果天可憐台灣人民，就早些叫他去「蘇州賣鴉蛋」；如果天要懲罰台灣人民，就叫他長命百歲吧！

綜合藍綠各界對李登輝的評論，有老蕃癲、賣國、漢奸，但最真實的形容是「衣冠禽獸」。（民九十二年十月廿七日飛碟電台周玉蔻晨間新聞）。但我相信，禽或獸絕不會像李登輝那麼可怕！因為禽或獸絕不會陰謀害人，更不會出賣朋友。

曾是一國的總統，自己的路愈走愈狹隘，最後竟成了老蕃癲、衣冠禽獸之流，可憐啊！可憐！九十二年十一月初還說「阿扁落選要逃命國外」。大概自知法網難逃，還是有極少數的人把他當神看（剩下約一成的支持者）。他如果自願流亡海外也好，給我們一些平靜，不要讓我們下一代看到那種壞榜樣。

意識形態的崩潰：民主社會的過程？

有些學者認為意識形態的崩潰是民主社會的必然過程，這麼說，美國或民主先進國家的社會中就沒有意識形態了嗎？這恐怕還要從實務和理論來「再確認」。不過，台灣社會的意識形態神話是被李登輝瓦解的，民眾從這個解構與再結構的過程中，學習民主生活方式。由此觀之，李登輝是有功囉！這就讓讀者心中那把尺去丈量吧！我的意識形態是李登輝打破的。

半個多世紀以來，國父遺囑中的「建國大綱、建國方略、三民主義」曾是我和全民心中顛撲不破的政治信仰。老總統的遺言「實踐三民主義、光復大陸國土、復興民族文化、堅守民主陣容」，數十年來也曾是全黨同志畢生志事，並「奉主義為無形之總理，以復國為共同之目標。」而在國際上民主與共產兩陣營壁壘分明，共產鐵幕內部馬列思想依然是不能挑戰的真理，幾年之間「圖騰世界」、「經典崇拜」及「意識形態」一路崩潰下來，現在你還能「信仰」什麼？

最能欣賞並身體力行實踐此種意識形態瓦解後的自由與快感者，目前金石堂有本暢銷書「死亡與童女之舞」最能詮釋此種意境，「三從四德與忠孝之道是威權的一方編織出來的騙局和陷阱，也是一個不假思索的程式和限制雙方成長的禁令。」在這個禁令下，雙方都停止成長，鞏固並持續所有舊惡習，代代惡性循環下去。放眼望去，所有知識系統包括心理學、哲學、玄學及所見各學，往往把自己訂設在一個框架之中。所以該書作者突破所有身上的框架，包括「性」，視之為一種學習、成長、修煉與實驗，她真正享有生命中最快樂與自由的樂章。（胡因夢，死亡與童女之舞，圓神）或許大時代已先鬆綁，人才有機會除去身上的枷鎖。

我除去思想枷鎖之齡，與「死亡與童女之舞」的作者胡因夢大約同時進程，但她醞釀破解之道的年齡比我更早，這與她很早接觸外面世界很有直接關係。我則與國內政治環境的劇變及有機會在台灣大學任教職有關（見前章），李登輝用他的權威瓦解了他的世界的權威，自己的權威也隨之瓦解；他瓦解了國民黨的意識形態（三民主義），則「樹倒猢猻散」後，他和國民黨都垮了。沒有了「最高指導綱領」後，我才開始懂得思想，因為有思想才有可能不惑。假如我始終存在於意識形態的崇拜，我將永遠活在「幻覺」之中，我不用自己思想，有「最高指導綱領」就行了。想到這裡，還感謝李登輝先生，他讓我有自己思想的機會。民進黨的意識形態（台獨）眼見也快瓦解了，之後，下一個要瓦解的該是共產主義吧！或向「非共化」轉型比較正確。

當我們一貫堅持的政治價值與信仰（基本教義）都瓦解後，對未來和平統一其實是有利的。我在幾本書（如「決戰閏八月」、「防衛大台灣」）都在闡揚這個理念。

對於李登輝，我如何為他總結呢？最公道是由他身邊的人說話。曾是李的外交智囊、對日工作小組成員的前台大法學院院長許介鱗，給李下的「蓋棺論定」最客觀，包括十二項要點：

把台灣帶向台獨路線，走一條危險的路；

「主權在民」爲外衣，「納粹領袖式政治」爲實質；

「台灣化」形成社會對立和族群衝突；

戀棧權位，想當永久的教主，根本是皇帝心態；

受日本右翼操縱，企圖殖民主義借屍還魂；

中了日本右翼「反中國」毒素；

站在日本右翼陣線，出賣台灣人，傷害台灣人的罪人；

李是「傲慢的日本人」，「得意忘形」的台灣人；

李的施政品質比蔣經國差多了，驕傲的結果；
自命是台灣的「摩西」，眞正的摩西是蔣介石；
「金權政治」和「黑金政治」惡化達到高峰；
驕傲的領袖難有善終，終難逃天道之網斷。

每個人一出生便決定了他的本質（基因），決定了他的背景關係（父母家族），一生一世無法褪去這種先天因子。台灣的情況正是如此，他的背景和本質都是「藍」的，藍色的大海天空，綠色只是一些浪花行雲。獨派許多人也不得不承認這個事實，民進黨前主席施明德一度希望國民黨支持他選高雄市長，想必施主席心中已有一片「藍天」。謝長廷也曾形容金門和廈門是「一國兩城」，謝主席不是已經「綠包藍」吧！所有研究台灣文化的學者都是這個答案。

也好，李登輝瓦解了台灣社會的意識形態，他也被他自己崩解了。台灣的藍綠各陣營正好利用機會揚棄意識形態，冷靜思索兩岸間的「叢林法則」，或許正是民主社會成熟與和平統一的契機。

架在人身上的各種意識形態，好像孫悟空頭上的緊箍兒，思想和行為都必須中規中矩。必待成道之後，頭上的緊箍兒才會脫除。

是誰打破了台灣社會的統獨意識形態？顯然就是李登輝。有些政治學者認為，意識形態崩潰是民主社會進步的過程，民主社會沒有神話，沒有信仰，這固然是好。但是，連帶也沒有了法治，又回到叢林，是大大的不好。台灣社會的安定，人與人之間，黨派之間的信任感，特別是政治倫理，被破壞到今天的地步，李登輝是禍首。

解「結」：兩岸關係發展與變局

（前註：我在序文中提到台大是一個「明心見性」的道場，是我該來參拜的「廟」，在我的廟中，我更只能實話實說，說出真相。）

壹、前言——試圖打開一個死結

在國民黨主政時代，兩岸關係開展困難重重，難有突破性成果。民進黨主政兩年多以來，兩岸關係則更顯低落，至今更可能已在孤立、邊緣、夾殺與被吞沒的困局中掙扎。難不成兩岸關係是個「死結」？非也，我試圖用我的思維來「解結」。

貳、首先要了解決定兩岸關係的重大變數

有四個結構性原因對兩岸關係有決定性的影響。其一、地緣關係，具有先天屬性，由其存在與成長，擴張到地緣政治（Geopolitics）、地緣戰略（Geostrategy）、地緣經濟（Geoeconomics）、地緣歷史（Geohistory）與地緣文化（Geoculture）等，使兩岸在某些方面成為強固的結構體，百餘年來有些政治勢力（如皇民化運動、台獨運動），都極力「去中國化」，但兩岸就是拆不開。數十年來處於「合不了、離不去」的困境中。其二、國際強權爭霸，美國目前仍是全球獨強，故海權「通吃」；中國則是區域強權，亞洲盟主，已逐漸有挑戰美國領導權之能力。台灣處於中間地帶，對美國而言，是西太平洋封鎖中國的戰略要點，是美國的國防戰略前緣；對中國而言，是前進太平洋突破西方（美國）封鎖的戰略要域，是中國東南的第一線前哨站。如此，便一直在中間地帶擺盪。其三、內部統獨政爭泛政治化後，原先可以用政治談判或法律解決的問題，都成為無解的習題。其四、國家安全顧慮很高，吾人無從實證那些是真顧慮？那些是假顧慮？但擔心被「吃掉」的顧慮必然存在。以上四者是決定兩岸關係的重大變數。

參、從現況觀察看兩岸關係及可能發展

可從前項的四大變數進行觀察。其一、地緣關係千百年不變，可見這部份可變或可發展

「空間」不大。要避免地緣關係（政治、經濟、戰略、歷史、文化）的影響，是不可能的任務，故順應地緣關係的發展，為最自然、安全且可靠的辦法。其二、強權爭霸的國際關係，也幾乎是千古不變，百餘年前的「台灣民主國」不能成立的原因，在宣言中直接說出「無人肯援、無天可籲」。「人」者是國際強權，「天」者是合法性（Legitimacy），台灣兩者都缺是一種「命」。因為支持台灣獨立對西方強權而言，無利可圖。且得罪了中國，根本是虧本生意。未來隨著中國日愈強大，到了可以制衡美國時，美國對台灣的影響力趨低，兩岸也因開放交流，就會很自然的發展成一個整體。

其三、統獨爭議模糊了觀察與判斷力，造成戰略錯誤。按照戰略四個層級區分，每一層級都發生錯誤。最高層級的大戰略（Grand Strategy），不僅不能廣結善緣，還經常與他國發生不愉快事件（如新加坡、印尼等）。而前進聯合國、總統硬闖美國（如李登輝康乃爾之行），都被美國戰略學界評為「戰略錯誤」，正確的途徑應是「條條大道經北京」，這是美國民間智庫（見二〇〇一年三月布魯金斯研究院發表「東北亞報告」）。其次層是國家戰略（National Strategy），最嚴重是國家目標的模糊，包括政治、經濟、心理和軍事四大目標，國家沒有目標，領導階層到處亂撞，有如碰壁的蒼蠅，人民就如迷途的羔羊，真是危險！再次層是軍事戰略（Military Strategy），這是建軍備戰的問題。新政府提出裁軍和境外決戰兩個計畫，殊不知此二者是矛盾的。要決戰便要增兵（含經費），何來裁軍？而且境外決戰將升高兩岸緊張關係。最底層是野戰戰略（Field Strategy），純粹就軍事戰爭而言，只要戰略運用得宜，國軍部隊仍有機會以寡擊眾，以弱擊強，取得勝利果實。可惜兩岸問題並非純軍事層面問題，大體上國軍官兵的本質和屬性都是「中國的」，不會願意為台獨丟掉性命，但為中國統一而戰則是可以犧牲的。如果台灣因獨立而爆發戰爭，國軍只好「回歸中國」。

其四、就這些現況觀察，持續下去，台灣被孤立、邊緣化、夾殺或吞沒都是非常可能的發展趨勢。台灣人民可能都「無力可回天」只期待是漸進和平的，回到原來的家「一個中國」，其他的慢慢再商議吧！

肆、結語——從變局發展中找到願景

兩岸關係儘管存在太多變數，但也因結構性關係（如地緣等），使得「萬變不離其宗」，台灣終究會回到「一個中國」的原位上。不論因果關係如何！在回歸發展的過程中，須尊循三個標準，才是正確的國家戰略思維。

第一是市場。中國已是台灣最大的外銷市場，也應是台灣最大的腹地，如果未來政治、經濟、文化、觀光等，那裡都成為台灣最大的市場。這表示「一個中國」是有很高的「市場佔有率」。第二是安全，靠向中國安全，還是靠向美國安全？答案應很明顯。第三是利多，是「統」利多，還是「獨」利多？答案也很清楚。

但是，很可惜，台灣獨派卻逆向操作，他們才不管甚麼利多、安全或市場，他們有個長遠的陰謀，很少人看清楚，我把它劃成流程表：

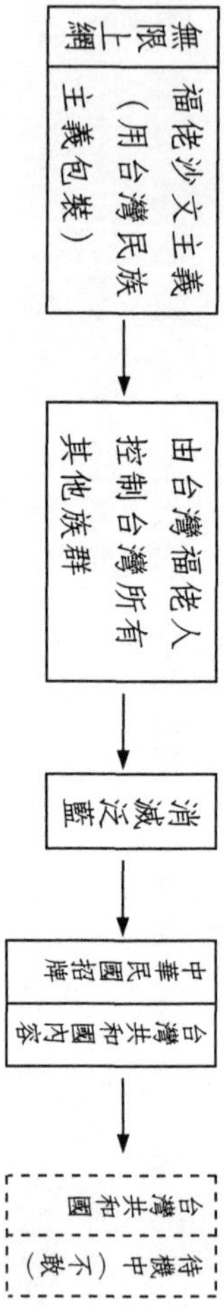

所謂「天下大勢，合久必分，分久必合」，但分合的選擇標準不外市場、安全和利多三者。勿被統獨帽子把自己套住，套住了，你就看不到市場、安全和利多，更不可能產生戰略性思維。（本節內容於九十二年元月八日，接受台大教授聯誼會之邀，在校總區第一會議室演講，這裡僅是全文摘要。會議由本校電機工程系教授、聯誼會會長江簡富博士主持。）

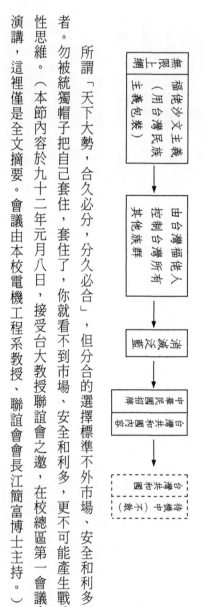

哲學家說：結婚是愛情的墳墓。

當代儒將虞博士說，

夫妻到中年，「愛」淡了，「恩」濃了。

心理學家說，父母不死，孩子不會長大。

我說：眞正的「幸福美滿」是一種完美狀態，

有如一件完美永恒的藝術珍品，

美在那裡？愛在那裡？

說不出來，是不可說，

正如釋迦牟尼佛在靈山拈花，

迦葉微笑，

達摩東來，禪宗祖師傳法，

都是「以心傳心」，不用文字，不可說也。

凡是說出來的，

都是「不完全」幸福美滿。

4 吾家——

今生今世經營最重要的事業體

男人一生要碰到一個好女人，大約是七分智慧與三分運氣。

太太（左三）讀高中時，58 年 4 月，于嘉義公園。

太太（右三）讀實踐家專與同學合照，67 年 3 月。

隔一個世紀，
太太（前排右一）又讀完北師院，89 年 2 月。

❶

❷

❸

❹

❶太太(前排左二)與再興老師爲校長跳祝壽舞後，與校長朱秀榮博士合照，88年。

❷大妹、小妹，在中興嶺眷村果園內，約55年。

❸「四劍客」，59年，805總醫院大門。

太、孩子與胞妹的孩子們，80 年。

和我兩個胞妹在台大校園，86 年

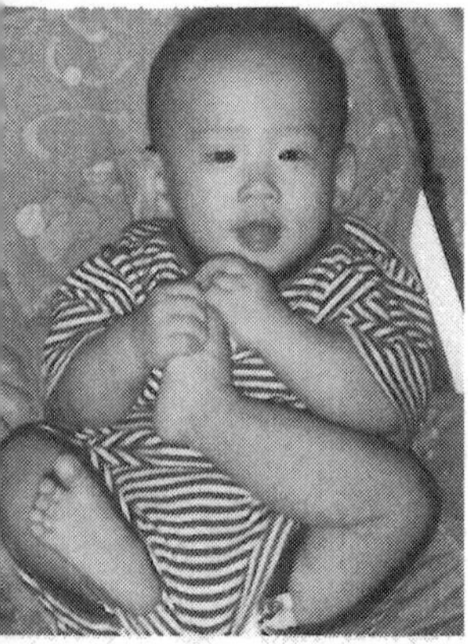

三兩個多月後就愛吃自己的腳鴨，沒事
腳好吃**0**，83 年 6 月。

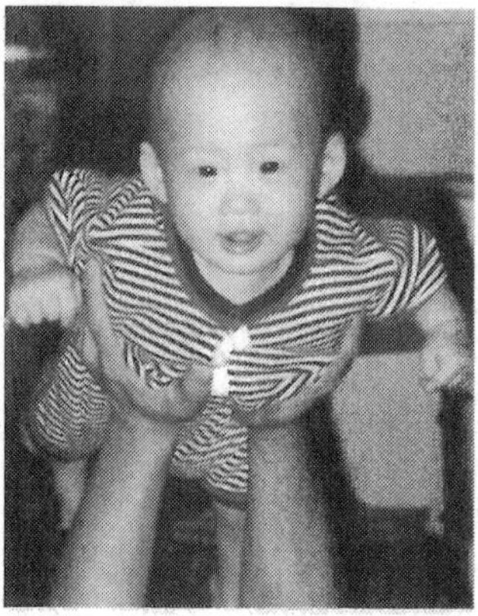

用有力的雙手托起老三，83 年。

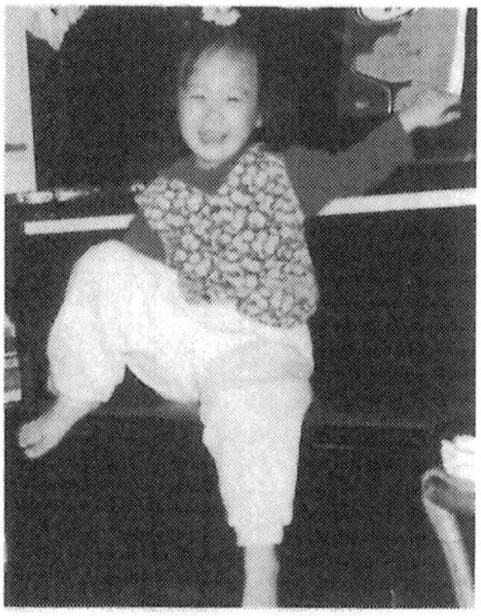

老三很小就喜歡自己「摸」鋼琴，88 年。

三得「乖寶寶獎」（左三），再興月刊，89 年 2 月。

六十九年結婚照。

太太讀高二在台南眷村門口，58 年。

與太太同遊陽明山，85 年。

太太（左二）與台北市成功幼稚園老師，63 年。

我對家庭教育的原則

廣義的「吾家」，照傳統規矩包括我自己原來的老家和婚後夫妻共組的新家。老家在前已有漫談，本章專指新家但傳統老家對現代新家有著源頭的影響力，而新家對老家則有傳承之意，二者不能割斷。凡有不能認同於此者，我母親就罵他「孫悟空」。

所以上、下代是一定有影響，例如我父親的大男人主義就對我產生「反面教育」效用，讓我親眼看到女人不喜歡大男人主義者，我慢慢知道女人卻喜歡有「大丈夫氣質」的男人，我開始不斷培養自己練習做「大丈夫」；我母親很強硬，給我更澈底的「洗腦」：所有男人都喜歡溫柔的女人。但女人的強硬用於「囊括」利益時，卻可收立竿見影之效。家庭教育也受我父親影響，我老爸就說過「把小孩搞成說不得、講不得、罵不得、打不得，就完了！」故本章談吾家，先談我對家庭教育之原則，再介紹吾家成員，最後少不得談談現代親子關係。

現代有很多父母主張對孩子從小「不能罵、不能打」，甚至「不能講他、不能說他」，這大概受到一些教育學家的「毒害」，其後害無窮而不自知。我老爸就認為小孩在不懂自由為何物就給他自由，根本是放任縱容，我老爸反其道而行之，他教育我們幾個兄妹採「說得、講得」，進而「罵得、打得」。我老爸常說，孩子如果從來沒有碰到過「不合理」的教育，長大後有一天到社會碰到「不合理」，就有兩種反應，一個是對外的暴力（殺人），一個是對內的暴力（殺自己）。講話有些像心理醫生，他當過很久的「精神病區護理」工作，當時我不懂。有一年某位叔叔給壓歲錢，我當面嫌少，年後按家規趴在一張長板凳上挨了三下屁股，多日不能坐椅子。但老爸的「家規」也規定「小學畢業後不用棍子教育」，所以我小學畢業後就沒挨過打。

吾家小孩成長規範議訂書		
	男生	女生
小學	四年級單獨到附近購物。五、六年級單獨出去半天。	五年級以上可單獨附近購物。
國中	和同學出去一天內，晚上九點前回家。	和同學出去一天，雙方家長認可留電話，在家晚餐。
高中	同國中。	可在外晚餐，餘同國
大學以上	大三可開始「實驗性」交女友，餘同高中。	同哥哥。
附記	①不論到任何地方，都要把時、地、電話，對象告知家人，方便有事聯絡。未婚前不准在外過夜，除非有充份安全認可，如由救國團辦的活動。 ②任何約會活動都要考慮安全問題。	

家庭教育是人生各階段教育之初步，家庭教育應該充份生活化，換言之，生活就是教育。所以家中各項家事，如食衣住行、打掃房間、澆花洗碗等都是教育內容；甚至生活視線之內的「負面現象」，如夫妻吵架、親戚問題、某一問題人物為何始終是「問題」等，我也會利用機會教育與孩子們討論、辯論，問他們長大後自己面臨相同問題怎麼辦？教育孩子對「不合理」和「不自由」現象的適應及認知，有時比「合理教育」和「給他自由」更來的重要。吾家孩子們不僅要分擔輪流做家事，生活上也要遵守由爸爸所訂的規範，如下表，我會寫好貼在公佈欄上。

看倌也許覺得奇怪，以後的事誰知道？其實這是一個互動過程的機會，也是訓練孩子遵守規範、培養安全警覺，體認自由是隨著「法治」和能力的提高而增加的漸進過程。看倌又會問「做的到嗎？」我的回答是「當然沒有百分之一百的事，但至少八成以上做的很好，若不這樣公佈施行可能什麼都做不到。」過程比結果重要，提供給家長們參考。

對所訂家庭教育原則是否能夠順利推行？孩子們是否願意遵守？父母親以身做則最重要，父母親做不到就別要求孩子們去做。再者，維持家庭生活的正常（包括穩定的婚姻關係、勉強的經濟基礎、作息有序的生活），就能給孩子一個不錯的學習環境，養成正常的人格和生活習性。我和太太對孩子的規範有寬有嚴，我們也不會滿足孩子百分百的欲求。我要提醒所有家長們，「正常人格和生活習性」遠比考第一名更重要，每日只教小孩讀書！讀書！讀書！其他什麼都不會，什麼都不做，很可能會害了孩子，且「後害無窮」。

現在的小孩「說不得、講不得、罵不得、管不得、更打不得」，根本是一種社會問題，社會的流行病。但也很弔詭，世間事總有些因果關係，利弊也常是相對的，俗話說「兒孫自有兒孫福，莫為兒孫做馬牛」，這世間並沒有一套制度或法則是完美的，通常有一利必有一弊；有天大的利，背後必潛藏著地大的弊。嚴管嚴教的家教方法雖有其好處，自由開放的教育也有利點，每一種方法都可以產出良材，成為「忠臣孝子」，也都可能產出「敗家子」。

之所以如此，乃由於人的智慧或無知的差異，有些原因則是「身不由己」，也有命中註定或後天開創。不管怎樣教育，孩子都有許多可能的未來，只能說「最可能會怎樣！」「比較不會怎樣！」罷了。不管如何！我和太太為孩子「織了兩張網」，一張很寬，他想做甚麼都可以；一張很嚴，不該做的事不能做。

愛妻：今生所愛，一個「絕版」的女人

依照傳統觀念，每一個「正常」的男人，一生有一個他所愛的女人，理論上這個女人應該是他的太太。當然也有例外，他沒有愛上任何一個女人，或愛上兩個以上女人都有可能。

我說「正常」，是因為我們照傳統觀念，把「男大當婚，女大當嫁」視為常態，沒有遵守常態的人（不婚族、同性戀、出家人等）都視為「非常態」，也就是「不正常」。其實這種「二分法」是不合理的，也可能違反了「自然法則」，有人天生就是出家人（如星雲大師）。到我寫作本文時（民九十二）的社會觀念，同性戀在法律上可能視為「正常」，但絕大多數的人還是不能接受，把同性戀視為一種「病」或「變態」。很顯然的，同性戀在廣大的人民群眾心中，並未取得「合法性」支持。我在台灣大學時碰到一個案例，大家知道台大學生很自由，常有同性戀活動。有一次，宿舍裡來了一個同性戀，真相被發覺公開後，同室和隔室的學生，不到一週全搬走了。可見「言論支持」和「行為支持」的落差是很大的，甚至根本只是「假相」。「春一隻嘴大家都會說」，臨到自己碰上時，全都走樣了！

我想我是一個「正常」的男人，「男生愛女生」是天經地義的事，從我年青時候這方面我就誠實的「敢說敢做」的人。現在我樂於遵守千百年來老祖先們訂下的規範，愛我的太太，她是空前「絕版」的女人。

愛妻 **Pan Pan**，半生獻身幼教工作已二十餘年，曾任教於台北市成功、立人及目前的再興幼稚園，他一向「誨人不倦、有教無類」，也該是「桃李滿天下」了。她對孩子的愛心、耐心，可以說「第一名」的。可惜絕大多數受教過的孩子們都忘了潘老師，「幼稚」園嘛！

我為什麼說愛妻是一個「絕版」的女人？第一個原因是我們結婚到今年（千禧年十一

月）二十週年，我大概有十二年時間在外雲遊四海，她單獨守著家和孩子們。第二、至今只要太太不上班在家，她仍親自做三餐照料家中每個人的胃。我不忍愛妻如此辛勞，曾規定吾家星期天不開伙、吃館子去。這樣的女人算不算「絕版」了，放眼目前的「市場」上真的找不到。我這當老公的理應秉筆直書，忠實記錄，不容青史盡成灰。

如何適度展現我的愛妻，頗須多費心，我決定用以前她寫給我的情書，我有深層思考之用意。放眼看去絕大多數夫妻在婚後數年，就會陷於「雖不滿意但可接受」的局面，惡化者更淪成「困局」。考其原因，是婚姻生活過程中把愛的本質——浪漫，流失了。以為婚姻生活就是「開門七件事、工作、打拼」，不自覺（或忘記）婚姻持續的基礎是夫妻二人之愛，而愛的本質就是浪漫。婚前大概沒問題，戀愛本是浪漫的；而婚後也要保留一點浪漫之愛，若完全沒有則易陷於「物化」危機。

老夫老妻了，有時候要靠回憶初戀的感覺來維持那份「美感」，否則日子是很無聊的。有時候浪漫的感覺若都流失了，危機就來了。

當您的女朋友我想真不簡單、有才氣之人，大部份是與眾不同，是嗎！「紅梅一枝姿色清，但覓幽香最深處」，相信我們會有穩固的地基！信賴。也謝謝您的比喻和愛慕。

今晚有一位在師大教師研習的張老師來學校，已經有三個孩子的父親教地理、會算命，對我們來說很吸引。跟他聊了一個晚上，眞厲害，有些蠻信的，他說我感情線過豐富，理智不清，外柔內鋼。有人緣，再三的叮嚀我，收斂自己的感情，朋友的交往應多選擇，交朋友不是一定要結婚的。說我的字很漂亮帶有感情，且有幫夫運。他說我不愛外出，常常在家中，內向。不過他說要幫我說媒，告訴他可不能黃牛，他自己說不要太信任他嗎。有時候自己深深覺得太感情用事，不知道爲什麼對您吐露這麼多心聲。

船期的不定和次數。久久才能收到彼此的話。我會想，很想訓練自己的理智，但願成功。豐富的感情能適當的對待一位喜歡自己的而又似自己的人也是對的。福成，我對情感有種害怕，雖然朋友要多交，自己做不到，曾有很多的機會都讓我流失。會記著您說的「值得您愛的就該去愛」。很高興有如此好的您。除了向您多學外，還可共勉之。今晚想提筆和您細述，明天我們放假一日。再一星期即放暑假。

祝您

萬事如意

玉鳳六十八．七．十一晚

PS.算命的話，我會拿來參考。也是警惕自己。

您可以說說看法嗎！您的學識豐富我信任。

這封信是愛妻在六十八年七月十一日寫的，當時我們才剛認識，我在馬祖高登當連長。

信裡提的「紅梅一枝姿色清，但覓幽香最深處」，是我在荒島上自習國畫，臨摹名家的紅梅畫作從外島寄回台灣送她，畫一直掛在我們寢室中，畫上有這兩句提詩。後面一封也是同時期：

又是新的一月，新的一天，好嗎？算算日子，很久沒讀到您的文章，很想念。在您那自己獲得了不少的感想，這幾天在報章看到彭歌寫的方塊，他到馬祖旅遊，也誇讚了馬祖之進步，很直覺想到您們。您一定很忙，是嗎？

最近一直沒訪親友，大姊夫回來與否也不知，在信上更不便提。對您有一個小小的要求，可以嗎？多將您的靈性用筆寄給我讀，自己把它編了一個很美之形容詞，「精神食糧」。

忙，生病了，但自己問自己總尋不出答案，您告訴我好嗎？您回來時先打TL至學校，我想可能會變更返程，自己對考試都想嚐試一番，所以逮著機會都不放過，不計較成功與否，總有收穫的。今天大專聯考，也日光節約時間，少睡了一個鐘頭。相片、卡片都收到了否，還喜歡嗎？走筆至此。

敬祝

安康

玉鳳六十八．七．一

戀愛的情侶一顆心就掛在對方，幾天沒收到我的信，她便寫著「一直沒有回音，會讓我胡思亂想，您怎麼了！忙？……」那個年代高登沒有電話，更無電腦、傳真等，兩人溝通訊息全靠寫信，寄出至收件人手上一兩星期都算正常。在東北季風季節（冬天），寄出的信「石沉大海」兩個月也是正常的。在「戀愛時代」我和愛妻互通信件有數百封之多，在十週年時我整編成兩巨冊，題書名「林鳥集上下冊」（未正式出版）。

算一算，結婚二十四年了，我們沒有轟轟烈烈的戀史，也沒有驚天動地的山盟海誓，我也從沒有說過「愛妳一萬年」之類的話。現在我們只是在靜靜的過日子，有空一起到郊外走走，晚餐一起吃飯，晚上睡同一張床，如此，日復一日。寒暑假有機會，就去浪漫一下。

近幾年來我們培養出共同興趣，爬山，郊山、中級山和高山我們都有很好的成績。本書封面內頁就是我們同登玉山主峰的紀念照，在個人成長過程中是一種珍貴的體驗。

自從我在台灣大學退休後，我一方面當「坐家」，負責大約一半以上煮飯、掃地、帶孩子的工作；一方面也當「作家」，寫我所想、所說的東西。太太每日下班回家，進門只須問「今天吃什麼？」然後她去做她的事，或彈鋼琴，我一邊做菜一邊聽她彈鋼琴，不須付小費。

生活簡單，簡單是一種科學，是一種中年之後的修行，也是一種美。

三才之長：長子Colin是個人才

牡羊座的孩子，富有正義感，有理想，能幫助弱勢者，在困境中也有圖強奮發的戰鬥力。缺點是率直，做事缺乏周到，常顧此失彼。

長子Colin到國二之前我都在野戰部隊，本島約每月回家一次，外島約三個多月才回台休假一次，當主官更少休假。我唯一記憶最清楚是他大概五歲左右，有一天我從馬祖回來休假，到家門口，見他正在地上玩，叫他開門，他未來開門反往裡跑，好像去房間告訴媽媽「外面有個叔叔找妳」。這不是笑話，而是軍人家庭普遍有的現象。

我為什麼說他是人才呢？他讀再興國中時大多維持前三名，畢業時拿當時台北市長陳水扁獎，阿扁邀請我們父子倆到市政府受獎並拍照留念。高中讀師大附中，大概也都是前三名，畢業拿議長獎。更了不起的是，今（八十九）年他推荐甄選台大化工系、清大材料工程系和陽明醫學系，三個大學全上了，而且三個大學都要「挖」他去讀，他選擇讀陽明醫學系。在推甄過程中，所有要準備的資料，全由他自己在「秘密」中進行，父母全未參與，我和愛妻只說「尊重你的選擇」，以下是我兒子推甄用的資料，包括「家居」、「興趣」、

「求學生涯」、「讀書計劃」，都是房間檢查時（吾家規定小孩房間要實施不定期檢查）我無意中發現的。正好是介紹這孩子最好的材料：

家居：

我的家境小康，家中成員包括：爸爸媽媽、我和兩個妹妹，其中一個才幼稚園大班，所以當爸媽都有事時，保母兼掌廚的工作就落在我身上了。在家中，爸媽要求我們要分擔家務，他們認爲參與家務是融入整個家的第一條件，而且好的生活習慣本來就應該從小培養。家中對於管教子女一直採取民主的態度，我們總是能和父母溝通之後，爲自己做出一個最佳的方案，此不但能讓我們能有自由的思考空間，更使我能夠選擇自己所喜歡的東西，而且父母一定適時給予我支持和建議。如此讓我養成獨立思考和對事物鍥而不捨的精神。

興趣：

由於母親十分喜愛音樂（其本身亦是鋼琴彈的不錯），她認爲音樂不但能美化心靈，更能夠消除壓力，所以自幼稚園開始，母親就教我彈琴，而到小學更鼓勵我去學我比較喜歡的「小提琴」。至今，每當我讀書累時，我總是去拉拉琴舒解心中的壓力，不一定要照譜，隨興就好，浸淫其中我找到的不但是樂趣，更是一種寄託。看書，我也非常喜歡，一邊看書一邊聽音樂，眞是最完美的一種享受。

求學生涯：

由於母親和父親工作的關係，所以我從小就進入私立學校就讀。自小就十分喜歡看書，在小學時我讀了兒童版歷史故事全集和每月定期閱讀小牛頓雜誌，使我在科學和人文方面，打下基礎。小學時，我加入學校的弦樂隊和合唱團，常有演出的機會，這不但是訓練我的膽量，更是使我更有信心面對大眾。當三、四年級的暑假，媽媽每天帶我到附近的游泳池學游泳，這不但使我更加健康而至今我仍有每週去游泳的習慣。

上了國中，雖然課業加重，但我仍然撥出許多時間去圖書館借我喜歡看的書，大部分都是偉人的自傳和一些關於生物、物理的小常識書，持續的閱讀習慣激盪了我的思想，我也趁下課或放假時找一、二個好朋友一同討論，有時我的生物和物理老師也會和我們一同研究。雖然這種討論對課業沒有直接的幫助，但是累積了我的知識也使我對科學的研究更加嚮往。國中，我仍然加入弦樂隊，所以時常有機會和高中部的合唱團合奏演出，那時擔任譜務的我，必須把老師選出的曲目印給其他團員，而團練結束，我必須整理各部的譜和收拾譜架，雖然只是小事，但是養成了我負責任的個性，上了國三，可以直升的我，毅然的決定外考，到外面不同的學校去學習新的體驗和歷練。

順利地，我考上了師大附中，一個校風多元化的學校，其社團活動更是北市學校首屈一指的。高一時，我仍然選擇加入室內弦樂社，參加了兩次的成果發表會。高二時，我選擇加入了「愛之坊小義工」，一個在學校協助同學們了解輔導項目和諮詢的社團，同時也爲同學們舉辦不同性質的坐談會，也和其他社員合力編了一本校刊「輔導通訊」。高二時，和三位同班同學以「六十面體之研究」爲主題參加校內科學展覽競賽榮獲「特優」，當初的靈感來自於那時正在學的化學晶體通常是以正多面體或半多面體存在，而感嘆於大自然的奧妙，希望用數學的方法去研究各種晶體及其展面。高三上學期，參加校內生物實驗操作及設計競賽榮獲全校「第二名」，而接受學校的培訓，代表參加北市實驗比賽，雖然競賽中失利，但是我仍然學到許多東西，對於許多儀器的操作更加純熟，及更深入的去瞭解解剖完的生物構造。高中二年半至今，我始終盡己之力保持課業在全班前三名，同時也多次得到教育部獎學金及校內多種獎學金，這不但是一種鼓勵及榮譽，也使我能夠利用它去買我想看的新書和訂一些英文學習雜誌等。在高中，我仍然盡力的爭取爲同學們服務的機會，高一和高二我擔任學藝股長及幹事，由於是男生班對參與壁報設計之意願不高，所以我和另外幾位同學必須處理所有的進度和金錢的使用，此讓我學到了如何分配僅有的人力資源和如何做一個稱職的領導者。學校在這三年之內舉辦了許多班際比賽，合唱比賽、詩歌朗誦比賽、軍歌比賽、校園路跑賽等，我和其他同學一樣努力爲班上爭取榮譽。

由於舅舅是陽明大學研究所畢業的，所以他一直鼓勵我能進入他的母校就讀。而舅舅現在正從事有關肝臟移植的基礎研究，所以他有空總會和我談談有關他工作上的一些東西。日前，榮陽團隊發表人類第四號染色體百萬鹽基序對，對於治療肝癌治療有一定程度的助益。在臨床以及基礎醫學研究，陽明都是上上之選，所以我希望能進入陽明醫學院就讀，能成爲一個稱職的醫生和研究人員。

麥克林托克（Barbara McClintock），我最敬佩的一位科學家，不僅是因爲她是女性，更是因爲她對自己的研究堅定不移以及不隨波逐流的作學問態度。未來隨著人類基因解碼，基因治療已經是最主流的趨勢了，雖然已經有許多理論基礎，但是許多仍然處於臨床試驗之階段，其中的危險性是必然的。我希望在這跨世紀的時代，眞正醫學結合生化學的時代，對於所有絕症都能得到妥善的治療方法，尤其是對臺灣人民危害最大的肝癌、肺癌、乳癌。

選讀貴校醫學系是我的理想，爲了紮好根基、充實學養，而能在即將來臨之大學生涯有所準備和期望未來能深造有得，因此擬定以下讀書計劃：

一、初步計劃：（錄取後到大學開學前）

(一)加強英文之聽說讀寫的能力，每天聽 Advanced Studio Classroom。

(二)加強有關基礎生物學及醫學的知識。能把普生、肝炎聖戰、肝病療室及玉米田裡的先知等書再重新仔細閱讀，也希望能去圖書館找自然和科學雜誌來看。

㈢複習高中的生物、物理、化學、數學、微積分的課程。

㈣希望利用五月到九月這段時間，有機會去學法文，提昇自己語言之能力。

二、中程計劃：（大一到大五）

㈠第一學年：

1.多半是基礎科學：普物、普化、普生，和一個新接觸的分析化學，但是仍然要全力以赴，打好基礎。

2.去找及研讀關於，癌症（例如：肝癌）和肝炎的更進一步資料。

㈡第二學年：

1.大體解剖學（及實驗）、神經解剖學（及實驗）：能把人體構造和其功能、作用和原文聯結，更瞭解人體之奧密。

2.有機化學、生物化學、心理學、組織學（及實驗），能更深入瞭解這些推動臨床醫學進步的基礎醫學。尤以生化，未來影響醫學最巨大的一門科學。

3.去研讀有關臺灣人民易瘓癌症的資料，瞭解其成因以及現在對它的治療方法。

㈢第三、四、五學年：

1.對於不同的課程，仍然秉持著全力以赴，尤其大三的醫學遺傳學，大四、大五的臨床診斷學（及實驗）、內外科學概論及分科詳述、醫學腫瘤學、急診醫學、臨床病歷及討論等，盡我一切所能把該讀的讀到最好。

2.我希望加入貴校有關於癌症或愛滋病研究的實驗小組。

三、遠程計劃：（大六到就業與未來的研究）

㈠大六和大七兩年的臨床實習課程是奠定未來成爲一個專業醫生的前哨站，我希望：

1.加強自己對於專業知識的更深一步認識和對以往的課程能融會貫通。

2.在實習過程時，能確實把課本學的和所見的案例結合，除了瞭解病和發病之因果關係，更要進一步去瞭解病人在面臨這種病時，所表達出的心裡感受。

㈡就業之後：

1.我希望剛畢業的我，能先到地方性醫院從事醫療工作，同時也能觀察並記錄該地的人民之生活習慣對於各種疾病的影響，例如：在臺灣較少見的酒精性肝癌是否可能較常見於原住民朋友中（在今天B肝疫苗的普遍施打下）。

2.而後，我希望能再回到教學醫院，繼續從事我醫療的工作，而且把我先前進行的研究，擴大到城市中的居民和鄉下居民對於癌症之不同反應。當然，我希望仍然能把重點放在肝癌、肺癌、口腔癌、乳癌和子宮頸癌等國人較易罹患的癌症，並且期望能研發出有效的治癒方法。

這份「推甄計畫書」寫的很好，比我在同年齡時所做出的東西好的很多，可行性很高。可以給想推甄大學的高中生參考。這孩子在某方面得自我的遺傳，深謀遠慮、長遠計畫，有理想，有願景，悶著頭幹。我在他的抽屜中發現他的理化老師李△△在八十六年寫給他的一張卡片，對他很肯定：

你是一位讓我覺得很特別的孩子，愛班是個很奇特的班級，大部分的學生都很聰穎，但大都不怎麼用功，而你卻能在此惡劣的環境下，仍能一枝獨秀、而且堅持到底，這是相當難能可貴的，你的用功程度是我望塵莫及的，我很欽羡你耶！做學問是虛心求教而且紮紮實實的，這對你以後處事的態度亦有莫大的助益，希望你能考取你最理想的中學，繼續朝你的夢想邁進，有空和我聯絡。

理化老師

李△△八十六．六．十七於再興中學

還有一位好像是他的高中英文老師叫「聰美」，給他寫過一張小卡片，對這孩子很讚美：

Dear Colin：在我眼中，你眞是一位 Excellent student。除了成績好之外，更讓我喜歡的一點是你一點都不驕傲。相反地，你非常地 humble，總是一副虛心領教的樣子，更讓人由衷地欣賞你。

很謝謝你在信中對我說的話，的確給我很大的鼓勵。我的教學也許較「幼相」，然而我主要是想營造一個活潑生動的學習情境，希望大家能覺得 Learning Eng. is fun. 如此便可主動學習，所以對你們這些程度好的學生，實在是委屈了。然而，你卻總是很專注地聽我上課，甚至抄筆記，這些舉動眞是好窩心啊！實在捨不得離開你們！

其實，我眞的認爲你有一顆敏感纖細善良的心，所以能給予周遭的人鼓勵與安慰。這是你最特別的地方，希望你能好好珍惜這顆心，別讓聯考壓力或外在環境給扭曲變形了，好嗎？

謝謝你代表班上參加作文比賽喔！

聰美'98

P.S.眞想聽你 play violin 耶！

根據一些教育心理學家說，現代的孩子訴說心事的對象都是外人，而不是父母，孩子在外是一個「相」，回家又是另一個相，所以父母很難看到孩子的「實相」。通常都是兩極，在外很乖，在家就很背叛；在外很背叛，在家就很乖。我並未深入了解，到底教育專家所說的有幾成對。不過我很清楚的知道，現代父母想要了解或察覺孩子們的各種所做所為，及其動機，是有客觀環境上的困境。孩子絕少把他的內心世界向父母訴說，父母也通常是「最後一個知道」的。

為解決此種困境，我用我的辦法，我到客觀環境中去「蒐集資料」，讓「史料」說話，這孩子確實是個人才。

現代小孩比其上一代最居優勢者，是他有機會「佔在巨人肩膀上」，希望孩子好好努力，真正成為醫界人才，對人類社會做出貢獻，成就「自我實現」。

三才之二：長女 Angela 是個鬼才

我自己在學生時代也有一個「鬼才」封號，但這女兒我說「鬼才」另有原因。第一，她有一點冒險（叛逆）性格，是屬於「明知山有虎偏向虎山行」的人，在生活言談中，她常回答的模式是「誰說有虎就不能去？誰說地獄不能去？我偏要去看看。」所幸這孩子比較缺乏實踐力行的決心，嘴巴說說，不敢的去冒險，或許年紀還小，或許是身為女生受到先天「宿命」的限制。

第二個原因，他不算「非常用功」的孩子，倒愛看漫畫、課外書，但功課都還維持在中上，有一次意外拿全班第三名。今（八十九）年從再興國中畢業，甄選上景美女中，現在每天「快樂的不得了！」第三、她是一個依「感覺」做事的人，「感覺好，是毒藥也吃下去」，感覺不好就是仙丹也懶得臭一下。所以這孩子是不按牌理出牌的人，思想與行為上會比較有創意，或突然「跌破很多人的眼鏡」。這類人對社會規範有著沉潛在下意識的背叛性，但家規必須尊守，這對她講是不易做到的。我開導她，孫悟空夠皮吧！若沒有觀世音和唐三藏用強力約束他守規範，孫行者根本沒有機會得道成佛，爸爸就是妳生命中的觀世音或唐三藏，不讓妳太離譜，才有機會讓妳邁向成功。這小女生半信半疑。

如何介紹這孩子？她立志當作家至今未改，大概也是嘴巴說說，小女生滿腦子幻想吧！國中三年級在校刊上發表過一篇文章：

自畫像

輕輕的揮動著筆，在潔白的畫紙上，勾勒出我的臉形，慢慢的拿起黑筆，畫出絲絲的秀髮，將那髮絲飄逸的感覺，呈現在紙上，彷彿聞到淡淡的香氣，從髮梢傳了出來，彷彿看到秀髮隨風飄動，瀏海慢慢的垂在額頭上。

輕輕的揮動著筆，仔細描繪出雙眼，那溼潤的眼眸，閃亮著天使般的光芒，澄澈的眼睛中，深鎖在那黑色的瞳孔，閃著神祕的光芒，散發著高貴的氣息，有如那深紫色的玫瑰，充滿著詭異，讓人想要探討，研究。

輕輕的揮動著筆，繪出那高挺的鼻，它驕傲的立在那裡，恍如君臨天下的帝王，它那高傲的樣子，彷如朵朵粉紅的孤挺花，孤單的立在那兒，傲視著紅塵中的俗人。

輕輕的揮動著筆，生動的勾出那唇的形狀，像是兩座小山的影子，倒映在水中，隨著微風吹起，水面散出一圈一圈的漣漪，表現出大地的表情。到處充滿著——大地的唇。翡翠般的綠，襯著白色的小花，雖和我們的唇——朱紅色稍不一樣，但是那渾成的景色，由自然的線條勾出的唇，經過朝陽的照射，射出萬丈光芒，水面上的影子，被照成了紅的，如果說，大自然就是一幅自畫像，那，一定可從其中，找尋到各個五官的代表。

黑夜靜謐的天空，是一雙明亮的眼，正午的烈陽，是鼻的代表，當櫻花落下，粉紅的花瓣，就是那美麗的唇，大自然的景，構成一幅自畫像。（資料來源：再興月刊，四六九期，八十七年十月）

到了高中讀景美女中，這年齡的女生還是活在她的想像世界中，只是依然走不出雙魚座的矛盾情境。仍在黑暗、渾沌裡漂流，找不到方向，找不到可以休息一下的港邊，也不知道「我」是誰？我在做甚麼？或可以做甚麼？這種迷惑與困境，本質上是現代社會青少年的縮影（註：人在三十歲前大多弄不清我是誰？）。在「景女青年」文學獎她有一首現代詩「蛻」正是她的內心世界，說是「蛻」，其實「未蛻」，真蛻了，可能二、三十年後有機會，也可能沒機會，看她的因緣、造化與智慧吧！

雙魚座是靠「第六感」生活的人，鬼才能做任何事，碰到問題會很快的轉彎，所以也可能很快就蛻變了。

蛻

天崩地裂吧　讓世界末日降臨吧
渴望這一天的來到　等待了無盡的時光

河上漂流的　是裊裊的煙
河裡超度的　是人間無盡的醉
沉倫黑暗的　是墮落的心
渴望光明的　也是這百孔千瘡的身體

兩千五百年前　佛陀激起了尼連禪河的漣漪
兩千五百年後　我跳脫了繁華的束縛
而菩提　兩千五百年的沉靜　它還在那裡
河水滂沱著我涔涔而下　淚滴　灑遍了佛陀的衣裳

兩痕鮮血的緩緩滑落 哭乾了便隨火把遠去
該是怎樣一個血肉之軀 能讓我有憑有依
該是怎樣一個虛情假意 能讓我跳離凡塵

仿傚著佛陀的涅盤 洞悉著縱貫古今的真諦
薪傳著執著的熱情 讓所有的牽絆解去
讓心中的大河決堤 投向了屈原的汨羅江
用三峽的奇峰傲骨 撥開了朝霧堙漫 重岩疊嶂

攬劍佩腰在水晶的鏡子上 縱橫中原於閣綠的龍宮裡
擊碎一切的虛幻夢想 存在著無盡的黑暗天堂

評審委員對這首詩的評語是：

有人說：對生命的痛苦探測的多深，便對生命的熱愛有多深，同時也對生命的意義理解的多深。這首名爲「蛻」的詩作，正以毀滅性的痛苦來顯示對生命新生的期待。整齊地句法、映襯地對照、探問地迷惑揭露出不斷的捨棄、不斷絕裂後的超越，這種對生命之痛的不斷追問和不斷突破，使我們直接感悟到，我們置身於生命的進程中……這是一種彷佛先於出生或死亡而有的生存。

孩子的得獎感言是：

能得獎眞的令我驚訝，畢竟高手雲集，幸得評審大人垂青，眞感動！這次多虧嘉英老師幫忙投稿，不然依我懶散的個性，大概不會主動投稿。國文實驗班對我也助益不少，感謝大家！

這是一個十八歲小女生幻想的世界，她的「幻想年齡」可能會比其他同齡孩子來得久，其因素複雜，姑且不去分析，他哥哥大概卻只有一個可能：走醫的路。這小女生往那兒走還難說！「作家嘛！」「坐在家裡頭吧！」我半開玩笑告訴她：「妳適合去搞革命造反」，她說「對政治沒興趣。」可預見的未來幾年會是找尋方向及定向的關鍵期。

果然，九十二年上了政治大學民族系，對政治沒興趣，又讀與政治關係最敏感的民族系，看樣子鬼才的變數可多了。鬼才者，不依牌理出牌也，可能出奇制勝，還有更多可能中的可能。有一次談天，她說「我最不喜歡那種依附在男人旁邊的小女人，我喜歡當中性的女生。」

我回答說，不管當中性女生或小女人，甚至「同志」或變性人，甚至當神仙，關鍵是要當的自在、快樂。我的本意是人要「當你自己」，才能當的快樂。

三才之三：小女Antonia是個天才

Antonia，我八十三年四月來台灣大學報到當天，她也來「報到」，我在台大當教官，家也在附近，所以我較有時間帶她，以減輕愛妻的辛勞，太太前面帶大兩個已非常辛苦，老三理當由我多花些時間照料。從小到大多由我替她換尿片、洗澡，為什麼我說她是天才呢？她三歲多就喜歡爬到鋼琴上去玩，四、五歲就會自己摸兒歌。

除喜歡鋼琴外，她也喜歡畫畫塗鴉，還有作品「孔雀」刊在校刊上。兒童世界極為簡單，從她的塗鴉畫畫看出永遠是「二分法」，人分男生和女生，男生短髮穿褲，女生長髮著裙，嘴唇一律紅色。人也分好人和壞人，再沒有第三種；成人也用這種標準判斷是否成熟！凡用二分法看世界者，表示其人思想尚未成熟。

這小寶貝也聰明、貼心、個性溫和且受教，沒有叛逆（冒險）性格，長大後屬較能獲得男人歡愛的女人。我下班回家進門，她總是第一個出來叫「爸爸」，我刻意教她一套詞令「爸爸萬歲、爸爸出類拔萃、爸爸貢獻社會」，她見了爸爸或晚上就寢前都會說這三句話，這是真正的「快樂的不得了！」

小女兒都是爸爸的開心果，有一陣子我在看「小說三十六計」，她總愛爬到我身上湊熱鬧，我教她唸三十六計。現在她會和唸兒歌三字經那樣，「第一計瞞天過海，第二計圍魏救趙，第三計借刀殺人，……」又有一次換她尋老爸開心，她把「妹妹背著洋娃娃」這首兒歌改詞，半唱半唸「妹妹背著無敵鐵金鋼，走到花園去賞花，娃娃哭了呼叫忍者龜，樹上小鳥掉下來。」我問她那學來的？她說班上同學都會，只有爸爸不會。看來小朋友愈來愈皮了，幼稚園老師也越來越不好「混」了。

還有，現在兒童對兩性意識已比上一代更早有感覺，這小寶貝在小班、中班時，放學回家告訴我「爸爸！我有三個男朋友……」我就常和她聊「男朋友」的事，她照實說「一起玩玩具、吃點心等」。到大班時，記得我又問起「男朋友如何……」她搶著說「才不是男朋友啦！是男同學。」難怪專家一再提醒，台灣地區孩子的成熟年齡逐年下降中。她的志向是「讀北一女、考台灣大學」。

據文學理論觀點，這世界上最適合寫詩的人有三種，最佳是兒童，第二是「不讀書的自然人」，再次是語法學家。換言之，古今中外所有大人所寫出來的童詩都是「次級品」，所以最好的童詩是兒童自己寫的。正巧老三現在讀小三要升小四，她也愛在日記、作文本上寫詩，我選擇數首以供分享。除錯字更正外，餘都保留原樣。

天外尋夢

我輕輕地撫摸著，
天上那塊發光的玉盤。
手上的羽毛一抖，
閃爍的星光被我裝了個滿。

我脈脈地凝視著，
散落天外的珍珠忽隱忽現。
長長的大袖一揮，
把銀河帶走一片。

在那極美的天外，
只見星光點點。

老師給她這首詩的評語是「寫得很棒！」另得一個「微笑」章獎。我倒覺得這首小詩簡短而空間浩漫，充滿著想像力和童真夢幻，而且氣勢不小。把星光都滿滿的裝下，真好！連銀河也帶走一片。

微風

柔順的微風，
穿過了清澈的小河。
頑皮的微風，
穿過了翠綠的田園。
溫和的微風，
穿過了碧綠的樹林。
快樂的微風，
穿過了一望無際的天空。
活潑的微風，
穿過了門庭若市的都市。

「微風」輕快且一氣呵成，擬人化的自然活潑，對一個小學三年級小朋友而言，文字運用的很好。最後再選她的兩篇作文，也是很有「看頭」。

給楊老師的一封信

親愛的楊老師：

我最近很擔心您的病情，不知道您的病好一點沒有。楊老師對我的恩惠我時時不忘記，還有楊老師對大家的恩惠。我們一定要很乖，希望大家要尊敬楊老師。祝您

身體健康

早日康復

學生陳△△敬上

十二月二日

老師的等第打「甲」，評語：「妳真是貼心的女孩，謝謝妳的關心，醫生說再一星期就好了。」還有一篇「我的夢想」。

我的夢想

我的夢想是考上台灣大學，因爲台灣大學離我們家很近，不用坐公車，也省很多錢，眞是方便又節約。

上台灣大學可不容易，成績要像我哥哥那麼好。哥哥現在讀陽明醫學院，你們可不要大驚小怪，因爲我哥考上三所大學，台大、清大、陽明大學。我很佩服我哥，因爲他的數學很好，我和姊姊都有一大堆的問題要請教他。說眞的，我只要專心聽課，下課複習，回家不會的地方問哥哥，或爸爸媽媽，這樣子以後就有希望考上台灣大學。

考台灣大學要每一科都很強，我一定要成爲台灣大學的學生，像萊特兄弟一樣實現他們的夢想。我要實現自己的夢想，將來成爲社會有用的人，幫社會解決各種問題，好讓台灣能更棒更棒！

這小天才功課也的確不錯，她通常在全班的前幾名，拿過多次五育優良獎。二年級時當副班長，還當選模範生，獲台北市長馬英九先生頒獎表揚。她現在（民九十二年九月）升上小四，開學第一天全班選班長，在多位提名中，她以第一高票當選班長，可見她在班上的人緣不錯。我這些孩子們，「品質」都在我之上，但「天上浮雲如白衣，斯須變幻為蒼狗」，緣起又緣滅。還是讓他們當自己，只有當他自己才是快樂與自在的，在自己的「基因本質」上盡情揮灑，就是最美好的人生。我何須要多管他們呢？

但孩子不管也不行，看那到處惹禍叫父母痛心的太保太妹，都是父母不管（初不管，後則管不動）的結果。這管與不管之間，秩序與自由的兼顧，還真是天下一等的難事！

總之，這三個孩子和我成長在不同的時代，他們比我「先進」了半個世紀。我記得，我大約快十歲了，才發現這世界有「電」和「電燈」這種東西存在，初中才看見「電鍋」、「電視」、「洗衣機」這種現代用品，十六歲才第一次在路邊打過公用電話（當時還弄不清如何撥號！）。我從小到大的知識，除了是「偉大領袖給我的」之外，其餘都是我在黑暗中摸索得來，從一片片拼圖中找到完整，從一次次「摸象」過程中，摸清楚全部「真相」。

然而，這三個孩子一出生就站在「巨人」的肩上，他們在兒童時期所見、所聞，就超過了我的一輩子，他們的未來理當超過老爸。只是，未成道之前，我對他們仍要嚴管善教，不容放縱。

談e世代的親子關係

連大作家黃春明的兒子都自殺了，或許是一個個案，也是很讓人鼻酸的事。我是從現代社會的親子關係看問題，做兒子的，孤單、寂寞、絕望，這世界上竟無人可以了解他，可以讓他傾訴心事，連自己的父親也不是了。現代社會人與人溝通如此的困難，親人之間似乎更甚，為甚麼？這個莫明其妙的社會，這個顛覆的時代，難不成親子關係也顛覆了！

前面談過家教原則及吾家成員，少不了還有親子關係，這是現代家長們關心的問題。我說的頭頭是道，看官必定以為我是「教育家」，才不，都不過是一些經驗心得。也許看官會以為我的親子關係鐵定「百分」或「無缺點」，你又大錯特錯，這世界上除了學生做數學題目會有「暫時」滿分，其他領域都不存在百分或無缺點這種「不正常現象」。我只能說照我的原則做，親子關係大體上不會差到那裡，不依我的原則，是好是壞未必有定論，另創一套或許更好。

現代社會的親子關係確實異於往昔，我自己這一代當孩子是完全單方面接受師長父母的教誨，長輩如何說便如何做。現代這些e世代孩子們，個個都想「造反」、自創品牌，乖乖受教反成為「異類」，個個都要裝出一副「不受教」的態度。面對相同的客觀環境，媽媽佔有較多先天性優勢（親子關係較佳），爸爸居於先天性劣勢（親子關係較差），試想孩子是在媽媽的肚子裡懷孕，待時機成熟又媽媽最絕對私密之處溜出來。若剖腹生產，更因你的到來而讓媽媽挨一刀。無論自然產或剖腹產，母親都危難重重，命在旦夕，所以人的生日又名之「母難日」是有道理的。一但難產，輕者有一傷亡或其他後害無窮的後遺症，重者雙雙共赴黃泉。母親和孩子因有過這段「同生共死」的經歷，親子關係易於經營，也易有共識，這是當然的優勢。

而那當爸爸的呢？從那夜「大戰三回合」後，就再也沒事了！頂多偶爾表示一下「口頭關心」就行了。爸爸對「生孩子」這件大工程上，只算「略盡棉薄」之力，功勞和苦勞都不夠實在，欠缺那份肌膚之感，親子關係不易經營，這是當然的劣勢。套一句軍事術語，現代父母親在經營親子關係上，爸爸明顯居於「不利的戰略態勢」。

看倌會問「劣勢有無轉變的機會？」當然有，戰場上的戰略態勢隨時在變，今日敵有利我不利，隔夜可能變成敵不利我有利。那當爸爸的，只要從小幫嬰兒洗澡，就一定會轉劣勢為優勢。

年齡代溝的落差會使親子有距離，這是正常的——存在的事實，一定有意義。思想、觀念、行為……上下兩代差距幾十年，絕不可能都相同，所以「代溝」是常態，不必去強調或責備。

社會發展頗多弔詭之處，政治人物猛批現代是「父權社會」，但男人在家中那有什麼權力可言！人類學家就說這是「新母系社會」的來臨，有別於四千年前的母系社會是以前一個部落女頭目可以合法養很多男人，因其能力和女人喜好各司不同職責。現在的新母系社會女人只能養一個男人，賦予一個單純而重要的任務「賺錢」，其他裡裡外外的事，諸如孩子要錢、買房子，甚或行政、立法、司法、考試、監察等權，「終決權」大體上都已落在家中女主人之手。做丈夫的負責把錢賺回來，交出來，其他事情可不用費心。（此種情況雖普遍，也非每家如此。）

還有，古代母系社會子女「知其母，不知其父」，現代的孩子們只「愛去煩媽媽，不去煩爸爸」，總算稍有「新」意，所以媽媽就特別辛苦。但辛苦有回饋，除孩子的回報外，傳播媒體報導愛心表現、關懷子女，特別是對身心有障礙的子女無怨無悔的付出偉大的愛，都一面倒只報導媽媽，好像和爸爸都無關。報載地下樂團起家的「董事長」，那幾個「混小子」還未成氣候時每日鬼混，也只說媽媽經常心驚膽跳，現在紅啦！都說「媽媽，你的兒子出運啦！」好像這幾個混小子沒有爸爸。

以上種種在現代社會都已成「自然現象」，我認為「自然就是美」。親子關係乃「天成」之血緣關係，只要家庭生活在正常情況下運作均不至太差。給孩子自由固然必要，但法治（家規）亦不可偏廢；代溝的存在無須煩心，尊重存在便能跨越代溝。不管如何說！孩子定要教的，若弄到「說不得、講不得」，有一天父母忍不住說兩句，他便要反目；「罵不得、打不得」，有一天父母失手打他一下，他就會起來「造反」，闖出巨禍，這孩子便真的完蛋了。部隊中常有兩句標語「愛的教育、鐵的紀律」，家長們要深思其意，找到二者的平衡點。

不管怎麼說，孩子總得好好管，不能假「自由」之名而放蹤不管。我也見過一些父母，自以為懂得「自由、民主」真義，說孩子要給他充份的自由，但慢慢的這些孩子卻變成目中有己無人之輩，說不得、講不得，為所欲為。他不知道尊重別人，不知道秩序、紀律為何物？

凡此，是父母愛的太多惹的禍！就像現在（民九十二年五月間）媒體報導總統陳水扁的兒子陳致中，在海總服役，他確可以開積架上下班。當國防部長宣佈三軍官兵暫停休假，以控制SARS疫情擴散，陳致中確可以休假，他是四十萬軍人唯一的「例外」嗎？據聞他老爸已管不動了，是他媽媽寵壞了孩子。（依電視新聞夜總會及近日媒體報導）這是這一代孩子的通病，不受教。

一個婚姻成立後，大家最關心的是他們「幸福美滿」嗎？你去問當事的兩造，也都會如此回答。幾乎多數的離婚夫妻，在離婚直前若有朋友問到這個問題，也是昧著內心的痛苦回答「很幸福」。若有媒體問到現在當朝的「駙馬」幸福美滿否？答案也是肯定的幸福美滿，事實上古今中外的駙馬爺都是不快樂的，甚至是沒有尊嚴的。因為駙馬是「不完全男人」，只算「半個丈夫」。

我認為真正的幸福美滿，或是一種完美的兩性關係，是不可說的，說了就是「不完全」的幸福美滿。如同欣賞一朵美麗的花或完美的藝術品，人與物產生的「交流」是不可說的，非不可說也，是說不出來。

往昔，釋迦牟尼佛在靈山拈華，迦葉微笑，爾後達摩東來，禪宗祖師傳法，都是「以心印心」，不立文字，亦不可說，這是一種「完全」的幸福美滿。

我們在電視新聞中常看到一種現象，有政治人物或社會要人，夫妻一方有了緋聞，另一方就「被迫」出來說明，表示自己「幸福美滿」。其實幸福美滿不是用解釋的，更不是用說的，而是一種心的「感覺」，是一種「以心印心」的感覺。

世人常有錯覺，以為幸福美滿必須從婚姻關係中取得，若然，在總人口中只有三成的人在婚後可以維持一個勉強稱得上幸福美滿的狀態。其他的七成，想從婚姻關係中找到幸福美滿是極難的，他們只能找到不快樂，這些人，若從單身生活中去找幸福美滿，就容易的多了。

我寫作，

因爲我有想法，有看法。

我寫作，

故我存在；

我寫出有價值的東西，

故我有存在的價值。

文章乃經國之大業，

不朽之盛事。

我寫作，

追求不朽，

追求永生不亡。

5 我的寫作生涯

——比專業更投入的業餘

一群文壇上的朋友，欣賞書畫名家張夢雨先生的作品。

獲頒著作金像獎時，國防部邀眷屬（太太）參加。

獲頒金像獎時與得獎人員（同學）合影留念，74 年。

讀研究所時獲國民黨文工會的論文獎，左六是我。

創作者：左起：林利國、林曉、我（我們三人同是預五連同學），

新世紀的朋友們

我的寫作態度

半百之年以來，從軍、從政及寫作佔滿了全部生活篇章，從軍和從政都已追述，這章談談我的寫作生涯，這部份時間最久，從初中在校刊上寫開始至今應有三十五年。我並沒有寫出甚麼曠古經典，也未曾在出版市場有過領導流行或排行榜等。但寫了三十五年，寫作已成一種習慣，一種生活模式，甚或一種處理人生各樣問題的模式，對「惑」之綜合、整理、解析、明察，可以產生很好的效果。以下先談我的寫作態度，再依序談談人生各階段的寫作重點及收穫。

「為何而寫?寫些什麼?」相信這是每個作者內心須要先來個「自我了斷」，而後才有可能數十年如一日般的寫下去，特別是在「低回饋」、「低市場佔有率」的情況下，能不改其志者，都要先有個明確的寫作態度。如大海航行要有個定向，路才走得下去的道理是相同的。

我在軍旅生涯中提到軍校學生生活像苦行僧，只有靠寫作和讀書解悶，那時讀了不少課外書，最喜愛讀叔本華（Schopenhauer, Arthur）的作品，他的寫作態度嚴謹，在我充滿理想的年青時代非常能夠接受。他認為作家有兩種，一種為表達自己思想而寫作的人，內心具有某種觀念或體驗，覺得應該表達出來，只有完全為表達自己需要表達的東西而寫作，這樣的作家才會寫出值得的好作品來。另一種為寫作而寫作的人，他只是為金錢而寫作，他們的思想觀念變的半真半假。叔本華肯定認為作家開始為收入而寫作，作品就會很爛，「報酬和保留版權表示文學事業的毀滅、榮譽和金錢不屬於同一袋子。」叔本華距我們這個時代兩百多年（1788—1860），可能認為用「市場導向」（例如排行榜）評估作品價值是不被接受的，甚至是媚俗低劣的。但是，六〇年代的我，才二十幾初出茅廬，卻完全接受叔本華的理念，作品是表達某一時空環境中作者的思想或對某種事物的看法。

按照思想表達的遲早先後，叔本華也把作家分三種。第一種寫作時毫無思想，他們靠記憶、回想或別人的著作而寫作。第二種寫作時才有思想，他們思想的目的是為了寫作。第三種寫作前就有了思想，他們寫作是為了要表達思想。第一種作家人數最多屬普遍級，第二種次之，第三種最上乘。我的寫作歷程大體上也是這樣演變的，高中時代有些習作就是臨摹古人（見下節摘錄「夜遇」），大學之後開始有些思想，並慢慢自我要求期許能夠表達思想（作者按：叔本華所說的「表達」，應是「創造」才對，這是很難的上乘之作。）。

我並非習文的科班出身，不過是「一介武夫」對寫作有一種業餘興趣，並堅持某些寫作態度，對叔本華的體驗或許就是吾國古人說「在心為志，發言為詩」。傳統中國人對「作家」這行業看的頗為崇高，認為作品是作家人格的直射，作者與作品的關係原是最密切的。因為作者憑直覺、憑感受、憑絕對的心靈活動而寫作，所以作品當然就是他人格的投影。如司馬遷評屈原的作品及其人就說：

國風好色而不淫，小雅怨誹而不亂，若離騷者，可謂兼之矣……其志潔，故其稱物芳；其行廉，故死而不容。自疏濯淖污泥之中，蟬蜕於濁穢，以浮游塵埃之外，不獲世之滋垢，皭然泥而不滓者也。推此志也，雖與日月爭光可也。（史記本傳）

雖有班固在離騷序裡批評屈原「露才揚己」，顏之推在他的家訓中更批說「顯暴君惡」。但到今天我們在詩人節，依然以他為頂禮膜拜的一尊偶像。詩人沒有真性情，何得稱之為詩人？（文學史家孟瑤語）中國文學史上的主流思想，還是認為作家與作品愈能合一，兩者才愈能達至上乘境界；反之，可能是「人毀作品亡」。關於作家與作品能否「合一」的問題，我觀察當代在華人社會（特別是港台）有廣大讀者群的四位名家，金庸、三毛、林清玄和吳淡如，前三家我甚至是讀他們的作品成長的。一個有趣的現象，我淺釋如下：

三毛：人與作品合一，且已被神格化，她一人住在孤冷絕峰之上，下不來了（人與作品皆不能降格或區隔），只好「上去」就此結束，在最完美的地方劃下句點。

金　庸：人與作品合一，成爲名家幸未被神格化，但他不希望有什麼「意外事件」對作品或人造成傷害，維持人的風格，就是確保作品的風格。因不能突破（武功已到上乘境界），只好封筆（走下孤冷的絕峰，回到人間）。

林清玄：出道以來人與作品都合一，已被神格化。婚外情後「人與作品俱亡」，全都被讀者判了「死刑」，因爲讀者認爲他「人如其文」已到佛的境界，怎麼可能犯錯，沒想到他還是一個普通人。別的男人想要的，他也一樣會「想要」。而且得手，爲此他付出巨大代價。

吳淡如：人與作品充份區隔，吳淡如還是吳淡如，作品歸市場，以讀者喜愛爲導向。是故，不管她與多少男人如何！並不影響作品的市場佔有率，甚至愈搞三角戀情作品愈是大賣，情況正與林清玄相反。

以上種種並非現代的新鮮事，古今中外都有，徐志摩的花邊愈是熱鬧，他的作品愈是有看頭。暫且不管前面這些作家與作品是否合一！從心理學觀點部析之，佛洛依德（**Sigmund Freud**）就認為作家的創作正像兒童玩遊戲，乃製造一個幻覺的世界（**world of fantasy**），其目的是為了實現生活中不能獲得滿足的願望，而這些願望只有兩種：野心和愛慾。用佛洛依德的理論解釋我的寫作生涯也頗貼切，在真實世界裡，軍旅、從政和愛慾等願望未獲圓滿，乃透過寫作表達「政治生涯」，及運用作品實現其他各種願望。用一個最俗的說法，男人一生只布追求兩種東西：事業和女人。能在真實世界裡獲致圓滿最好，否則只好經由自己創造的作品去獲得，在想像世界中去實現願望。

各家「寫作觀」都言之成理，有足以讓人信服的理論根據，也有自成一派的勢力。為什麼叔本華的「思想表達派」我最能欣賞與接納，或許「最早的影響是最大的影響」，我在寫作的啟蒙階段就接觸了叔本華，自然對我影響最大，就好像父母對孩子有最大的影響力一般。

而思想表達的動力是甚麼？思想表達不會是單純只因為要「表達」而表達。在少年不知愁滋味的歲月裡，也許只是單純想表達一些東西，但是人到中年後，開始覺得有一種動力（或叫拉力），使人更積極去著書立說。曹丕的「典論・論文」一段話可以說明這個動力：

> 蓋文章經國之大業，不朽之盛事。年壽有時而盡，榮樂止乎其身，二者必至之常期，未若文章之無窮。是以古之作者，寄身於翰墨，見意於篇籍；不假良史之辭，不託飛馳之勢，而聲名自傳於後。

這些是我在大學時代讀過的東西，看來我在那年青未熟的時候，就已經重了「三不朽」的毒素，且內化成為思想的一部份。原來我寫作的心態，是經由思想表達證明我的存在；若思想表達出很有價值的東西，進而就能達到「長生不死」的境界。這樣的人生才是永恆的、完美的。

青澀的年代，無病呻吟

據我所知，古今中外能稱「作家」者，在少年十七、八的年歲寫出來的作品，大多是無病呻吟。即無「病」，又要跟真的一樣「呻吟」，表示那呻吟是假的，是裝出來的，實際上根本沒那回事。換言之，無病呻吟，只是騙人的把戲。

弔詭的是，古今中外的文學作品，其實大多也是懸空想像製造出來的「假貨」。有時愈假，假的很離譜，例如千古名句「白髮三千丈」、「黃河之水天上來」，都與事實不合，根本沒那回事。大陸在文革時流行一首打油詩，「人民老爺坐天下，千年鐵樹開了花。心裡想啥就幹啥！結個南瓜比地球大。」真有那回事嗎？但就是能感人肺腑，能引人共鳴。所以，如何是真情？假意？如何是無病呻吟？實在是文學作品中很玄妙的東西。

也有極少的例外，年紀很小就有好的作品，杜甫七歲能詩，「開口詠鳳凰」。就是當代作家群中，張愛玲、三毛都是很早展露才華。法國神童作家雷蒙（**Raymond Radiguet, 1903—**

1923），十四歲開始有詩作問世，十七歲就寫了小說「肉體的惡魔」，引起當時法國文壇廣大迴響。可惜他在二十歲時因傷寒病逝，真是天忌英才。

作家隱地聽說也是十三開始寫作，以上我所提到的中外作家中，除雷蒙外，都未有敢把少男少女時代的作品示人，可能係「無病呻吟」之作不便發表。我十三歲開始也有一位王叔叔教我作文，只是我仍在無病呻吟。

那位王叔叔是老一輩讀私塾的人，寫作講究的是「起承轉合」的程序。這套東西看似八股，其實對寫作訓練很管用，現在論文寫作的基本結構「前言—本文—結論」，同樣也重視起承轉合的邏輯順序。從五佰字的聯考作文，到二十萬字的博士論文，乃至更大工程的研究論文跑不了這個結構。這是我在初中就有人告訴我的道理。

懂歸懂，做歸做。我在少年十五、六前後所寫的作品，仍跑不了是「無病呻吟」。

初、高中階段的孩子，以前和現在的模式類同，其活潑激烈者，耍酷！耍炫！其斯文者「無病呻吟」也！我在初中開始投稿校刊（台中縣東工青年），幾乎每月都有我的作品刊出（散文、社論、小說等）。可惜當時不懂保存，多次搬家後作品也多流失，所幸高中時代大多留存，這篇「夜遇」是高二時的臨摹習作，發表在五十九年的陸官校刊，署名「藍天」。高中時代寫作都用「藍天」做筆名。

夜遇

某夜，與友駕一葉之扁舟遊於黃埔湖之上，湖面無痕，蟾兔不見，殘星幾點。忽聞湖邊一人曰：老母病重不起，惻怛將在朝夕，昨日債主喊殺要人命。又聞一女涕泣曰：天生吾本多難人，紅塵海愁怎奈何？昨夜苦思，唯有明日賣身風塵中。落花流水都無情，哥哥莫怪小妹，潔身雖被塵埃污，心存貞操如冰清。字字句句動我心，四海同是一家人，豈能眼看世人受踐。移船上岸邀相見，惟見一玉人十七、八，旁有一男二十初，表情似述情不盡。借問路人何所憂，可把愁事來相告。

搖頭嘆氣淚滿襟，說盡心中無限事。仰天太息曰：「本是台北萬華人，開得米廠一家歡，忽然平地風波起，陰風怒號又雨打。米廠倒閉七年前，賠債賒本三十萬，從此田園寥落敗。一戈未定又征傜，阿爸病纏不起身，床上苦吟四年餘，歸西訣別三年前。合家飄零，野菜充飢。大妹賣身去舞廳，春心破碎時不晴，昔日親友半遠飛，舊事淒涼冰冰冷。前年母親再病危，病得一身皮包骨，一、二故友議倩神，春去春來仍如故，殘霧殘雲一家人，如今弱妹又要把身賣。幾年來，冰霜摧殘，不堪回首，軀體骨肉，並非鋼筋水泥，豈能受此長久折磨，試問人生到此淒涼否？說罷無聲衣衫濕。」

誰聞此情不動心，我及知友皆涕泣。遂帶返家見父親，一一細言話前後，家父知命，心地善良，拋富貴錢財於雲外，仍勖曰：人生禍害，旨在考驗人心。昔日，我亦曾危難風浪中，但是奮鬥意志不滅人。少年人貧寒淒涼心要堅，眼光視界必射於萬里之外；唯有忍耐躍過龍門浪，方有再見天日之時，如今三萬相助不須還，樂觀進取，後會有期。

忽然響亮一哨音，床上跳起，原來是夢一場。夢中情景至今猶新。

這篇「夜遇」是大約十六歲左右的作品，一看便知是摹仿白居易「琵琶行」的習作。三十多年後重讀，愈覺得「無病呻吟」的可愛。再看一篇提名「別」的散文，充滿著稚氣少男內心的幻想：

別

今天，是三月的晦日，妳告訴我今夜十二點整要乘著宇宙間最快的太空交通車離開我們。

下午，我蹣跚而行於黃埔湖畔，想到妳要走了，使我多麼傷心；湖邊的柳在招展著，從不出門的含羞草已經站立在大門口。他們的衣袋裏裝滿了憂傷，不解地哭泣：春姊姊，妳給我們太多了，而我們給妳的實在微不足道，妳爲什麼走的那麼匆忙呢？難到我們不相容嗎？

藍！妳知道嗎？春宵一刻值千金，願你努力進行，好好開創自己的道路，在你這條不平的道路上才有眞理發現。

我知道，但妳不解，我已過了二十個春天，而妳不管我學了多少，更不管別人白髮蒼蒼而無成就，妳走妳的，現在妳又要走了。妳是那麼無情，但我還是依戀著妳，不論妳如何把我拋棄。

我聽你述著：藍！不積細流，無以成江海。學問是一點一滴積成的，不是你想的那麼快，以前你什麼都不知道，只知道向爸要一塊錢買糖吃，現在你能利用時間讀有益的書，做有益的事。這些種種都是進步，現在臨別之前我還要告訴你：日日行，不怕千萬里，常常做，不怕千萬事。

我接受你的鼓勵，但你眞要走嗎？以我們的感情你沒有理由走的那麼早，你要知道天地萬物都要接受你的愛，有了你的愛就有了生活的勇氣，當你一來，百花齊放萬紫千紅，無窮的光景變得美麗、引人，那一隻鳥不爲了你的來而演奏最美的樂章。但當你一走，你不知道世界變得多麼可憐，烈日的炙晒使得人們不敢出來遊玩，山間沒有生氣郊外沒有歌聲。霎時瑟瑟秋風吹得古廟前的古樹搖動，落葉帶著一身愁意飄在地上，令人勾起了鄉思，想起了「山河破碎風拋絮，身世飄遙雨打萍」的詩句。忽然冬天來了，大地上的一切逃的不見蹤跡，只見到合歡山上還積覆厚雪。

明月已東升，你，拂著我的臉，像慈母在安慰他那已經即將畢業的愛兒說：兒！你要堅強，不論炎夏或寒冬都要有勇氣前進，不因寒而萎縮，不因熱而不練身。

唉！「杜鵑夜半猶啼血，不信東風喚不回。」我又有何能力把你挽回呢？

明月已經高掛在西邊的天空。你走了，留給世人一片輕飄飄的回憶。我想著你的話：在你這條不平的道路上才有眞理發現。努力吧！我的前程是光明的。

在台灣的出版市場上，我看到一些「名作家」在少女、少男時代寫的作品，頗具純真、可愛，很有可讀性。但不知一些「無名作家」或小作家們，他們在少女、少男時代寫出來的作品，是否也和我一樣嫩澀，盡在虛幻中「無病呻吟」？無論如何！這是我少年時代的足跡，曾經有過「青春期」的心境。

不過，無病呻吟也罷！嫩澀也罷！總歸是那個時代的「我」，依然是「真情」。一切作品，不論是詩歌、小說或學術論文，「都是作家自傳」的一部份。

存疑思考的年代，我是誰？

從大學時代到畢業後的兩、三年間，最愛閱讀東、西方哲學思想和禪宗（特指五祖後的南北兩宗），反正愈是讓人不懂的東西愈有興趣。大二時在校刊上發表一篇「禪和哲學」，思考著人在宇宙中的地位及對禪和哲學的存疑，好像自己已經達到最高境界：

禪和哲學

從這麼多的文字裏，我們的確很難找到一組字群來把它們二者做完美的區分，概念上我們覺得「禪」和「哲學」是多麼地抽象、混淆。但從生活上我們又體驗到人生便是一部不成文的哲學史，而禪又是這部哲學史的骨幹，離開了它，生活不但不完美而且不完全了。從這裏我們又感覺到他們的自然化、生活化。

當然，哲學的生活是一種極眞、極善、極美的生活，世界上有誰的生活能夠得上「哲學式的生活」，那麼他是最幸福的。因爲它沒有任何範圍的限制，甚至想像中的外在世界也是屬於你的生活領域。劉大悲先生在其一篇「禪與生活」中開宗明義便道：「我們日常生活經驗無一不是禪機，所以禪不能離開生活，離開了生活便沒有禪」。哲學家又認爲所有人生、知識、宇宙的領域都屬哲學範圍，則禪和哲學又有什麼樣的關係呢？又說：「禪是一種見性工夫，是掙脫桎梏，走向自由之道。其目的要使我們隱藏的活力得以自由發展出來的，使內心的一切創造力得以發揮。」而 國父又指出：「人類有了哲學，就有了求知，它是旅途的明燈，指示你光明的大道，人生的眞價値。換句話說，不了解哲學的人，一定不懂人是什麼東西，活著又爲了什麼。」如此，我們又進一步的了解，禪和哲學就好像表兄妹那樣接近的關係，他們有其共同目的，都要幫助人類了解生活和生命，使我們眞正的啜飲生命之泉源，然而，絕無法明確分析他們超越的概念。因爲當我們領悟之後，便和禪、哲學溶爲一體，我們生活在禪機裏，而禪本身也包含了我們；如天地之間，飛禽走獸，花草樹木和我們同是自然所化育，視之應如同類，張載說：民吾同胞，物吾與也。正是此理，能有此工夫者，儒家謂之聖人，這個境界叫「天人合一」。

天和人如何合而爲一呢？天這麼大，科學家說，我們銀河中像太陽系這樣的行星體就有數百萬個，而宇宙中更不知有多少個銀河。在我們看來太陽系已是浩瀚無涯了，實際上它在銀河系裏眞如恆河中之沙粒一樣，那地球用滄海之一粟去形容，還太瞧得起哩！那我們人類的實體和一剎那的歲月在萬古長流的宇宙中又算什麼東西呢？可以說近乎不存在了。但這裏所指乃思想之合一。張載西銘：「予兹藐焉乃渾然中處」可見這個幾乎等於零的實體，也是宇宙中不可缺少的玩意，決不能和天地隔絕，也不容忽視，不容自卑，不但頭頂青天，腳踏實地，更配稱「萬物之靈」。人如生活在禪裏，了解哲學的人生，那麼感覺裏自己在宇宙中雖微不足道，卻是最偉大的。

青原惟信所謂的「未參禪時，見山是山，見水是水；既參禪後，見山不是山，見水不是水，可是悟禪之後，見山又是山，見水又是水。」

未參禪時，你和自然尚未發生關係，二者各奔天涯；參禪後，山和水便和萬物融合了；進一步悟禪後，你和自然不再是陌生了，你全部的精神都融在自然裏，而自然也包含了你；你生活在自然裏，同時自然也住在你心裏，此時，山和水和你一樣具有生命，不再是死水和不動的山，它們也和我們一樣活潑、跳躍。俗言「我見青山多嫵媚，青山見我應如是」正是此理，這和我們了解哲學的程度跟生活境界成正比的關係居同一原理。

到了這個境界，人對哲學的修養，對禪的悟性可謂登峰造極了。天是人；人也是天，主體是客體；客體也是主體，人和自然是完全的合一了，不過這個合一，是自然在你心中而你並未吞沒它，它依然存在；而你也未因山之大水之廣被消失，你依然是你，還是存在的。

這樣的天人合一境界是多麼值得追求。

這篇「禪和哲學」，正是我大二時對禪與哲學的好奇，心中所想、所思和領悟。處在存疑思考年代的年青人，最感好奇的大概是宇宙星系與「我」的關係，還有對整個人類的「大未來」充滿著樂觀的期待。那時候出操上課之餘，大夥兒也會聊這些話題，人類的未來會如何？我在一篇「千古歲月話人」，以筆名「漢軍」在戰地的報紙發表。

千古歲月話人

三百萬年前時，……那時候……。

地球上已有飛鳥走獸，更有森林泊湖，江河沼澤，可能早已有了玫瑰花和紫丁香，但那兒美不美呢？愜不愜意呢？一點也不；那時早就有「雲破月來花弄影」的佳境，不過遐不遐思呢？一點也不。爲什麼？沒有人在。

「人」。眞的那麼重要呢！是很重要，那些都是因人感覺其存在、美麗、遐思、愜意，才在人類生活領域裏有一席之地，甚至價值連城。人名之曰「花」則爲花，美化之則成美花。

時間本是無，空間本蠻野；二者皆無知無覺。當人出現後，他開始運握乾坤，劃破了寂靜空無的空間，擬訂時間的定義，有了起點和終點，於是遠古、中生、近代以垂百世在時間和空間所及之處均加上了人的色彩，人使時間不斷拉長，使空間不斷膨脹，人因而可以「視道萬里，思接千載」了。

小橋、流水、古道、斜陽本是寂靜無精無靈，客觀的虛體；是人把無聲無息的小橋構思成有形有色；流水本無意義，人潤之以形態美和動態美，事實上萬物之本體已生來具有某種意義，但它們沒有智慧不能「自我推銷」，一切非人之動植物亦無能爲力，唯人可以命名之、提拔之，始將「蔓草縈骨」「拱木歛魂」等脫化成靈氣四散，精神散發。

人者無限，非人者有限；人者主觀，非人者客觀，無限使有限幻化成無限，進而有無合一，是謂人生至高境界，天人合一，主觀引動客觀，進而主客合一，謂哲學之至高，舉凡人皆有哲學。牧童也不例外；故已存在且具有智慧之人合由人名之始生動力的哲學，兩者合爲一，把人帶入「道通天外有形外，思入風雲變態中」突破了億萬年以來未能被其他生物突顯的時空限制。

有形而有限的軀體加上無形又無限的智慧心靈，才使得人成爲「齊天大聖」，其能力何止於神通廣大的「七十二變」，吾人還以爲可以駕越觀世音菩薩，無所不能，無所不在。

有一天我們可以只吃一粒「仙丹」做事半功倍的工作，甚至根本就不要做了，動下嘴巴（以音波控制一切）；可以一睡二十年再起床，青春依就在，眞是長生不死了；或者一個寒假可以遊歷太陽系，欣賞太空奇境；也可能女兒在月球上讀護專，兒子在火星當工程師，爸媽在水星的別墅裏，每到星期假日則約會在金星。朋友！我尚未就寢，這也不是白日夢，而是事實上掌握在人類手裏的，所以君勿小看這小不拉點大的腦袋瓜子，他的能力可以從目前的統治風雨湖泊進化到未來統馭宇宙內的光電波動；經現在的下臨江海至無長之日月星辰。

「浩浩！平沙無垠，敻不見人。河水縈帶，群山糾紛……」大自然的生息是人賦予的，人不存在自然界，一切存在者皆不存在了。也就是沒有人，一切等於零，處在虛無飄渺了。

或許我真的是「資質遲鈍」，也可能是環境因素，「低度開發狀態」維持的很久。少年時代寫出來的東西始終在無病呻吟，久而久之，可能覺得無病呻吟太無聊，便有了「進化」。接著開始對「我是誰？」產生困惑，對「人」這種奇妙的動物產生了興趣，包括人在社會、國家、宇宙中的定位，人與自然的關係，人如何與自然「天人合一」？

二十多歲的年青人為何滿腦子這種問題？我並不清楚其他年青人或現代這些E世代新鮮

人，有多少人與我同樣在想這些問題？

二十多歲的我，已儼然是一個哲學家，大談人生哲學；像一個禪宗大師，臉不紅氣不喘的談禪機禪理；又儼然是一個生活家，以為自己真的是達到「天人合一」。

清貧沈潛的年代：詩歌與翻譯小說

假如魯賓遜漂流到紐約或台北市等，這些五彩華繁的大城市，想必他也會上館子、咖啡廳，甚至到舞廳去「搖頭」，過一種豐富且多姿的生活。不論如何簡化自己的生活，每天都一樣忙的「馬不停蹄」。偏偏他流落到一個荒島，生活就自然的，被迫的「清貧」起來，我想環境對一個人影響是很大的。住在無人島上，如何泡馬子呢？

有很長很長的時間，我就是住在一個無人島上，島很小，四週可以看海。所謂「無人島」是指沒有老百姓，沒有女人，只有軍人守土。

大約廿七到三十五歲的八年間，算是我清貧沈潛的年代，因為有五年多在馬祖北竿、高登和金門度過，遠離是非紅塵。尤其在高登過那兩年沒水沒電沒女人的生活，一切現代物質文明全都隔絕在外面的世界，思想上徹底的清貧，生活上徹底的簡化回歸到原始狀態。這個環境適合寫詩、讀詩，這些外島歲月讀過一些現代詩名家的作品，如蓉子、管管、張默、吳明興、周夢蝶，乃至余光中、瘂弦等，亦利用時間試寫現代詩，把習作投在中華文藝、腳印、詩人坊、自由青年、藍星詩刊或戰地報紙等藝文刊物上發表。我寫現代詩和習作國畫同樣是一種隨興，在那種環境下適合做這些事，絲毫沒有想要成為「專家」的企圖。因此之故，用詩表達思想也都與職務有關，如本書前章所舉都是，下面這首更直接題名「軍人」：

軍人

領導潮流的抽象畫家
舉行個展時
只來了他妻子
走完第五個五〇〇公里之後
果然發現布萊德雷所說的孤獨是一種（註一）
奇異的享受

他要建造一座金字塔

一層層向上爬
雲兒笑他傻
飛鳥笑他痴
只有戰場上的頑敵才知道
勝利是他的歸鄉

他已成一座雄偉的
作品
有勇敢純潔的氣質
有永不低頭的架勢
任誰也休想動搖這位
時代標兵

神機妙算的地理學家
沈醉在「敵我天地水」(註二)
用二十年步履

研究一千座荒山
如果你問他是命是運
他說祖父開始就是軍人世家

藍星詩刊七十三期，七十三年六月十日

註一：布萊德雷，是美國一位五星上將、他曾說：軍人是一種最孤獨的行業。
註二：「敵我天地水」，是軍事作戰前要考慮的五種因素。也就是敵軍、我軍、天候、地形、水系等五種現況之研究。

我的軍旅生涯中有五年當監察官，部隊有句話「逢三不能幹」，是軍事系統的「參三」作戰訓練——累死；和政戰系統的「政三」監察，專幹「對不起人的事」。監察官要當的好一定要嚴守執法者的立場，不僅「拍蒼蠅」，而且要敢「打老虎」，所以監察官當久了「人見人怕」，長官不敢用，都沒啥前途。以這首「詩—三章」試圖表達監察官的立場與彈性，以「鄉下人」之名發表在戰地報紙，看倌評論一下，這像詩嗎？

詩——二章

之一
我走進菜市場做物價調查
男人，女人，兩眼如銀幣
一身青銅味
「你們賣些什麼東西？」
「白菜、豆芽、佛手、苦瓜、地瓜。」
哇苔
我看到一粒粒詩在籮筐裡微笑
我聞到一陣陣詩香在風中飄動
還有一朵朵濃綠的詩情在架子上嫵媚
之二
「老弟，此事你能否後退一步？」
「不！我是插在這裡的木樁。」

「老弟，你只要向旁邊靠半步，保證有你的。」
「不，我是植於此地的參天古木。」
「喂！放一馬於你無損嘛！」
「我丟了思想與詩想就一無所有了。」
「喂！不要那麼頑固。」
「我不叫『喂』，我名叫石頭。」

之三

「連長！這肆佰元如何了？」
「捐贈給布穀鳥。」
「連長！這個月的行政費支用不當哦！」
「拿去買曉風、蓉子、馮青、管管、張秀亞、又買
瑪格麗・又買
愛彌・羅威爾
都是給士官兵吃的。」
——建議連長嘉奬乙次——

七十二・五・五，馬祖日報

我會翻譯小說純屬偶然，是外島生活太久的「副產品」，閒極無聊時讀到一些愛倫坡（**Edgar Allan Poe**）的偵探恐怖小說，惟中譯本不佳，讀起來如「美式中文」不順口，便找原文本 **Edgar Allan Poe‥Storyteller**（新亞版）來看，愈看愈迷醉（在外島看到晚上不敢去尿尿）。想更進一步讀愛倫坡的小說，國內卻找不到他的原文本，正有朋友從美國回來，託人找到一本「**POE**」（**Penguin Books**），讀之手癢，便斷斷續續的翻譯，並將譯文以「鄉下人」之名發表在國內一家雜誌社，譯作如下各篇，已經出版單行本，以利文學作品的保存與流通。（刮弧內的中譯標題是小說發表時按文意所翻，原則上還是把握翻譯三要：信、達、雅。）

The life and writings of Edgar Allan Poe（愛倫坡及其恐怖小說）

The Story of William Wilson（威廉的故事）

The fall of the House of Usher（吳雪家族的沉淪）

The murders in the Rue Morgue（巴黎神秘謀殺案）

The Black Cat（黑貓）

The tell-tale heart（分屍案的人）

The Cask of Amontillado（酒之祭者）

The Mask of the Red Death（死亡舞會）

A tale of the Ragged Mountains（雷吉德山脈傳奇）

The mystery of Marie Roget（瑪麗洛婕奇案）上下

The pit and the Pendulum（從地獄歸來）

The oval Portrait（橢圓形肖像）

Eleonora（伊娌諾拉）

後來竟連他的書簡、年表，給女人們的情書均一併翻譯啦！是故，順便介紹一下這位我唯一翻譯及了解較多的西方文學名家。（以上譯作已由慧明出版集團出版單行本）

美國小說家、詩人愛倫坡（Edgar Allan Poe, 1809 — 1849），在西洋文學史上有獨特的歷史地位，他被稱為「偵探小說之父」，運用科學的邏輯推理及潛意識的心理分析，創造出偵探小說的原型。但因他悲慘的身世，使他的生活及作品充滿了伊底帕斯情結：憎惡父親，痴戀母親。他的思想只有兩種元素（天國與墳墓），也使他的小說始終充滿著詭譎氣氛和極深的恐怖感（我在外島翻譯到三更半夜不敢外出尿尿），所以愛倫坡也稱「恐怖小說之父」。

後世把愛倫坡小說原型發揚光大，最著名的是英國的柯南道爾（Sir Arthur Conan Doyle, 1859 — 1930），一位出自愛丁堡大的醫生，一八八六年時因診所生意不好，便寫起偵探小說，在「朱紅的研究」這篇小說中創造了「福爾摩斯」（Sherlock Holmes）角色，轟動當時的文壇。後來柯南以福爾摩斯為主角，創造四部長篇和五十六個短篇小說，享譽全世界。

但因柯南所創造的福爾摩斯系列作品，還是師承自愛倫坡小說之原型，文學史家認定沒有愛倫坡推理小說原型的啟發就沒有福爾摩斯。現代推理（恐怖）小說的基本結構（要素、變項、關係、程序）已由愛倫坡建立起來，他成就這個領域作品之鼻祖，這是他在世界文學史上的地位與應有的尊崇，也當之無愧了。

我研究我寫作：探索疑惑與解決問題

半生以來，我總在寫些東西，通常想到有問題，就想把它寫出來，在寫的過程中我可以做些「研究研究」的工夫。能研究出甚麼名堂？或能否解決問題？或有人看嗎？我倒不很在意。

劉勰（「文心雕龍」的作者）早說過，知音是極少極少的。是故不必刻意事先設定要寫甚麼？只須針對最有「感覺」的方面深刻認真的寫，李白杜甫也不過寫些天啊、地啊、風啊、雨打、早晨、黃昏……一些生老病死的感想。他們的共同點是對生活有深刻真誠的體驗。所以，把生活用心的過，把它寫出來就是好作品（詩歌、散文、論文都一樣），這是名家都有的共同體驗。

簡單的說，離開生活，便沒有文學，世界最好的文學作品（武俠、推理、情愛、戰爭……等），都只不過寫些生命歷程中的各種生活切面。對生活沒有親切與獨到的體驗，想要寫出好作品，未之有也。但一個人要深刻的生活，就一定會發現生活或人生中，處處有問題，處處有疑惑。

人生處處有惑，時時有惑，思想、感情、事業、信仰……真是惑（禍）源不斷。稍早，我用一首詩表達或處理這些惑，但漸漸的我感覺到詩用來欣賞或表達思想（意象）則佳，用來解惑的效果則差。因為詩是比較欠缺社會性的文體，例如「江南可採蓮」這首古詩是傑作，但社會性卻很低。（並非社會性低就是好作品，杜甫的詩就叫「社會寫實派」。可見李佩玲「余光中到底說了些什麼？」）只能用於欣賞，不能用於解惑。

我還是希望我的惑能有答案，寫詩並不能為我解惑，這可能是我後來沒有繼續寫詩的原因吧！或著我根本不是那塊料子，或有詩「惑」解不開！……

在部隊當連長時，老師長陳廷寵將軍（當過總統府參軍長）就說過我是「問題人物」，我隨時在想問題、找問題，並企圖解決問題。這個過程若有惑解不開，就可能會「踢到鐵板」，軍校畢業不久所發生的「逃官事件」，險遭軍法審判，就是諸惑打結解不開了。事件之後我決心回到常軌來處理心中之惑，客觀環境其實並沒有轉變，「黑的地方還是黑，白的地方還是白」。為探索「黑惑」，乃利用當監察官之便，深入部隊基層挖問題，直接對各部隊士官兵做民意、問卷調查，蒐集第一手資料做統計分析工作，寫了第一本探索「惑源」的書「部隊管理管教之我見」（約十萬字），榮獲七十四年國軍軍事著作金像獎，國防部的頒獎酒會邀請眷屬（太太）參加。我的本意不希望這只是一本放在書架上的著作，而是提供軍隊改進參考，不僅為我自己解惑，也為軍隊、軍人及關心的人解惑。

我接著發現針對一個「惑點」，範圍不必設定太大（大範圍問題可以簡化處理），做有系統的探索研究，並以著作的形式（規格）表達，是一種最好的解惑方式。此後的十餘年間，除短篇論文、散文、雜記外，我以著作的形式探索我心中各種疑惑者如後。

「部隊管理管教之我見」（七十四年軍事著作金像獎）

「愛倫坡恐怖小說選集」（慧明，九十一年出版）

「中國近代政治結社之研究」（七十七年碩士論文）

「英文單字研究」（七十八年）

「中國政治思想史一四二題」（七十九年）

「西洋政治思想史一四七題」（八十一年）

「決戰閏八月：中共武力犯台研究」（金台灣，八十四年出版）

「防衛大台灣：台海防衛與三軍戰略大佈局」（金台灣，八十四年出版）

「孫子實戰經驗研究」（八十五年文化總會總統獎）

「國家安全」（幼獅，八十六年各級高中職及大學軍訓課本）

「國家安全概論」（八十六年台灣大學印內部流通）

「非常傳銷學」（金台灣，八十五年出版）

「國家安全與情治機關的弔詭」（幼獅，八十七年出版）

「民族主義、種族主義、部落主義與國家整合關係」

「迷情」（小說，八十七年）

「國家安全與戰略關係」（時英，八十九年出版）

「解開兩岸十大弔詭」（黎明，九十年出版）

「大陸政策與兩岸關係」（黎明，九十一年出版）

「找尋一座山」（現代詩，慧明，九十一年出版）

「孫子實戰經驗研究」（黎明，九十二年出版）

「兵法、戰爭與人生—孫子、孫臏、孔明」（九十二年底開始在復興電台講）

以上部份已經出版，正式接受社會各界檢驗，當然也為自己解惑，這是我半生以來軍旅、政治、家庭之外，另一種生涯。這些不斷思考、研究的歷程，對自己的內向反思及不惑探索有莫大效用，不經這些思索整理，難解心中諸多疑惑。但上面那些東西寫的「好不好」，則是客觀檢驗的問題，換言之要由第三者評論較能「洞察真相」。特別是第三者的指點有最大的啟發力，寫「國家安全」一書時就親自拜訪過許多學者、長官、專家，都是當代俊傑之士，例如教育部軍訓處處長宋文將軍、淡江大學戰略研究所榮譽教授孔令晟將軍、台灣大學政治系教授包宗和、前美國大西洋理事顧問曾復生、經濟建設委員會副主委薛琦、備役中將鄭玉珊、政治大學外交系主任李登科教授、中華戰略協會葛敦華將軍、三軍大學戰爭學院院長徐博玉中將、台灣大學農經系教授官俊榮與陸雲教授、台灣大學總教官李長嘯將軍。（以上職務已有變動）他們有的是教育部禮聘「國家安全領域」課程審查委員，有的是「國家安全課程研討會」主持人與評論人。在台灣大學軍訓室總教官李長嘯將軍主持規劃下，由前述學者、專家、教授、將軍，舉辦一系列有關國家安全方面之演講、座談及學術研討會。是由於他們從國家安全方面之演講、座談及學術研討會。是由於他們從國家安全的各個角度，深入淺出如行雲流水般地道來，每場盛會我都親往聆教，對國家安全理念得有較深之認識，觀念得以融通，思想得到啟迪，對充實本書的「靈魂」有莫大助益。

八十五年元月十六日拜訪當代戰略學家鈕先鍾教授，讓你有站在巨人肩上的感覺，偕同我拜訪的陳梅燕小姐事後把訪問過程發表在「陸軍學術月刊」上，參訪學者、專家或大師，不失為解惑的最佳門道。以上所出版的作品都曾引起國內各界不少迴響，但是作品好壞還是要經由「第三隻眼」觀察，「第三張嘴」說話，是比較能夠獲取客觀標準者，因此，我摘錄「決戰閏八月」和「防衛大台灣」出版時，媒體、專家的書評。首先是高雄柏先生的書評（尖端科技月刊，一三八期，八十五年二月）：

（註：感謝尖端科技月刊總編輯畢雲皓先生、書評作者高雄柏先生同意我全文錄用，我在電話中〈八十九年七月廿四日〉告訴高先生這篇書評寫的真好。聽者以為客套之言，非也！是高先生一擊中我「要害」。）

「防衛大台灣」「決戰閏八月」書評

高雄柏

All Photos by DTM

陳福成先生新作「防衛大台灣」與稍早作品「決戰閏八月」二書，可說是近二年瀰漫的軍事民間熱中，軍事專業含量較高的著作。這二本書沒有偏執政治立場人物的作品中，那種爲了達到特定政治結論而勉強推理的僞科學劣風。這是全國泛政治化氣息蓄地而來時，一股非常令人喜悅的新鮮空氣。

最令人感到饒富興味的是，這二本書在某些相同話題上所作的陳述，除了基本數據事實外，牽涉到判斷的部份，略有「樂觀」與「不那麼樂觀」的差異。明顯的例子是中共對我方進行佈雷，還有兩棲登陸進攻台灣本島的問題。一個可能的原因是，中共在這一年之間的軍力變化、國際局勢改變等客觀條件，使陳先生必須修正其判斷。另一個可能是陳先生基於傳統中國知識分子憂國憂民初衷，使他在閏八月恐慌極爲撼動人心與國人迅速麻痺玩忽的時候，難免受到心境上的影響。這是無可厚非的，因爲引用的基本事實，雖有各家不同說法的出入，但並不會造成輕放狂妄的誤導效果。從實用的角度來看，對我國安全的正面意義是相同的。

其理性務實的態度，可以從「防衛大台灣」一書中對水雷作戰的敘述看出來。陳先生面對國際公認的事實：我國水雷反制戰力不足，然後思索各種增加與補救的辦法。至於坊間另一本親民進黨立場的書，則是以強辯中共無力佈雷，避而不提我國戰力的弱點，似乎忘了民進黨過去對我國水雷反制艦艇的強烈批評。兩相對照，我們清楚看得出來，什麼叫做理性，及什麼叫做激情謬論。兵法「恃吾有以待之」的智慧之言，是不能輕易放在一邊的。宣稱中共不具有能力，不如審愼評估之後，來增強自己的反制之道。

「防衛大台灣」與「決戰閏八月」二書正確指出空降作戰成敗的關鍵，那就是奇襲因素，切中時弊的強調反空降的反應時間。不像坊間有「專家」說，空降作戰必須在白畫、天氣好時才會成功。假如是這樣，在夜間有風又下雨的諾曼第空降就不會成功，而在白天且天氣較好的安恒空降就不該失敗。以上是一個具體的實例，說明讀者能夠從這二本書吸收一些正確觀念，而這些觀念是其它書籍弄錯的。

或許是背景不同，陳先生對於殲八戰機，及對F-16的弛解穩定性（Relaxed Stability）設計，略有誤解。不過，並不影響相關結論。所以不在此深論。

戰略是必須考慮長期問題的，陳先生以其專業素養清楚指出，我國的長期問題是「建立海權以及息息相關的國防工業自主」。從軍事戰略角度來看，他的考慮是完全正確的；不過，此處也顯示出我國所遭遇的根本困難。事實上，我國不見得具備建立自主海權的條件。

從地理位置來看，我國只具備重要前進海權基地的條件，本身極難成爲海權的根源。以英國這個海島式海權來做例子是不完全恰當的，在空權逐漸興起之後，英國的海權就逐漸沒落。英國與我國同樣處於全境都在對方陸基空權的打擊範圍內，這樣的條件，是不可能成爲穩固的權力基礎。英國汲汲於建立前進的圍堵與強大的航艦兵力，拒敵於萬里之外的做法，正是此一現實條件的反映。

至於工業能力與國民習性兩項條件，我國的得分也不太好，而兩者有因果關係。我國國民固然重商，不過絕大多數是「買賣人」心態式的重利，極爲欠缺「企業家」與

「工業家」的重商。想賺轉手錢的人太多，想短期迅速回收投資的人也太多，長期投入辛苦工作，建立深刻技術基礎的人太少。這樣的國民習性使我國的產業昇級在政府大力推動下，依然難以起飛。以造船與造艦爲例，推進系統能否自主？電子裝備？武器系統呢？如果這些方面要全部或大部份自主，必然面臨市場規模太小，無法經濟營運的困境。最後反而拖累經濟，成爲整體國力的負面因素。

既使在沒有空權的時代，英國維持海權地位的主要策略，是保持歐洲大陸上不出現統一的強國。法國強盛，英國就與普魯士、西班牙結盟對抗拿破崙。德國強了，英國兩次大戰都站在法國這一邊。我國小於英國，工業基礎也不如英國，然而中國大陸卻相當於整個西歐並且是統一的國家，這更增加我國的困難。

不過，陳先生的觀點仍然有重大價值，這二本書指出了我國長期生存的必要條件。假如我們冷靜的分析本身究竟能夠把這些條件做到什麼程度，即可明白事實能力上的限制，而這些限制就爲政治路線的可行性界定了大格局。然後就是運用智慧在大格局內，爭取最好的生存空間了。

另一篇是清華大學原子科學系主任鍾堅教授「備戰中的書市：偵測兩岸攻防專書」（中國時報，八十五年三月二十一日），摘錄如下：

國軍防衛戰力

台灣三軍部隊到底能不能戰？

面對中共文攻武嚇、軍容壯盛的三軍部隊到底能不能戰？國策中心蘇進強先生編著的《國軍兵力結構與台海安全》一書，以台海防衛所需之兵力結構爲主軸，探討制空、制海、反登陸之兵力運用、落實軍校教育以改善兵力核心結構、資訊時代兵力規劃及未來國家安全之佈局，爲國內打破軍事研討禁忌後首見的深度評析力作。本書網羅了優秀備役將領及長期鑽研軍事的學者專家，執筆論述，彙編成書，對軍事迷言，這是一本進階深造必修的葵花寶典。

楊志恆先生編著的《台灣的國防安全》一書，是國策中心另一論述集冊，收集了近五年該中心年度國防研討會的九篇精選論文，書中對我們的大戰略和國家戰略方向，特別是戰略環境及國家安全政策、國家安全制度及其運作、局部衝突的風險及應變方案提出學理評析。

不過，國策中心出版的這兩本學術論文集，對軍事迷而言可能是荒漠甘泉，但對一般讀者卻稍嫌生澀。若要降八調，台大教官陳福成中校的力作《防衛大台灣—台海安全與三軍戰略大佈局》，如同讓讀者重修新版的軍訓課。陳教官對地緣政治與軍事地理、三軍戰術與戰鬥方法、台海安全佈局與三軍戰略提出深入淺出的概念性剖析。這三本書正好構成高低搭配，由淺入深，引領讀者穿越海島防衛的教戰守策。

寫作生涯走筆到此，我不會如金庸一般封筆，金大俠從三十歲寫「書劍恩仇錄」到四十七歲寫完「鹿鼎記」，在他的世界已走到絕頂孤峰之上，再上去已無「生路」可走，只得封筆退出江湖。我的寫作生涯即無高峰，也無谷底，前面始終有路可走；再者，我從未涉足「江湖」事，也就沒有退出江湖的打算了。毛姆（William Somerset Maugham, 1874 — 1965）寫作一生到近九十歲，圓熟的作品到五十多歲以後才出現，我自期五十不惑之後有較佳作品問世。

用嘴巴說話，用語言表達，很不容易把一件事情說的清楚明白，尤其要處理一種「惑」，光用說的是不行的，通常愈說人家愈迷糊，爭議愈多。你看！立法院天天在說，有誰能把問題「說好」。但是，用筆說話，用文字表達就不一樣了，可以寫的清楚明白，形成有系統的論述，語意明確，白紙黑字，減少很多爭議。因為，我大約在四、五十歲以後，也習慣（樂於）用筆呼吸，用筆說話。

寫詩：內心世界的愉樂活動

年青的時候寫作，似乎很計較為何而寫？寫些甚麼？但年過半百後那些「理想性」心態卻逐漸降低。可以說人生態度回到了基本面，玩世的味道更濃。九十一年我隨台灣大學登山隊登雪山，回來後在「台大山訊」發表「雪山盟」，現在寫詩只是我內心世界的愉樂活動。我找不到人可以讓我如此深入的玩，誰能讓我盡情盡性的玩？沒有，我只好和詩玩。「雪山盟」的寫作，純粹是一種「玩詩」的心態，「詩妻詩子詩女人」，快樂就好。

雪山盟——隨台大登山會登雪山紀行

壹、D日：緣續緣（註①）

我們自向陽山歸來，開始磨刀霍霍
日日呼喚雪山過來，山不來
終於我們組成一支重裝山地作戰步兵師

層峰任命山地戰專家顏瑞和教授為少將師長
向雪山挺進，準備發起攻勢作戰
師長三令五申要求大家嚴守戰爭法及叢林法則
畢竟，公平、正義、環保與安全是最高的自然法

貳、D＋1日：攻佔東峰，駐紮三六九山莊（註②）

隊伍沿著東方古棧道前行，過思源埡口
在武陵農場進行戰力整補及武器裝備保養
七家灣溪低唱扣盪心扉的迎賓曲
櫻花勾吻鮭置身世外，不管戰爭與和平
依最新情報訊息顯示的敵、我、天、地、水
重新修訂山地作戰計畫：
後勤醫療中心開設在七卡山莊
以雪山東峰為先期奪取的中間目標
而主峰為勢在必取、志在必得的主要戰略目標
翠池南北之線為必須固守的最西防線

紅鶯、熊鶯和黃尾鴝組成聯合空中敵情偵察隊
政治作戰工作由烏鴉負責，重點放在心理戰
沿途不斷有攻防、遭遇戰，也有意外的演出
萬水千山挾持大太陽無情襲向我軍
烏鴉啦啦隊「啊！啊！啊！」最能鼓動人心
野莧菜、山茼蒿、山蕨和龍葵都聲稱是最佳糧草
腎蕨、藤蔓自願提供戰備用水源
師長提醒眾將士，敵人可能挾一切生物與無生物而來
最可能煽惑雨傘節、眼鏡蛇、龜殼花或青竹絲等
向我軍發動劇毒生化作戰
嚴防虎頭蜂從空中無預警進行恐怖攻擊
所幸，姑婆芋自稱是虎頭蜂的剋星
南燭、雲杉、山羊身和二葉松坐觀戰局屬中立主義
台灣赤楊是利他主義者
玉山箭竹是種族主義者（註③）
而石上青苔、樹葉或高山症都可能是恐怖主義者

隨時對我軍進行「不對稱作戰」

品田山的摺紙遊戲已進行了一千萬年
正午時分，攻佔東峰，並與武陵四秀形成對峙局面（註④）
為有利於主戰場的戰略考量及重新檢討戰略佈署
師長下令，先在三六九山莊紮營

參、D＋2日：佔領雪山主峰，向翠池追擊

五點發起拂曉攻擊，主力指向雪山主峰
六點通過台灣冷杉佈下的「黑森林」迷陣
情報指出陣中有「黑武士」出沒（註⑤）
他原是天生帶有「V」型圖騰的雪山戰將
現在不「V」了，是我們「A」了他
我軍快速奪取黑森林，續向主目標步步推進
不久，在主目標前緣碰到「冰斗圈谷」地障
將士奮勇前進，通過攻擊發起線

八點攻佔雪山主峰，立即向最高統帥部報告：
任務圓滿達成，我軍無損傷
向北可以瞰制大霸尖山及武陵四秀
控領台灣東西部交通孔道，以利兵力轉運，
開放聖稜線成為南北戰略走廊
在雪山主峰可以監聽到亞太地區陸海空情報活動
掌握國際全般態勢，確保國家安全
稍事整補後，師長頒佈新命令：
少數兵力留守主峰，固守陣地，採戰略守勢
主力即刻指向翠池方面追擊，全面採取戰略攻勢
有進無退，務必決戰境外

我軍一出發就碰到天敵，一波波排山倒海而來
計有石瀑、石坡、石牆、石卵、石城、石壁
更有碎石、巨石、确石、砂石、磐石、礁石
亂石砳砳，結石疊疊

一堆堆磊磊天上來，一排排礧礧墜向地獄
千辛萬苦通過天敵設下的砦碉
就碰到眾多玉山圓柏在打太極拳、跳街舞或比武
或品酒、對奕、踱蹀、雙飛、打坐、練功……
最勵害是一群雪山飛狐在萬呎高崖上高來高去
在這千載良機，諸山長老、各方神佛及無名小子們
都嚴守「雪山盟」約定在「雪山論道」
都活出了他們自己的模樣，是千年修行的功力
通過圓柏的千年平台，就到翠池
敵人早已逃竄一空，只有她不走，守著青山
原來翠池是一個世外村姑，秋波清麗，眉宇多情

還有土地公陪著，顯得有些寂寞
我軍在此舉行隆重祭典，感謝天地諸神助我，並祈求
國泰民安、風調雨順、將士平安，台灣大學校運倡隆
公平、正義、環保得以落實執行

肆、D十3日：凱歌與傳承

戰事底定，凱旋歸來
在樓蘭吃西瓜，痛飲黃龍酒
並策訂不久後的「大霸尖山作戰計畫」
走在椰林大道上，椰影搖曳生姿
傅鐘、傅園在校園中不動如山的座落著
只是對你耳提面命，如身處黑森林，若夢
「萬吠的高牆　築成別世的露台
落葉以體溫　苔化了入土的榱樑
喬木停停　間植的莊稼白如秋雲」（註⑥）
此後，好山好水住在我心中，我是那山
當我年華老去，雪山月色依然青春如酒，貌美如花
黑武士與人們共享群峰翠綠
台大登山會的後生定然可畏
必將重書「雪山盟」記錄，創造歷史新頁

註釋：

①今（民九十一）年五月「三叉向陽嘉明湖紀行」（見台大山訊，九十一年六月廿日年版）後，大家相約七月雪山行。此次雪山行還是由顏瑞和教授領軍，陳義夫先生等任嚮導。登山會會長張靜二教授例外的親自督陣，時程從七月十八到二十一日。

②雪山東峰標高三二〇一公尺，「三六九山莊」在東峰以西半個多小時腳程，登主峰者多在此紮營。

③台灣赤楊會分泌一種物質，以利四週各種植物生長，因此，其四週會有各類茂盛樹種。玉山箭竹會分泌一種物質，制壓其他植物生長（排他性高），因此，我們所見箭竹林都是很大一片，其他植物難以生長。

④武陵四秀，是桃山（三三二五公尺）、池有山（三三〇三公尺）、品田山（三五二四公尺）、喀拉業山（三一二三公尺）。

⑤「黑武士」指台灣黑熊，胸前有「V」型白毛。

⑥前輩詩人鄭愁予詩句，他在一九六二年也登過雪山。見「鄭愁予詩選集」（台北：志文出版社，二〇〇〇年十一月版），頁二二五。

另外，「摺紙遊戲」是一種造山運動，品田山因而成爲特殊的景觀。「聖稜線」是指雪山、北稜角、凱蘭特昆山、雪山北峰、穆特勒布山、素密達山、布秀蘭山、巴紗拉雲山到大霸尖山間，群峰的連線，綿延十五公里，高度都在三千公尺以上。此外，腎蕨的根部與滕蔓是山中的「貯水器」。若不幸遭虎頭蜂螫傷，可用姑婆芋根部搗碎敷在蜂螫處，甚有療效，但姑婆芋全株有毒不可食用。

小結我的寫作生涯，似乎我是一個不干寂寞者。不管我寫甚麼?寫大陸政策與兩岸關係，寫國家安全、做翻譯、歷史研究、寫詩等等，不外寫一個「真善美」的我，特別是「真」，因為「真是我」。縱使是客觀世界的人物與事務批判，人我之間的兒女情長和愛恨情仇，都仍是一個「我」，我希望做到「我即眾生，眾生即我」。

一個人活了半個多世紀，

他應該有「所得」，

他絕不該「虧本」。

假使有人說他虧本了，

他該盡快檢討，

使下半輩子「轉虧爲盈」。

我的半輩子「所得」是甚麼？

就是五十不惑，

這可是無價珍寶。

我看到許多人，

六十、七十……

還成天活在「疑雲重重」之中，

眞是虧大了。

6 五十不惑

——半輩子的「所得」

死黨的女人們，愈來愈有看頭！92 年 8 月拉拉山。

67年到69年駐守馬祖高登島掠影

士官兵與無名英雄銅像。

指揮官、各連長、連輔導長，後排左一是作者。

在高登台，68 年春節。

與連上官兵弟兄合影，我們平時任務是驅離大陸漁船，數千機漁船圍困高登島是常有的事。

與同學遊省議會，左起：解定國、陳鏡培、我，60 年

與同學共遊梨山，59 年，這年大雪，左起：解定國、林義俊、我。

82 年，在花防部砲指部當副指揮官，與同學袁國台兩家人參訪慈濟。

長青一家人（含狗共17位），92年暑假。

在同學林吉郎的農莊，77年。

與同學出遊，左起：莊岳飛、郭榮州、我。62年。

回歸到普通人的基本面

人的基本面就是一個「人」，一個活生生的人，一個物種，應該有他的生物本能。良知良能是人的本能，貪生怕死愛財也是人的一種生物本能。民國九十二年四月開始，SARS（嚴重急性呼吸道症候群）流行，有許多無畏生死的醫護人員，如林重威、陳靜秋等人，因抗「煞」戰役而陣亡，他們的情操和以前的林覺民七十二烈士一樣，等同偉大，值得入祠忠烈寺，千秋萬世受人敬仰，他們把人的良知良能發揚出來了，他們真的洞澈「明心見性、見性成佛」。反之，也有臨陣脫逃的醫護人員，最近媒體和立法委員大力攻擊的總統女婿和女兒，還有許多辭職的醫護人員，吾人何須太過苛責呢？「趨利避害、貪生怕死」也是人的一種本能，如果是你，你要如何選擇？

年青時代總免不了雄心萬丈，霸氣十足，以為「人定勝天」、「人是萬物之靈」。在諸多客觀條件調教下，決心使自己成為「將相本無種、男兒當自強」的典範，於是把自己的人生目標、期望都訂的很高，以先聖先賢為標竿，強求自己未來要當能人、賢人、強人、大將軍……，有段時間還想當菩薩「普度眾生」，救濟萬民，想像自己是超人、無敵鐵金鋼……，可以為所有親戚、朋友、親人及有困難的人……解決問題。

其實回頭來檢討，目標沒有達到，期望都落空，你根本還沒有替誰解決問題，自己就先成了「問題人物」，還滿肚疑雲，大惑不解，但久而久之，不斷探索思考，終於不惑。所以，你可以說「不惑之果」是從疑雲重重的「惑因」推演出來，只是五十不惑，比孔子期望的晚十年，也無妨，「聞道有先後」嘛！「次目標」達成也算好了！

不惑的我，現在不做能人、賢人、強人……做我自己，所謂「五十不惑」，並非對萬事萬物已無惑，更不表示我能解開宇宙間的一切疑惑，許多世間的事，存在的本質和表象都是惑，例如社會之有黑暗，有權力的地方就有貪污腐敗的事，乃至所謂真理與謬論、道德與法律、合法與非法、公平與不平……加以解析後，處處是惑，有心人加以曲解利用便釀成「人禍」。有佛就有魔，有人就有「鬼」

這此客觀環境的「人惑」和「人禍」，古今中外以來都是存在的，即然始終存在便是「常態」，你便不須「先天下之憂而憂，後天下之樂而樂」，回歸到原來的基本面做一個普通、平凡的自己吧！不是有一個寓言故事？有個主人養了一條狗、一隻驢，狗每天看到主人只須搖尾巴就能得主人歡心，有吃有喝，驢要在磨坊做工才能溫一頓吃，和狗一比，驢子愈覺這世界太不公了，牠決定向狗看齊，終於有一天驢子等到主人回來了，牠要搶在狗的前面上去向主人搖尾巴，主人見驢子衝上來，心急之下順手拿起棍子痛打一頓，驢子拖著受傷的身心又回到磨坊。

所以，不惑是回到原來的基本面上做你自己，不適宜做大將軍便不要強求自己去做大將軍，不適合到政要面前搖尾巴，刻意去搖不僅四不像且得反效果。是一條狗，做狗該做的事；是一隻驢，做驢該做的事；是普通凡人，做普通凡人該做的事。例如有些人天生很適合做「走狗」，你去做硬是不像。

回顧蒼白的童年與啟蒙的少年，一路跌跌撞撞走過澀滯的歲月，戎馬倥傯三十餘載及對「政壇」上的某些堅持，並用寫作探索「惑源」；軍旅生涯過程雖險些幹了對不起國家、人民的事，差點砸掉「黃埔」這塊金字招牌，不經一事不長一智，軍旅生涯最後的五年有機會在台灣大學服務，親眼目睹各種不同價值與意識形態充份自由的辯證，並在關鍵的決戰點上，親臨戰場觀戰、助戰與參戰。

還有，半生信仰的三民主義、國民黨政權；及「萬惡共匪」和「台毒」等，都在數年之間從絕對性價值信仰一路潰敗下來，言論和思想都澈底得到自由，這就是回到基本面，尼采把人生分成駱駝→獅子→嬰兒三個層次，這個「嬰兒」就是人的基本面，本來的面目。

為甚麼人要經過幾十年的追尋？才又回到自己原本站立過的「原點」呢？或許客觀環境（政壇或事業上的利益）迷惑了你！但你為甚麼受到迷惑呢？還是應該怪自己吧！

人性如何？是善？是惡？

許多高僧大德，如中台山惟覺、慈濟證嚴和佛光山星雲，都說過「明心見性」、「見性成佛」的話，認為人人都是菩薩，但我們放眼看去，有幾個像「菩薩」的人。現在的台灣根本沒有一個是「人」，不是嗎？從「藍色」人的眼睛看「綠色」人，全是一群不分是非善惡的魔鬼；反之，綠人看藍人，也是一群豬狗（我親自聽到的），悲哀啊！

又是一個惑人數千年的老問題，我們從小所受的教育都說「人性本善」，但你去對現在的國高中，乃至大學生做問卷調查，以台灣社會之現狀為範圍，還有幾個孩子會認同老師說的「人性本善」，當然這是爭議性很高且難有共識的問題。

就算我們這些成年人對這個問題也有很多疑惑，叫你認同「人皆善類」可能心有不干！說「人性本惡」嘛！卻發現社會上也有許多光明的人性照耀著，讓許多人感受到一些溫暖。換言之，你對人性是充滿大惑不解的，在紅塵打混幾十年後你會發現用血型論人性不可靠，星座更是一派胡言，心理學也很弔詭。如果你已不惑，相信你對這些問題你會循著主、客觀兩條途徑參悟其中門道，由此通向不惑是不是？

第一、「客觀的分類是被利用的」，怎麼說呢？客觀的分類，指的是外界訊息對善惡已先訂出標準，讓你在懵懂未知的情況下接受那樣的標準，並進而內化成爲你思想的一部份。例如在戒嚴時代我們對大陸的共產黨人，全都定位在萬「惡」的共匪，必須「殺朱拔毛」；對島內外那些有台獨思想的人又如何呢？統治者教化子民們，他們非善類，是匪徒，是毒草，但是，環境一夕之間改變，統治者立即要求我們改口，壞人都在一夕間變好人，有的還是我們的「父母」官，父母當然是善人啦！各位看倌，壞人有可能全部同時「放下屠刀，立地成佛」嗎？絕無可能，眞相就是統治者隨時依需要訂標準，如此而已，說的更白些，廣大的人民群衆都被統治者利用了。以前的統治者如斯，現在，未來皆如此。

不惑的你，孔孟的善惡論不可盡信，統治者的話更千萬不要當眞，外界的分類都要存疑。相信你自己吧！你說人性善便是善，是惡便是惡，無善惡也好，你有充份的「自由心證」權。

第二、「主觀的見證也不全是實相」。又怎麼說呢？在任何職場上你一定見識過人性最劣質、最齷齪的那一面，而且還頗爲「普遍」的，你可能快不相信自己的眼睛。像李登輝、陳水扁、李鴻禧等人，嘴巴說著慈悲啊！包容啊！感恩啊！一面伸出血淋淋的雙手，活生生的撕裂族群，嫁禍給泛藍。然後，轉個頭去上教堂，或對人說「愛與和平」，眞是性「惡」的一群人。

滿嘴仁義道德，一肚子男盜女娼；

出賣你的人，原來是昨天當著衆人讚美你的人；

你欣賞的長官，後來才發現是他踩著你往上爬；

其實所見的長官，都是踩著部下爬上去，高明與否；

用你的時候苦苦求你，不用了就一腳踹開；

大功告成的時候，好處都給人撈了，你只啃根骨頭；

有的長官連骨頭也不會吐出來的……

借錢的時候，苦苦哀求一定還，最後都不還。這樣的人我在二十七歲之前碰過三例，後來我改變態度，只「給」不「借」，接濟一時則可，其他免談。

當然，職場上還有一種現象幾乎「與人並存」的：許多人在畫圈圈，大圈裡又有小圈；圈外又有圈，是誰的人馬就是誰的人馬。還有些人每天都在分敵友，拿著顯微鏡看人仔細分敵友，盤算著誰會暗算誰！下一步誰會整誰！自己則苦思先下手為強的對策……以上這種人性最黑的一面，看倌你在職場上或社會上真是隨處可見，日日上演。

還好，你可能和我同樣不惑了，我們對人性的光明面依然有信心，中華兒童福利基金會的認養活動、九二一大地震捐助或慈濟的社會工作等等，我們不僅沒有落人後，而且發現社會各個角落原來也是到處有愛，處處可見人性之善面。

不惑之年終於了悟，人性之善惡並非外界告訴妳的，而是自己內心的一念之間，心著善念見了毛澤東、陳進興也會有善意；心著不善（有惑、有惡念）見了菩薩、耶穌也會有抱怨，你所經歷的不論客觀或主觀，都只是對人性的「瞎子摸象」，哲學家說「人性之中有神性的成分」，人類學家說「人性之中有獸性的成分」。對我來說，都對也不對！人性非善非惡，亦善亦惡，是善惡的混合體，是善是惡也都是自己內心一念之間的事。

綜觀古今，明察現狀，一切的人不管性格或行為，都有黑暗面和光明面，縱使偉人、完人也定有「不可告人之事」。從孔子、柏拉圖……林肯、蔣中正、毛澤東……乃至現在的陳水扁、連戰、宋楚瑜……去分析他們，每個人儘管有了不起之處，也都有齷齪事。

人性的善惡，用分析法得不到答案，人是不能分析的；人性的善惡，用綜合法才有答案，人是善惡的綜合。善惡不僅是「一念」也是「一體」的，如「四十二章經」第四章曰：「佛言，眾生以十事為善，亦以十事為惡，何等為十，身三，口四，意三。身三者，殺，盜、淫。口四者，兩舌、惡口、妄言、綺語。意三者，嫉、恚、癡。如是十事，不順聖道，名十惡行。是惡若止，名十善行耳。」從佛法觀點看，世間法是「相對法」，有佛就有魔。

因為善惡綜合一體，故不能分析；反之，亦然，所以無善無惡，非善非惡，根本就不是善惡的問題，只是存心一念而已。只是這「一念」也還是爭議多多，歷來有兩種看法。其

一、在內心想要行善，用嘴巴說要行善，並未在「行」的層面上去身體實踐，仍不算是善。其二、內心存善就算善，那怕行出惡果，也算善；內心存惡就是惡，那怕行出善果，也算惡。

從應然道理說，人心藏在深處，無從窺知，甚至許多人還不知自己心中想甚麼？所以，存心是不明的，善惡還是要由公正客觀的標準判定，「實踐是檢驗真理唯一的辦法」。人心的善惡，從表現的行為判定最是好辦法。

從實然道理說，用取法乎上的標準又太嚴了，簡直「滿街不是人」。所以，我寧可取法乎下，內心思善便是善，這麼一想便覺「滿街都是聖人」。如此，自己日子也好過些。

男人之惑：事業和女人

每個男人一生有惑，未婚時他像貓一樣逗弄著身邊寵物，想著如何吃她一口！佔為己有後，他終於安全的解決了性問題，但他仍不斷「磨刀霍霍」。他又想著，有甚麼機會可以逗弄逗弄更可愛的寵物。

縱使是出家的男人，高僧大德，大師大和尚，也都把女人看成是一生一世的大敵，兩千多年前釋迦牟尼佛告誡他的弟子們，務必記好：女人的眼淚，女人的微笑，要看做和敵人一樣；女人俯下去的姿勢，垂下去的手腕，要看做是收魂攝魄的鐵鉤；女人的秀髮，化裝的面容，要看做是綑縛人的鐵鏈，謹慎管制自己的心，不許心放肆！

當精子和卵子要約會時，為甚麼只有精子拼命的向前衝？而且成千上萬個精子同時向前衝，只有一個到達目標，為甚麼卵子不向前衝？為甚麼卵子可以待在原地等待好事完成？這是不是先天就設定好的？這是不是男人和女人的「基本面」？

原來，男人天生是要衝業績的，他不僅要打敗同類，而且要佔有他想要的女人，才算「事業成功」。一個一事無成，一塌糊塗，沒有事業的男人，女人視如破鞋。

純就一個「男人」的觀點看問題，有兩件事若沒有得到圓滿（至少滿意）的答案，活到一百歲也還是「滿腹疑雲」，別提他會有「不惑之年」了！這兩件事就是事業和女人。這兩件事可謂男人一生之惑，專家說男人一生最緊要是事業、其次是女人；而女人一生最緊要的事業，是如何經營一個男人，真是神來之筆，首先談談男人在事業上怎樣才能不惑。

談到事業，那個男人不眉飛色舞？磨拳擦掌？都想有生之年把事業做的轟轟烈烈，愈大愈好，絕大多數男人有一個信念：有事業就有一切（包括女人）。不過我並不是教人如何做大事業！而是針對可能不惑之年（約四五十左右）的男人，如何看待眼前的事業才能不為所惑。

想一想，男人到四五十上下，不論如何打拼，事業江山八成已有了定局。（此處暫把是：

「事業」界定為房地產、現金、股票、基金、中小企業主管級、民意代表、首長、公家機關中上主管、律師、名利、地位……，其中一項或多項已有相當水準以上之規模。我把這個規模濃縮成一個「財」代替，財大到相當大的量，可以讓人兩眼一亮。）到了這時候，你上雖不足，比下多有餘」，但你還是死拼的幹活，內心仍覺不足，兩眼不由得往上看，看到的盡是：

能像張忠謀、王永慶那樣多好，唉！台灣能有幾個；

陳水扁不過是個律師，呂秀蓮不過是個女權工作者，還有那陳唐山、張俊雄……當年不過……時也運也；

吳伯雄每年光繳保險費聽說是幾億；

以前同辦公室的老張，和我相同月薪不八、九萬，五年前開始做股票，從三百萬變到現在一億二仟萬；

放眼望去，一年賺百萬的大學生已不是新聞，財富上億的大概滿街都是，左鄰右舍那一家不是身價千萬。再看下去不怪祖傳家業太少，也要怪自己「少小不努力，老大徒傷悲」了！內心如何能平和？想要再拼一場，也許五十歲的你已感覺到「望崦嵫而勿追」。如果你已是「天命之年」，我勸你別豁了，「洗手」吧！不論如何打拼永遠都是「比上不足，比下多餘」。還有更重要的原因，㈠認清現實吧！人生有命有運，有人生下來就繼承一個王國，你有嗎？㈡前面所提一般凡俗之人對「事業」的界定是很片面的，並能代表人生的全部，甚至更珍貴的東西在這事業裡表現不出來。㈢我們不斷追求事業，可能是為滿足成就感或完成自我實現，這個觀點稍顯狹隘；應該說滿足成就感或完成自我實現，除了事業以外還有很多其他方法。㈣知足就是富有。㈤活到老，幹到老的時代過了，多留些時間給自己。㈥人到半百該收心，也該收操了。

我在軍旅生涯之後打定主意不「豁」了，因己不惑；寫作、旅遊、登山、義工，難到不算事業嗎？

再說男人的第二個「惑源」——女人。我敢打賭，不論已婚或未婚男人一生都在追求他理想中的女人。他現有的女人（妻或其他）如果不是他理想中的女人，這男人永遠不會中止追求的企圖心（行為），除非他已經或曾經擁有（短暫的一下下），這男人便不去追求什麼！因他不惑。為什麼此一經歷，男人便不惑？這個過程很奇妙，文字不能表達，親身體驗的男人便知道。

有個弔詭的問題須得著墨，男人「理想中的女人」是那一類型？或是應有那些特質呢？所有男人的答案大概不外是：漂亮、溫柔體貼、善解人意、會撒嬌、有女人味、有品味、有智慧……。男人尋尋覓覓，終於有一天，這樣的女人出現（其實女人也在找理想中的男人），有了完美的互動感覺，男人的夢已圓（可能正好也圓了女人的夢）。此時此刻就是不惑，但圓夢通常很短暫的，為什麼？必竟夢終究是夢，睡一晚很快天亮，回到現實世界，人醒夢結束。為什麼短暫的夢會使男人不惑呢？這個問題不易解析，如同古代禪師引導修行者，徒子老不能開悟，禪師一棒子打在他腦袋上，一剎那間悟了「不惑之道」。

女人終究是男人的惑，愈是「完美理想的女人」，愈是男人一生揮之不去的惑源。佛經「四十二章經」第二十三章曰：「佛言，人繫於妻子舍宅，甚至牢獄，牢獄有散釋之期，妻子無遠離之念，情愛於色，豈憚驅馳。雖有虎口之患，心存甘伏，投泥自溺，故曰凡夫，透得此門，出塵羅漢。」另外，第二十四章「色慾障道」、第二十五章「慾火燒身」、第二十八章「意馬莫縱」、第三十章「欲火遠離」、第三十一章「心寂欲除」等，都在闡明遠離女人，遠離色慾，可見女色是人世間最大的惑源，是男人累世之惑。但女人也是成就男人，使男人成道證悟的試金石。第二十六章「天魔嬈佛」又曰：「天神獻玉女於佛，欲壞佛意。佛言，革囊眾穢，爾來何為，去，吾不用。天神愈敬，因問道意。佛為解說，即得須陀洹果。」

四十二章經所言，是佛（或出家修道者）的境界，吾等凡夫，如何做到絕色美女坐於懷而說「吾不用」？我舉這例子，主要解釋女人是男人一生中最大的「惑」，只有佛可以澈底解決這個惑。我雖不能解決，也無力跳脫這個惑，至少也想通一些道理，女人真是一種「寶貝」，一種讓男人達到不惑的寶貝。

其實，三十年前我便在尋覓這種可以叫男人不惑的寶貝，我後來終於找到了，我們通常從男人角度去看女人；反之，女人也一定在找她的寶貝，一個積極、開朗、誠懇、有責任感、有智慧的男人，會是她最愛的寶貝嗎？

這是我「不惑」的歷程，事業和女人是決定男人是否不惑的兩大「惑源」，處理不當變成為「禍源」。因此，為確保有不惑導向，避免成為禍源，相當程度的經營管理和戰略指導是必須要做的，這是給天下的男人一個良心的建議。

人生在追求甚麼？你求到甚麼？

這又是一個人人都有的問題，可能使人存疑一生一世的問題。人生的學習追求到底要達到甚麼程度才算圓滿？其實沒有終極答案，因為人人所要不同，偏偏又讓人滿腹疑惑。我們可以仔細觀察社會上各個宗教派別，天主教、基督教、回教、佛教、乃至其下各種支脈，都看法歧異。以佛教為例，認為人生有三個追求的階段，即自覺、覺他和覺滿。

初階段的自覺，是覺悟到宇宙真理和人生實相。何謂「宇宙真理」？花開花落也；何謂「人生實相」？生老病死也，即是人生本來之面目。綜簡言之，即「緣起性空」而已。

中階段的覺他，是以先覺覺後覺。對眾生淪於無常苦海產生相救的使命感，並付之行動實踐，使眾生也能覺悟起來，最高階段的覺滿，是在自覺和覺他的二種基礎上，全都做到功德圓滿。

按以上三階段，自覺是自利方面的覺悟，以「洞知自己和客觀事務」為悟道對象，屬「在明明德」的層次。覺他是利他方面的覺悟，以度化眾生為志願，救拔眾生為對象，屬「在親民」層次，覺滿是自他兼利為知行合一，以自利利他，福慧圓滿為唯一目標，屬「止於至善」層次。

若以此三階段為人生追求的標準，則我們放眼望去，能按自覺→覺他→覺滿順序，步步前進的人，真是極少數。更多的人是處於迷昧、無覺的狀態中，在不知不覺中追求、追求……絕大多數的人在四十歲前是如此的。

絕大多數人到了四、五十歲的時候，就急著要問自己一個問題，「人生在追求甚麼？你求到甚麼？」。當然，在「少年維特的煩惱」時期，也可能煩惱這些問題，但那個年歲迷迷糊糊，通常不清楚自己在幹啥。到了有些歷練的中年，看看自己的同輩一個個爬的高高的，這個問題在內心世界裡愈感迫切要得到答案，有許多人在得不到答案後，乾脆不了了之。有時候又很難善了之，蓋因所要所求尚未到手，乃「日有所思，夜有所夢」，食不知味也。

一個普通、正常的平凡人，平生所要追求的，不外是相當程度的金錢、財富和知識，娶（嫁）一個自己心中想要的人。只有少數人是例外，如革命者（一直想當領袖的人）、苦行僧（詩人周夢蝶）、出家人（星雲大師等人），他們另有所求或無求，偏偏這世界上普通人佔多數，小老百姓也罷，革命家也罷，想必夜闌人靜躺在床上，還沒睡著前仍會想到「我追求甚麼？我求到甚麼？」

這個問題在你心中如果沒有自己的答案，任其「懵懵懂懂」過一天算一天，有和沒有差不多，要不惑也是很難的，但要回答這問題也不容易，有人回答：求官位、名利、事業、知識、賺錢……或有人說「娶到她，我一生就滿意了！」或者你也可以學許信良說「我一生追求的目標就是當大總統。」……以上所言都對，你能說不對嗎？當醫生懸壺濟世是好的生涯規劃，我三十餘載軍旅生涯也覺得「夠本了」，像王貫英老先生在台灣拾荒興學半個世紀更是偉大的事業。但要對人生的追求說的更俱普遍性、圓融，好讓最多數人能夠認同、接受，有賴用下列圖解詮釋之。（參

全人(holistic person)的思考
—活在關係中的人

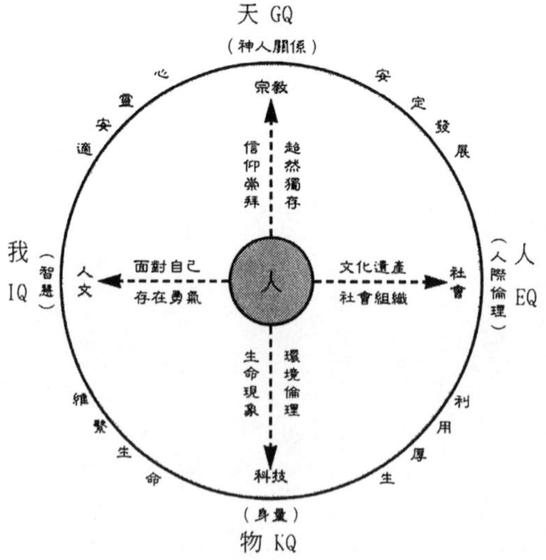

美滿圓融的人生示意圖

考中原大學，邁向全人，87年3月）：

IQ：先天智慧商數。

EQ：人活在社會中的關係商數（情緒管理商數）。

KQ：後天努力學習而得到的客觀知識能力（學識商數）。

GQ：心靈內在對生命終極的追求，對永恒的渴想。（可稱：上帝商數、宗教商數、或靈性商數）。

人只有在IQ、EQ、KQ和GQ四種關係面向都能獲致均衡發展關係，始能獲致美滿圓融的人生。此四者除IQ大致是定數，餘三者全在人的成長過程中逐漸修習而得，可謂「活到老、學到老」，所以人生所追求的真是永無止境。但是，現代人大多失去人生追求的目標與內涵，考其原因是在錯誤的現代化、科學掛帥導向之下，現代人只是一個單面向的人（**One-dimensional man**，例如IQ或KQ的巨人，而EQ或GQ的白痴等，都屬此類人），這種人只活在物質的需求、肉體的情慾反應中，不知不覺的人成為一種「物化」（**Reification**）的東西，也許有很高的IQ和KQ，可惜只是一個「沒有受過教育的專家」（**Uneducated expext**），結果活的越來越不像個人的樣子，人的痛苦失落，原因在這兒。

人生即如前述活在四種關係面向中，那麼欲求美滿圓融的人生，就必須整合天、人、物、我四個關係間的和諧。在人生成長、追求過程中，愈早獲致此四個關係的和諧，愈早達致不惑；如果不幸，成為「單面向的人」或「沒有受過教育的專家」，想要不惑，難了！

自我反省檢討半生以來在這四個面向的努力，不足者是每個面向都尚未達到卓越、滿意的程度，頗有「學海無涯，勤亦無岸」的感覺；惟有不惑者，是我很早（約高中時代）就知道人生要均衡發展，不要成為「ＩＱ巨人，ＥＱ白痴」。在四個Ｑ當中，我的ＧＱ最為薄行，若稱「上帝商數」或「宗教商數」，則我可能受中國式民間信仰及儒、佛、道三家影響，至今並無所「宗」亦無所「教」。雖在少年（高中時）時曾在面臨極大痛苦時（見第一章），幾個死黨引領著正式受基督洗禮，一時之間有得到寄託的感覺，事過境遷數十年來都未上過教堂。老友之妻林麗華女士也曾費心帶領我入教，但我始終仍是一頭「迷失的羔羊」，不知是她功力不足，還是我和上帝無緣。

在思想、行為上，我卻頗接近佛家，就人生體驗過程中「無常」和「空」——「空即是色，色即是空」很合乎事實，亦經得起科學驗證與分析。因此，我頗能認同佛家其他方面的觀點。早年也有出家念頭，卻始終沒有進一步行動，或許沒有佛緣，還是「塵緣未了」！在這個領域我並無疑惑，我自有主見，清楚自己需要什麼！

過去的前半生，總是一直在追求些甚麼！求這個，求那個，要這個、要那個，於是生活在緊繁庸碌之中，五十歲之後，我常想可以不求甚麼！可以不要甚麼！

不惑者過怎樣的生活

釋迦牟尼佛三十一歲得道，孔子四十不惑，我五十才不惑，但三者過不同的生活。

「該過怎樣的生活？」似乎也沒有答案，大千世界各有各的日子要過，有錢有勢者，腰纏萬貫者、小老百姓……不過我是專指「不惑者」。一個不惑者的生活可用「簡單」詮釋之，甚至每一個人若能簡化自己的生活，也是一種很好的「修為功課」，對自己追求不惑有很大助益。這許多人在青壯年紀的生活，可能難免是趕場應酬、吃香喝辣及左右逢源可以形容的，但狂飆後會歸於寧靜，炫耀後終要回到平淡，一個年到半百的正常人，最應該做的就是簡化自己的生活，惟我並不會簡化到「清貧」的程度。

所謂「清貧」生活，並非一般所指貧窮，而是指人由自己思想與積極的意志，實踐一種簡單樸實的生活型態，澈底簡化自己的生活需求，其基本理論認為唯有能實踐「清貧」的人，才不會為物慾所攫，並獲得完全解放自由，與自然同生共存，這是近年日本所流行的「清貧思想」，但我認為中國傳統軍人所過的就是「清貧生活」。在現代社會除出家人（修道者）外，一般人是極難「清貧度日」的。

但美國社會提倡的「簡化生活」則較易於實踐，故能得許多人接受，不論你住鄉村或都市，並不要求毫無物慾，而是把一切食衣住行娛樂簡單化，清除掉不用的東西，把生活中的需求降到自己可以輕鬆管理的程度。有一個基本理念要把握，簡化生活之目的是改善生活品質；換言之，若簡化生活後並沒有改善生活品質，甚至降低生活品質，這表示你一定有某一方面的做法有錯。

按我近年實踐簡化生活的原則，應從生活上需求簡化著手，為求與看官有明確、方便、簡單的分享，條列以下的方法做參考：

㈠**簡化身上的攜「卡」量**：包含信用卡、金融卡、健身俱樂部卡、百貨公司打折卡……我觀察很多人，「煩亂程度與攜卡量成正比」，丟至最少，甚至一卡在身，比較你的生活品質，試一試！

㈡**簡化需求**：包括娛樂、飲食、購物、服裝、嗜好、流行飾品……能簡儘量簡，看生活是否如常！

㈢**簡化人際關係**：不必要的應酬、送禮、賀卡、儀式，都簡到最少，此不過下乘而已。其上乘者，要把人際之間的鬥爭、互陷等惡行惡狀從內心抽離，才能根本簡化人際互動關係。「君子之交淡如水」才能可長可久。

㈣**簡化自己的生活圈**：例如一個在學校教書的老師，若只在課餘買些股票（不跑股票市場），晚上又想跳國際標準舞，課餘搞直銷，每月再到香港「跑單幫」拿貨賺銀子……，我見到一些人，自以爲長袖善舞，黑白兩道通吃，多看他幾年，大多混不久，且生活品質日趨低落，錢容易到手更容易出手。

㈤**簡化兩性關係**：在正常情況下兩性關係原本簡單，未婚者是情人還是朋友？已婚者除夫妻之外便是朋友關係，若全在定位上眞是最簡化，簡單就是美、享受與安全。偏偏兩性關係自古以來就有許多例外及複雜面，如果在現實環境的需要下，有多重關係共存（如夫妻之外的情人、紅粉知己……），最好也能簡化才能減少負作用，增加享受與安全。不澈底簡化是不能「存活」的。

以上不過粗淺體驗所得，走過半個世紀深覺簡單的生活，清貧的思想，才是追求「生命之真、生存之善、生活之美」的途徑。軍旅三十餘載，如今「懸車」，一介布衣草民，最好的生活便是粗茶淡飯，一甌清茗。最深刻的感受，是半生竟如白駒過隙，百年豈不轉眼間？「浮生若夢，為歡幾何？」不要把生活弄得太複雜，破壞了美好的光景！

小結本章各節所述，我從五個途徑評量不惑，這些都應是有道高人的秘笈，只是吾等平民百姓的體驗，我由此得到不惑，把藥方提供給看倌您參用：

做一個普通人，做您自己，不要做超人；

人性和社會的善惡、黑白在你心中有了平衡點嗎？

男人之惑：女人和事業，解惑了嗎？
人生在追求什麼？你的目標放在那裡？
是否開始進行簡化生活工程？深刻體驗這五個不惑藥方，才易於觀透世間的共相與殊相，洞察人事的實然、概然、應然與所以然的道理。

萬事萬物都有因有果，
今世的我必有前世的因形成。
今世又作因，
來世又收果。
所以，
我寫自傳，
在範圍上從
前世→今生→來世。
這種過程是連續的邏輯結構。

7 大未來

——前世、今生到未來

繁衍綿亙，生生不息，83 年綠色山莊。
我背上背的是出生不久的老三。

遊朱銘美術館，89 年 7 月。

有一陣子確實很想把保險做好，中間掛彩帶的是我師父，她可是保險界的「東方不敗」。可惜我從軍人這個「男人國」轉進到這個「女人國」來，心理調整欠佳，這是女人的戰場，小生有些怕怕。

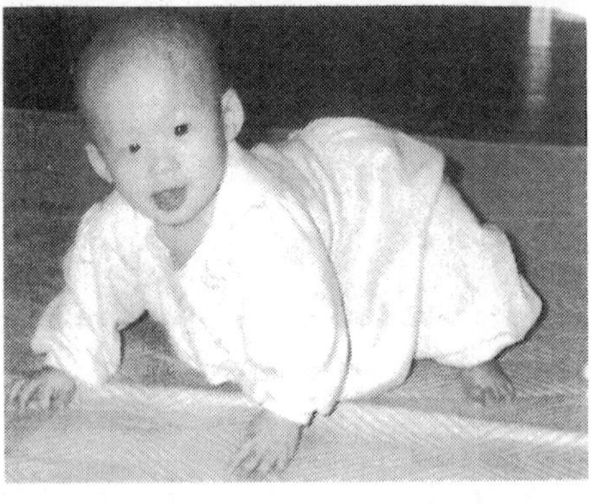

上：千禧年吾家有喜：媽媽北師院畢業，老大師大附中畢業上了陽明醫學院、老二再興畢業上了景美女中、老三再興幼稚園畢業直升小學一年級。我嘛！負責他們統統畢業，89 年 7 月，台北。

下左：爸爸手中抱的是長孫陳牧宏，71 年在中興嶺眷村。

下右：有了傳承，大未來就會覺得寬心，83 年老三出生後數

92 年元月在台灣大學演講「兩岸關係」暨新書發表會

左邊是主持人、台大教授聯誼會會長江簡富博士

關於所謂的「第二春」

「第二春」這個名詞不知是誰發明的？表面看來頗吸引人，好像是人有許多春天，有第一春、第二春、第三春……真是不亦爽乎！尤其男人，「春」有不要的嗎？第一春結束後，又想要第二春。

我所碰到的人，尤其朋友們，如果第一春很滿意（婚姻、事業），大多希望一直保持在第一春狀態。但所謂「滿意」是極不容易達到的，也因而不論婚姻或工作，許多人始終在變換中，很難「從一而終」。很幸運，我的第一春很長很長，四十八歲才出現第二春契機。

絕大多數中年轉業，或約四十到五十間提早退休的人，大多會重新規劃出所謂的「第二春」，我也不例外，八十八年二月從台灣大學退休後，就開始找朋友、同學、青輔會及退輔會，參加在清華大學的「高科技經營管理班」；做過人力管理、保險、樓管及科技學院的行政工作等，如此折磨了一年多，我一事無成，回到原點。檢討原因有五，㈠弄不清楚自己需不需要第二春或怎樣的第二春；㈡摸不清自己個性上的「本質」，對「自己」這個「敵人」認識不夠澈底；㈢專長與市場需要不合；㈣自己不肯低就；㈤青輔會和退輔會功能不彰（外界期望太天真了），所謂「媒合」大多落空。

以上無須逐一檢討，舉性向本質說明。我甫告退伍，一頭栽進保險界，我師父是一個保險界的「東方不敗」，我興會淋漓的想成為本行的明星，勤跑了半年後……我告訴師父「混不下去了……」為什麼？保險除專業外，客戶需要不斷「深耕」，三番五番「轟炸」，「磨」下去，「纏」下去，保單才有得簽。偏偏我被自己的個性（習慣）打敗了，從小到大我買任何東西，從皮鞋到汽車，向來只跑一家店、問一個價錢、一次成交，一手交貨，一手給錢，看倌你說我這種人該叫「乾脆」還是「傻子」呢？結果把個性發揮到保險上那會有業績！除了幾個老同學和台大的老同事看在老面子，簽了幾張小額保單，實在是對不起人！

再說「不肯低就」吧！退伍後我也到處打聽「革命夥伴」們在樓管業的就業情況，看到好些當年在部隊當營長、指揮官的中、上校軍官，竟在大樓裡看門站衛兵，我著實心涼了半截，我內心盤算著「好歹是個中華民國的上校軍官、有碩士學位，出版界也混出一點名堂，稱得上是個小作家，絕不能淪落到去大樓看門站衛兵，這一點最後的骨氣一定要堅持。」結果承蒙一個朋友看得起，我到一家樓管公司當企劃專員，一個月後還是走人！

我為什麼要提這些「英雄氣短」的事呢？這些當然是刺激我不惑的元素之一。最重要是告誡與我相同處境的中年轉型者，千萬注意前述五項檢討原因。還有，也要想通某些道理，提早退休或中年轉業大多是對原有工作「怕怕」，第二春若再找個「專職」讓自己「朝九晚幾」，是不是頭上去除「緊箍扣」，又找根「綑仙繩」把自己綁起來？其理甚明。

幾經思考，我把我的第二春界定在「去專職化」（僅保留在某大學的兼課、自由寫作、顧問、旅行等），國外的主題旅行我將要納入重點規劃。過去的半個世紀我和李敖同樣愛台灣，從未離開過中華民國的領土，說來我也算「受保護的稀有動物」了，為何半生不離國門是值得敘說原由吧！第一、我比較屬於向內心尋找悅樂、滿足的人，我在台大時有一個朋友經常「需要」出國，理由是心情不好、很煩啦！必須出國散心，回國數月後又很不快樂，又要出國……如此循環。我則反其道而行，所以我出國的需要和企圖都不高。第二、求知識的方法不同，我屬於「秀才不出門能知天下事」的人，當然「行萬里路」也行。但小時候常聽我母親說「牛從南京牽到北京還是牛」，所以要不要出國行萬里路並不重要，有「得」（知識）才是重要的。「五十不惑」之後我決定做些轉變，至少周遊列國對寫作視野的開展幫助很大。

當我的第二春就職一籌莫展時，我的第五本書已在八十九年三月由時英出版社上市，第六本已準備在年底前推出。六月，我從元培科學技術學院收拾行囊，一路開車沿北二高回台北時正在轉變一種想法：兼職教書、旅行、登山、寫作、當義工，寫教科書給下一代孩子讀，誰能說這不是最好的「第二春」呢？

第二春的重點在「修行」，不在「學習」，學習只能達到「專家」，修行則可以到達

「大師」的層次。此二者不同，學習是愈多愈好，修行卻是「要忘掉一些東西」（引雕刻家朱銘獲頒輔仁大學名譽藝術博士致詞感言）。舉例，打太極拳時，先要記清各種招式，這是「學習」；進入上乘佳境後，招式全忘記了，這是「修行」。如同我的一個文壇詩人朋友吳明興說過，人到半百，不是思考要做甚麼？能做甚麼？而是思考不要做甚麼？或能不做甚麼？

就好像我們常勸一個年紀稍長的人要「放下」，只是絕大多數的人就是「放不下」，五十歲時放不下，六十歲時捨不得放下，七十歲……永遠放不下。而事實上，每個人遲早要放下，財富、名聲、位階、親人……都在一個個放下，所以第二春要學習那些可以放下，用修行的途徑，慢慢的，一個個放下。

學習放下，第二春才能快樂、充實又輕鬆。

怎樣才叫活到老學到老？

前節不是說人到中年要少學習多修行，如何又要活到老學到老？乃是現代社會是一種「學習型社會」，從嬰兒時期開始學「生」，老年學「死」。幾乎沒有人可以從小到老全在「放牛」狀態，我的三個孩子從大約四、五歲開始，就被媽媽釘著（大多時候要「逼」）要學一種樂器，鋼琴或小提琴，每天除了學校功課還要練琴，不用心少不了吃「竹筍炒肉絲」。稍長，要學的更多，我們放眼看去，從都市到鄉村，從各行業到各年齡層，從男女老幼到鰥寡孤獨，都自動或被動的要學習。

學習！學習！學習些甚麼？哈佛大學有名的心理諮商師葛利夫（Barrie Sandford Greiff）在「人生的九個學分，即愛、學習、勞動、歡笑與傷悲、連結、生活、領導、捨棄及把以上當成的遺產。葛利夫已經告訴我們這是一個學習型社會，那九個學分修的愈完好愈能達到人生的至善至美境界。很可惜，我這代的人，中年前很少有人想到這些問題，絕大多數是賺錢、賺錢；升官、升官、升官，再看不到其他了。

活到老學到老，要學些甚麼？每個階段有不同的學習內容，能否學到也看個人的因緣造化能耐。「一頭牛從北京到東京留學十年還是牛」，最簡單的解釋是智慧問題。

在前章談到人生追求的四個Q中，除 IQ 是先天已成定局，後天不論如何努力都難有突破外，其他的三個Q（EQ、KQ、GQ）都是活到老學到老。特別是 KQ（知識商數水準）有客觀認證（如學士、碩士、博士），不少退休人員把學位當成「目標」去追求。報紙上常有「某老先生參加大專聯考十餘次了」、「某七十歲老翁花十年讀完博士」等報導，並持正面鼓勵態度，成為大家學習的標竿。

對於用這種方式「活到老學到老」，我是持保留態度，理由㈠人到中年「來日不多」

了，把剩餘的寶貴時間用來修個學位（準備——考取——畢業，以社會科學領域，大學約六年，博士約八年。）中晚年歲月如此度過似乎並不是最好的。㈡追求知識之目的應以濟世為先，自娛為次，但此類人員拿到學位（博士為準）快則六十，晚則已是「從心所欲」之年，縱使自己有濟世意願，世已不用，所謂「自娛」或「自用」只是浪個虛名。㈢所謂「學到老」應以更自由、廣義的範疇，以自在的方式，讀其所愛，學其所愛，而不是窮數年之間埋首於幾本教科書。㈣對當事人是浪費生命和時間，社會亦算浪費資源。㈤殘忍！不知讀書之樂何在？

此事在我又如何呢？退伍後遇到一些朋友酒酣耳熱也說「陳兄著作等身，是該繼續去讀個博士。」我有過心動和不切實際的舉動，「五十不惑」後又消失了念頭。我對於年已半百的自己到底該不該去讀個博士！重新把思緒放在「六祖壇經」中，時間追溯回一千三百多年前禪宗六祖惠能與神秀的「南頓北漸」的爭論，按神秀「北漸」之意求知識（道），當然得循一定學制，逐級上昇過關，讀博士成為必然的一關與認證。按惠能「南頓」之意，只要頓悟（不惑），無須循一定的規格或學制，完全破除形式主義的框架，愛怎麼讀便怎麼讀，有無限的空間與彈性任你揮灑。

這時候我必須冷靜的捫心自問，「我是誰？」我是那一類的人？我適合用「南頓」還是「北漸」？反思半世紀的生活經驗和求知歷程。我給自己一個答案：碩士之前用「北漸」，之後用「南頓」；不惑之前用「北漸」，之後用「南頓」。漸修是漸次學習，循序漸進；頓悟是「直了」，當下就直接了當的明白了真理。漸修因為要學習，故須依賴文字、語言；頓悟則不立文字，不依言語，以心傳心，是一種「心領神會」的工夫。

如此，便與前節我所說的「人到中年多修行少學習」意理相通了，人在中年之前的學習，大多是一種漸修，逐年針對工作上的須要，學習所要的知識，為工作事業，為養家活口，只是技術層面的操作。這個階段，人學到甚麼東西，便把那東西裝在自己腦海中，因此滿腦子別人的東西，沒有自己的東西，他不知道自己有甚麼？甚至他根本就「沒有自己」。

但是，人到了中年就要有所「悟」，經由悟的過程才能把「技術」轉化成「藝術」，這個過程就是修行才辦的到，這個階段，要思考如何把腦海中別人的「東西」丟掉，只留下或轉換成自己的東西，這才是你自己，所謂「明心見性，見性成佛」當是此理，只是修行有深淺，故使頓悟有早晚。

「活到老學到老」，中年以後的學習，是學習如何「頓悟」？如何「見性」？如何不用文字器物的修行？若只在技術層面操作，雖有「自我實現」或「明心見性」之一日，少年學習汽車修護工，少年學到一些知識，中年學到更多知識，晚年你仍只是一座「更大的資料庫」。

誰是我心中的神？

全世界大約六十億人口中，對宗教信仰概可區分幾個區塊，西方基督教（天主教）、回教、印度教、佛教和中國民間信仰，外加無宗教信仰者，每一區塊都在十億人口以上。許多人都認為人生終究要選擇一種信仰，死後才有得救，各教派也強調「愛」，但平心靜氣去觀察分析，都很難有可以叫我完全信服的道理。

進而比較各個區塊的文明、文化，似乎宗教信仰反而導至世間世務的複雜化和激化。西方從中世紀十字軍東征，都不能解決宗教問題，包括「九一一事件」，美伊波灣大戰，骨子裡就是兩大宗教文明的鬥爭，多少慘酷的大殺戮，愛在那裡？好像說得太遠了，回到我們身邊社會看看。

在我們所見所聞的範圍，常有這樣的訊息傳達過來：某人臨終前（不論好人壽終正寢或壞人被槍斃），受某教（人）洗禮或皈依。我常在想宗教信仰如果是有生之年的必需，為何要弄到「最後一刻」才做決定呢？如此不僅草率倉促，欠缺嚴謹的思考下所做的決心和選擇，可能都不一定是正確的。假如人生真要有所「宗」又有所「教」，或根本就是無所「宗」

也無所「教」，中年之後再來思考這個問題是較成熟的時候。

前章提到我到「五十不惑」之年，仍然是個無所「宗」亦無所「教」者，即沒有正式的宗教信仰。早年受基督洗禮，但數十年未進過教堂，基督早已「忘了我是誰？」，以前隨媽媽到廟裡拜拜我也行禮如儀，偶爾會到古剎小住吃齋，但始終無所皈依。反省這個現況大概有下列原因：㈠我若成為某教門徒，不論天主教、基督教或佛教……，便因教規、戒律及承諾等而受到束縛，你便不會是個自由人，更談不上「獨立自主」了。㈡在我們這個社會好像並不是很成熟，入教與入黨類似，很快便因教條、價值觀、意識形態、使命、目標……被貼上標籤，而與外界有了隔閡或對立。㈢對「神的存在」我始終相信的，不論生活體驗或知識領域，我知道祂在，但不一定要去「找」祂，「找與不找」間會影響因果律嗎？該是不會的，神也受因果律的規範。

為什麼我相信神的存在？因為存不存在與「生死問題」、「轉世輪迴」等，可能有些關係（這是我未來的功課）。若存在，這些問題好解釋；若不存在，就難以解釋。如何證明神的存在，隨母親去廟裡拜拜我會感受到神的存在（「中國民間信仰」在界定上屬無神論），長大後我在知識領域內也不難證明神的存在。近代哲學之父笛卡兒（Ren'e Descartes, 1596-1650）曾透三個論證（至善觀念，我之有限、至善觀念的性質），論證天主的存在，笛卡兒的天主還是受因果律的規範，用他的語氣說話，我疑惑，故天主存在，在疑惑中，抓住我的存在和天主的存在，而天主的存在，實先於我的存在，因為完善之物先於不完善之物。哲學和神學上的「第一因」是不可驗證的，笛卡兒也是「述而不證」。

就認識論（Epistemology）言，宇宙並非獨立的實體，即它的存在並不基於自己的本質，乃是偶有的事物。按因果原理，偶有事物只能由於原因而存在，所以宇宙萬物要求一個它自身以外的最終原因，這個原因必須是一個不基於任何其他的原因，基於自己的本質而存在的「純粹實體」，這種實體稱之為「神」。基於如此論證，我們不但認識神，肯定神有生活，神是實有，也知道神和宇宙發生的因果關係。

我這種對神（最初的因、最後真理）的信仰，是我認為需要有所「宗」，有所「教」——宗教的基本信念，在思想和行為上我比較接近佛教，顯宗或密宗我都有進一步探索的衝動，我把這些探索列為我「大未來」的功課。所宗所教向來有「依法」和「依人」兩條途徑，依法嘛！如何進入古老的典籍是個大問題；依人嘛！諸山長老法師們的道場龐大，門徒人數眾多，受教效果不佳。

看來我在大未來想在GQ領域追求身、心、靈的上乘佳境，有所「宗」又有所「教」，要看因、看緣、看悟力了！不受「洗禮」的三皈依大概比較可以嘗試。如果要我還擇一種宗教，佛教應該是最適合的，有幾個重要的原因。㈠佛教是中國的「無形」國教，絕大多數的人所信所宗與佛教理念有關。佛教本來也是「外來宗教」，經兩千多年的「中國化」而成國教。所謂「中華文化」，正是儒釋道三者的合流。㈡包容度最廣、最柔性的宗教，中國歷史上沒有為佛教（或其他教派）信仰，而發動過所謂「宗教戰爭」，就是明證。在中國只為政權而戰爭，西方則為宗教戰爭，這是中西文化的差異。㈢世界上幾種重要宗教，如天主教、基督教、回教，在我看來都有「先天」致命之處，一則政治性太濃厚，他們通常是帝國主義政治與經濟目的的先遣隊伍，說穿了，只是大帝國的「無形」爪牙；一則對立性太高，與異教的關係成為一種「零和競爭」，故從中世紀以來，有一場接一場打不完的宗教戰爭，一場又一場血流成河的大屠殺。而對決的雙方說，這是「愛與和平」，實在荒唐。李登輝不斷撕裂族群和諧，製造對立和仇恨，活生生，血淋淋的騙人說謊，然後說「慈悲和包容」，就是中了長老教會的毒。在拉丁美洲，許多動亂都是長老教會發動的。美國的「九一一事件」只是兩種宗教世界對決所付出的代價，西方人不思考宗教間的包容，更大的災難還在後頭哩！㈣從另一個角度看，前述三種外來宗教因尚未完成「中國化」，所以「市場佔有率」仍然很低很低。改善之道，是從教義、教理、思想、制度上都盡可能「中國化」，與儒家文化結合。然而，這可能是千百年後的事，我那等得及！

好在，佛陀並未要求人人都要出家修行，在我們這個社會，「出家」也不是普遍可以接受的事，只有極少數因緣造化成熟的人可以順利出家。我曾聽過這樣的質問：「好好個人不當為甚麼要當和尚？」言下之意，「和尚不是人」，三十多年前我去讀軍校，也有親戚問：

「好好的人不做幹嘛讀軍校？」也似乎說讀軍校是「不正常」的。

我以半生五十春秋做見證，軍人和和尚都不是普通人，前者行「革命事業」，後者傳佛法並廣度眾生，都屬大丈夫的事業，是非常事業。這種大丈夫的事業我幹過了，曾經有過就好，其他的就隨緣了，我的生活就是我的宗教。作家白先勇先生把文學當成宗教來信仰，因為文學是民族心靈最深刻的投射，他從李白、杜甫、屈原等人身上，得到至高無上的精神追求。我在想，孔子、李白或杜甫他們受洗過嗎？他的生活，就是他的宗教。也許有一天機緣到了，開顯了，我便「見性成佛」。

我的生死觀

照我的經驗，人應該很早就會想到「生死」的問題，因為「生」是已經很自然的「事實存在」，所以真正想的是「死」的問題。少年時期所「看見」或「想到」死的現況，可能不知所以然，沒有深刻的感覺，但到青年期應該是「成型期」。以後大概在即有的成型期上不斷的成熟、轉化，也有可能「突變」。而少年期到青年期階段中，所受的教育、接觸的環境及經歷心路最為重要，我們看所有勇於赴死的革命烈士，恐怖主義者訓練用做「人肉炸彈」

對象，幾乎全是二十多歲上下的年青人。少年的時候，思想只是一隻空瓶子，接觸到甚麼，便注入甚麼，不久瓶子滿了，絕大多數的人極難再把瓶中物倒出來，只有理智、勇敢又有智慧的人，才能倒的出來。

我讀儒家的三不朽論、老子「死而不亡者壽」觀，都大約是在高中到大學時代（軍校預備班——正期班間），但那時候都是「死讀書」，欠缺深層思索。必待數十年後，看到周邊的人一個個「掛了」，才從菩薩示現中，開始重新思索生死觀。

古來每個人最後的問題就是生死大事，但過了一輩子「生」已走過，剩下來就是「死觀」，如何面臨大去之事而已。人類用盡智慧要解決這件事，道家及秦始皇之輩者找長生不老葯，儒家提出「立德、立言、立功」三不朽，聖賢豪傑之士或可三不朽，但一般人能做到「一不朽」或「二不朽」也不簡單。如此看來，能夠得一點不朽者在歷史上還是少數。惟事實並非如此，絕大多數的人都能超越死亡——達成不朽，莎士比亞（William Shakspere, 1564-1616）就說，人可以通兩種途徑來超越死已，一是留下子孫，一是留下著作。我認為莎士比亞所言最合乎普羅大眾的需要與事實，有子孫可以延續生命和傳承事業，不論古今中外都列為一等的大事。所謂「男大當婚，女大當嫁」，除了街頭流浪漢與e世代這些少不更事的小美女、小帥哥外，年過三十的人有幾個看的開的，內心還不是牽掛著這件大事。我碰到好些中年未婚的朋友，閒聊時問「想不想結婚」，都答「有機會還是要」，可見真正看開，打定主意不錯的極少。

再說留下著作的實踐不朽，這便是三不朽中的「立言」。現代出版事業發達，只要有意願、有實踐力，達成此項不朽亦不難。試想，當你結束今生今世舞台上的各種角色任務後，在各公私立圖書館、各級學校圖書館、書店或資料庫中仍有你的著作，有人在讀你的書，不也可以含笑九泉嗎？你和不朽的孔子不過是五十與百步之差，生死問題由此超越。

生死觀之後要面對的是如何處理死亡問題，即所謂「後事」，從臨終到後事辦完的階段。在臨終這部份，大家關心的是「安樂死」（Euthanasia），中外已有諸多討論著作，本文無須贅述。吾國立法院已通過「安寧緩和醫療條例」（89年5月），從七月起納入健保給付，每年至少嘉惠十萬人「好好的死」。這個法案加上後續配套措施若能落實執關，也有助於國民解決「善終」問題，功德一件。另外民間團體（康泰醫療教育基金會、佛教蓮花臨終關懷基金會、中華民國安寧照顧基金會），發動預立遺囑宣導我也很認同。一般人對預立遺囑還停留在僅交待財產上，其實民法已有規範，最重要還是醫療代理人、臨終處理意向及後事處理。

在後事處理這方面，台灣多年來一直想要提高國民喪葬管理品質，都停留在官方「呈閱、照辦、存查」的官樣文章上，無管理及品質可言，父母走的時候我都身歷其境。其他所見如五子哭墓、電子花車、脫衣舞……一大堆人假裝哭的死去活來，不「哭死人」也「吵死人」！簡直荒唐胡整，我父母死的時候儀式、後事我都認為要改良，當時沒有勇於力排眾議，事後頗有自責。若能「再來一次」，定要加以改良，不論那個教派，把握簡單、莊嚴、隆重、節約幾個原則，應是處理後事最佳模式。

我最佩服胡適，他在很早就勇於改革民間不良習俗，他在「我對於喪禮的改革」一文中，舉他遭母喪時的實例，他印的訃帖如下式：

先母馮太夫人於中華民國七年十一月二十三日病歿於安徽績溪上川本宅。

敬此訃聞

胡覺 適 謹告

這個訃帖加上若干基本資料便合乎現代需要，但至少革除三種陋俗。第一是「不孝××等罪孽深重，禍延顯妣」一派鬼話；第二是「稽顙、泣血」自欺欺人的套語；第三是親族備載等有「譜」的虛文。胡家另又發了一個通告上說：

本宅喪事擬於舊日陋俗略有所改良。倘蒙賜弔，祗領香一炷或輓聯之類。此外如錫箔、素紙、冥器、盤緞等，概不敢領，請勿見賜。伏乞鑒原。

還有和尚、道士、一日長子祭、一日少子祭、一日長孫祭……許多做熱鬧、裝面子、擺架子的、那些跪著的、地上爬著的全廢了。全部祭禮程序僅保留兩種：

一、本族公祭儀節：序立、就位、參靈、三鞠躬、三獻、讀祭文。

二、親戚公祭：序立、主祭者就位、陪祭者分列就位、參靈、三鞠躬、讀祭文、辭靈、禮成、謝奠。（以上按傳統古禮約七、八天的祭典，簡化後約數十分鐘就可以完成。）

其他有關出殯、抬棺、葬地、喪服、守制等，胡適也設法排除迷信因素，盡可能做的簡化、禮節、人情。胡適對喪禮改革很可以做當代的參考，可惜我們越弄越不像話，越複雜，越離譜。近年流行的臨終關懷和助念，如慈濟和中台禪寺在各地所推行者，我認為是對「死事」最合理和健康的處理態度，但我要強調的是「觀」，對生死的看法和解決。

電影「天脈傳奇」中，一位老喇嘛臨死前說「死是向生邁進一步」，這句話很可以解釋生死的循環、輪迴或因果關係的性質，佛教的看法正是如此。但在今生今世的生死之間卻是一瞬間的，所以我們常形容人生如「白駒過隙」，佛經四十二章經第三十八章「生即有滅」有一段對話：

佛問沙門：人命在幾間？對曰：數日間。佛言：子未知道。復問一沙門：人命在幾間？對曰：飯食間。佛言：子未知道。復問一沙門：人命在幾間？對曰：呼吸間。佛言：善哉！子知道矣！

一生一世的生死雖在「呼吸間」，但因生死的循環、輪迴及其因果關係，所以不論是孔子、老子或莎士比亞對生死的看法，都已經「不朽」了。我欣賞這樣的不朽，即已得到永生，還怕死嗎？

生死觀之外，難度最高的一部份，我認為是「澈底解決生死問題」（解脫生死，跳出生死輪迴，從此以後永無老死。）。這真是最完善的境界了，佛經「心經」說「無無明，亦無無明盡；乃至無老死，亦無老死盡。」這須要有道高僧大德才做的到，最淺白的說法，死由生而來，即有生，就自然走向死；所以，要無死，從不生（不投胎）開始。這說來話長，要知其詳，可去聽惟覺講道。

今生今世的事辦完了，就是屬於續集的「來生」，這是生命的連續與輪迴：前世——今生——來世。我為什麼有這樣的生死觀呢？來自二個堅定的信念，其一是自然界的因果律（科學、哲學、宗教都講到因果論，過程久暫不一，本質都相同。）生有因果，死有因果，生死相互為因果。其二是輪迴轉世說，例如活佛達賴喇嘛、大寶法王伍金赤列多吉等，都是經過轉世認證，不僅經典記載、資料可查，媒體也常在「跟蹤見證報導」。化育基金會執行長陳宇廷親自到西藏拜見才四歲的巴渥仁波切，他就不願意待在有玩具的舒適房間裡，寧願住在閉關中心，與上輩子一樣，每天盤坐禪修、凝視虛空，由不得你不相信輪迴轉世的存在，不是虛妄不實的現象。

「來生」我所信，但來生的「事」乃屬天機，不可洩，不可說。

生命教育：自我實現到全人追尋

（92年2月28日在佛光山頭城靈山寺為輔導義工演講）

壹、前言——從生命和生命教育的內涵說起

首先從「生」說起，生的第一層意義是你出「生」了；第二層意義是我們現在都「活著」，我看見你，你也看到我，我們大家都有「感覺」；第三層意義是能夠活的自我實現而達到「生生不息」。第二層多數人是沒有問題的，可以辦得到，第三層就要看個人的功力、智慧或造化來決定了。因為，這涉及「命」的問題，端看大家對命如何處理與面對。

「命」者，是人「生、老、病、死」的過程，任何人都受到這過程中各種「命定」的限制，無一可以脫逃（只有神、上帝或悟道的成佛者可以跳脫生死問題）。所以，生老病死是人的普遍性限定，我們常說「人生有命」。但普遍性也有一些些例外，少數人不沿著「生老病死」的固定程序行走，而在某一特定時空中，突然結束生命（非老非病或某種意外），這就是命的例外。普遍性的命是科學的，可以解釋、預測或分析；例外的命是非科學的，不可知，不可測，是「天機」。就像是世界上所有普遍性定律都有例外的時候，牛頓三大定律因有普遍性，故能稱「定律」，但也可能在宇宙某一特定空間（黑洞或其他地方），產生例外（失準或失效）。

面對生命的種種限定（生老病死貧富階級身份地位……），其中有的是「命的普遍性限定」，有的是「命的例外限定」，我們要用何種心態去處理，才能當下活的快樂滿足，進而自我實現與生生不息，這是生命教育的重點。不同的人有不同的因緣智慧，採取不同的途徑，如命定、宿命、命運、知命、立命、安命、制命、運命，乃至抗命或革命。

生命如何達到這麼高的境界？除了因緣智慧外，在方法上需要學習、教育。就個人方法是學習、反省、修行、領悟或頓悟，有時候需要給他「當頭一棒」；就眾生群體的方法，不外教育。在叢林有「僧團教育」，在世間有國家機器所製訂的各種教育制度。而不論叢林或世間，讓人人體現生命的愉悅與莊嚴，人人能夠自我實現與生生不息，這是生命教育的本旨。

貳、當前我們生命教育的問題

生命教育即然要讓人人體現最高境界的生命意義，那樣就要讓每個人（不論 IQ 高低）都成為獨立自由的人，展現其良知良能之善心，且在人我關係上有和諧完美的互動。當前我們的教育制度能否使學者達到以上「標準」，答案顯然是「不能」，觀察現狀也很不樂觀。所以，先看看問題在那裡！

一、環保工作落居世界之末，環境教育只是少數「明星」表演的舞台。有人會問「談生命的意義和環保何干？」道理很簡單，一切客觀存在的環境和土地，是你我生存和發展的「平台」；若沒有這個平台（地球），則沒有生命；現在破壞了這個平台，等於斷喪生命。我們的教育美其名曰「民主自由競爭」，實際上是「叢林進化法則」機制在操弄，教育出來一批批「新世代」，他們不知道人我關係，更不知道人與客觀環境的關係，所見到一批批如工廠齊一規格生產出來的產品（新世代），盡是些只顧自己存活，不顧別人死活，不顧環境破壞，只顧自己方便。因此，台灣的環保工作落到世界之末也就不意外了。（二〇〇三年國際評估）

二、良知良能物化，倫理道德蕩然。此處勿須再列舉多少社會案件，或標示統計數字如何！若生命教育的內涵（標準）是我們「應然」的期望，那麼國家每年投入千億教育經費，是否達到了應然的期望?「實然」的情況又如何?也許我們還能自我安慰說「不管發生多少總是個案」,只是個案已多到具有「普遍性現象」,達到整個價值觀扭曲的程度。是故,制定教育制度、執行教育政策及實際負責教育的人,應深刻反思同樣是所謂「民主政治」體系下的教育,爲甚麼我們教育不出自尊且尊重別人的學子?教育不出具有獨立自由判斷的人?由此談生命教育等於緣木求魚也。

一個社會有沒有「人的味道」,懂不懂何謂「民主、尊重」,看政治活動就「露」眞相。有一些人老喊著誰「滾」回大陸,如此,生命教育怎麼做,就像李登輝這樣的人給台灣做榜樣,我們的社會就失去了「民主」和「尊重」的價値。你看他的嘴臉,高喊著要「消滅」誰,到底他的心中多少深仇大恨?對台灣社會推動生命教育很不利。

三、教育內涵與實際生活、個人與社會群體,都脫節斷裂。當前面所提的問題不斷普及、深化與惡化,本項這些情形已屬必然的現象。包括㈠教育內涵與實際生活脫節,不管教育內涵有多崇高,都成爲考試命題而已,考完就算了。回到家,走入社會,用的是另一套。㈡現代與傳統斷裂,此二者本來是連續體,使過去——現在——未來連在一條線上,人才得以健全的生存發展。但現在傳統對現代被二分法,從中間某一點阻斷,不論好壞通通丟了,沒有好的傳統,那有好的現代和未來。例如現在有人在搞「去中國化」,殊不知中國是「老幹」,而台灣是「新枝」,把老幹一刀砍了,新枝能活嗎?不加思考,就幹了！㈢人與人孤立，原因是各種不安全增加，人在群體中逐漸疏離，以爲把自己「封」起來就安全，其實誰都不管誰更不安全，也更孤獨。㈣專業分工愈細，所學知識愈狹窄，每個人只懂自己專業的那「一點點」，對自己以外的事和人就不懂，也不能溝通。許多很有學問的人，也是一種「破碎的人」。

從鉅觀看，好像到處是問題，也很悲觀，因為那些問題不僅沒有改善，而且在沉淪、墮落、腐敗中，怎麼辦？去抗議、跳樓，都不是辦法。看來只能從微觀的小天地裡，盡其在我，做自己所能做的。天下不管如何亂！方寸之內不可亂。

參、生命教育的具體做法

人生有命，命的本身就有許多錯綜複雜的問題（限制），所處的平台（國際、國家、社會、家庭、環境）更是問題重重，但有理想、有使命感的人，依然執著於能夠創造生命最大的價值，以影響外在客觀的「平台」能臻於至善。是故，生命教育需要一些具體做法，從法律、制度上做結構性的改變。

一、環境教育是生命教育的起點。大地環境是「人生永恆的平台」。人生始終在環境中成長，在現實環境中生老病死；當然，自我實現或全人追尋，也只有在現實世界才有機會實現，這是高僧大德要「紅塵爲道場」的道理。生命教育首先得讓受教的衆生，愛這塊紅塵道場，愛這片土地，進而珍惜使用這片大地上的一切資源，不要再拿經濟發展的大帽子來過度開發，也不要再使唯利是圖的財團「包山包海」的破壞環境，然而，這需要人人從內心的覺悟開始，進而去影響立法和執法，一個「適合人居住的環境」才能展現。

二、人性化校園與人性化社會。有了「適合人居住的環境」，最方便生命光輝的釋放，這就是人之「性」。所謂「見性成佛」、「明心見性」中的「性」，正是人性本來的「基本面」。儒家所謂「良知良能」、「人性本善」中的「善心」，也都是相同的人性。現在的家庭、社會、校園之所以不能展現「人性化」的一面，乃因人被外物（競爭、利益、名位、意識形態、泛政治化等）所迷，故人不識本心，所學何益？很多人活的愈來愈「不像人」。如何回歸人性化的大社會環境，還是要從立法、執法開始，人性普遍的覺醒也很重要。

三、生命教育的核心：倫理道德的規範。如果人性需要釋放到完全自由、獨立的狀態，才能呈現出光明的本心（神性、佛性、善性），這個境界是孔子在七十歲時的「隨心所欲」。但人性的釋放、自由、隨心所欲，不能漫無限制的放縱恣肆，倫理道德就是最基本的規範，孔子用完整的語句「隨心所欲，不踰矩」表達。這個「矩」包含人世間各種倫理道德規範（如忠孝仁愛信義和平禮義廉恥），或宗教上各種戒律規範。爲甚麼需要這些規範？因爲這些是人之所以爲「人」的要件，若完全解除這些規範，人與禽獸無異，故生命教育的核心是倫理道德，使人眞正成「人」，進而才能自我實現，成爲「全人」或「完人」。

生命教育以環境環保為起點，以人性、倫理與道德為核心，把主觀和客觀整合起來，把人心和行為整合起來。生命、生活與環境合一，物我兩利，何來誰害誰？

肆、結語：生命教育的實踐完成——全人追尋

中國傳統儒家教育本來是一種「全人教育」，全人追尋是每個人一生的最高目標，這正是生命教育的理想。可惜現代化民主社會受到太多扭曲，有些可能受到進化論影響，人們只顧著血淋淋的叢林競爭。扭曲最嚴重的時候，是台灣早期把人的才華、能力只用IQ（Intelligence Quotient）一種標準來決定，似乎IQ及格就是人，IQ不及格就不是人，就不能立足於人類社會。大約十年前人們開始反省這個問題，乃有EQ（Emotion Quotient）的流行，大家開始重視「情緒管理」。

有了IQ和EQ是不是就夠了呢？政治上（其實是普遍的人心）的腐化惡化依然持續，人與人之間的倫理關係正在面臨結構性的崩頹，而政治與社會各種規範可能已經失控，放眼看去，人心、社會與國家，都飄搖浮動的，這些也表示我們的生命教育是落空了。

教育家們再度思索解決門道，再提出KQ（Knowledge Quotient），即「知識商數」和GQ

（God Quotient，信仰、靈性或價值觀商數），綜合前二者稱「4Q」。這是一個全人追尋，如果我們的家庭教育、社會教學、學校教育等整個國家的教育體系都能重視「4Q」（稱「全人教育」），相信是很有助於學者自我實現，體現生命教育理想。

（九十三年四月補註）很不幸的，總統大選，藍綠對決，政治打敗了「4Q」，親情友情被活生生的撕裂，在台灣要落實生命教育太難了。如果大家認為用騙的、用不公不義的，用硬拗的拿取大位是可以的，我們的社會如何培養誠實與正義感呢？「竊國」可以，小偷強盜就沒有罪，學生作弊也可以了，我們如何教育孩子？我們有什麼資格談生命教育？？？

人生還不能總結，

卻可以階段性做一個總結。

雖曰「半生」，

對絕大多數的人其實是「過半」了。

此時，

該有的也有了，

該沒的可能根本就沒有。

但是，

若你能「五十不惑」；

明明是沒有的，

極可能又有了。

而且，

更大的一片天還有後頭呢！

8 半生總結

在奧地利莎爾姿堡鹽礦，2003 年。

92 年 3 月，杭州西湖，第一次出國，竟是爲了回國。
（引詩人、好友吳明興先生語）

92年3月，安徽黃山飛來石。

長青第二代

91年10月，台大梅峰農場。

九二年東歐三國行

布拉格（捷克）泰恩教堂前

奧地利聖沃夫崗湖區

與國北師國研所師生同遊匈牙利國立美術館，
前排右二是此行領隊郭博州教授

奧地利熊布朗宮前

人生最大的敵人是自己

這個道理大概很多人都懂，只是絕大多數的人不敢，或沒有能力與行動肯誠心面對自己，或根本沒有這個智慧悟通這個過程。所以，許多人在年青時總把外界的人物當成敵人，並不知道「自己是最大的敵人」的實相。這可能是人生閱歷不足時，只記得敵人，忘了自己。還有一種本末倒置的現象，我們常只記得要對國家、民族、社會，乃至父母、妻兒、朋友……有個交待。其實我經歷半生總結，人最後只須要「對自己有交待」。每個人的一生都要經過許多人、事、物的鍛煉，惟「做你自己」最不容易，戰勝自己，克服自己也是最難的功課。

在台灣住了半生，看盡各大舞台上的不同角色，我看見許多人活到七老八十，仍在不斷樹敵，他無法克服自己，他被自己打敗了，他活的愈老愈不知道「我是誰？」，李登輝是這類人的典型代表。

在我半生交往的朋友中，有多位是「大富翁」級的人物，有一天，有位大富翁向我抱怨，不論他表現的如何大方，盡可能的放下身段，謙虛待人，仍有人不爽，說他裝闊，故意用豐富的物質條件收買人心，我安慰說，我們在社會生活中，對待任何人，並非要求得人人都滿意，只要誠心正意表達自己的愛心，做你自己就行了。

所謂「勝敗乃兵家常事」，表示被人打敗是常事，被自己打敗了才是真正的失敗，才是「不尋常」的事。可以被人打敗，千萬別被自己打敗了。

被外物（人、環境）打敗，可以補救，如申訴、打官司、回復名譽，找回公道等，藥方很多。但被自己打敗無藥可救，無可彌補，因為「自己是最大的敵人」。

自己——就是「我」，不論帝王將相、販夫走卒、才子佳人，都在「我」的網中掙扎。順治皇帝有一首詩，道盡「我」的困擾，其中一段：

> 來時糊塗去時迷，空在人間走一回，未曾生我誰是我？
> 生我之後我是誰？長大成人方是我？合眼朦朧又是誰？
> 不如不來亦不去，來時歡喜去時悲，悲歡離合多勞慮。

連順治皇帝都在為克服自己而疑惑，但他畢竟懂如何清楚的提出疑問，表示他能誠意明白的面對自己。在我的前半生，也和許多人同樣，總想著要如何打敗別人，認識別人，升少校至少要打敗一些人，升中校、升上校，更是要打敗更多對手。當排長要認識全排弟兄，當連長要認識全連官兵，當營長要……卻忘了要認識自己。前半生我們都在學著認識外界，打敗外界，絕大多數的人忘了最重要的對手——他自己，自己才是最大的敵人。

但是，要怎樣認識自己呢？不妨從不斷反省人群關係中自己的定位開始入手。包括你在血親、姻親、職場、朋友……各種場域中，你的定位和屬性是甚麼？這是一個「法門」。

不分年齡，誰愈早認識自己，戰勝自己，誰就能登「不惑」之殿堂。成為你自己的國王，一個真正快樂的人。

從心所欲不踰矩到自我實現

現代年青的一輩流行「只要我喜歡有甚麼不可以？」，以為這是自我表現、自我實現，但結果大多是「自我挫敗」，原因何在？

我觀察大多數的人，在中年以前也都陷在這種困境中，嚴重者深陷到不能自拔，當此情景，不論做人、做事、學習，乃至處理公私事務，都從「我執」出發，「我要這樣」、「我要那樣」、「我喜歡」、「我要」……而且愈要愈得不到，只是不斷的挫敗和疑惑。愈是年青，涉世不深，愈容易在此種困境中掙扎，硬是解脫不出來。

想要真正做到「自我實現」，恐怕在人生歷上須要有智慧「打通任督二脈」才行，孔子指出的「從心所欲不踰矩」是古今中外，所有想要「自我實現」的人，唯一可以依循的標準。前四字「從心所欲」，就是現在年青輩口中「只要我喜歡有甚麼不可以？」，用學術用語表達就是「自由」、「解放」。而「不踰矩」，就是一種規範，學術用語叫「法治」。人心所欲如平原奔馬，誰都想要為所欲為，在「所欲」與「規範」之間找不到平衡點，內心必然產生失衡與衝突，內心世界與客觀世界發生了矛盾，力量便在加減之間抵消了，結果就是工作難以推展，甚而一事無成。

我大概在三十多歲之前，始終感受到內心所欲與客觀世界有著嚴重的衝突，如何調整這種衝突，達到「從心所欲不踰矩」，幾乎是我四十歲以後做人、處事與官場競爭中，常想到須要用心的地方，當然，大多時候是兩頭都有所失，難竟全功的，否則我早已「自我實現」了。

五十不惑時，我深刻認知「最大的敵人是自己」。但另一個境界「從心所欲不踰矩」則是一個更高層次的武功，孔子是到七十歲才做到的。而禪宗的六祖慧能是完善的達到「自我實現」，有一次慧能在森林中遇到大火，四週都沒有出路，他開始從心默念「火不自火，火自心生，心中無火，火不自火。」森林中的大火頓然全部熄滅。到了這個境界，是全然的「從心所欲」，只要「我」所要就能實現。我雖五十不惑，這種自我實現的功力當然沒有，至少我不會「自我挫敗」。

所幸者，這才半生，假以時日，或許也能「從心所欲不踰矩」，有達到「自我實現」的機會。

「我」是自我實現的起點，也是終點。希臘德爾菲神廟上刻著永恒的真理——認識你自己．人生的一切追求，一切從心所欲者，一切的疑惑，都蘊含於其中。

我所看到許許多多的人，或多或少，或有知或無意，都為自己「有系統的建構一個鐵籠子」，把自己「關」起來。注意！是他自己把自己關起來，並非別人把他關起來。如此，他進不了別人的世界，別人也進不了他的世界，人緣盡都疏離了，永生永世也做不到自我實現。

女人，是男人最後的試煉

對男人而言，「女人」的吸引力和重要性都高於「愛」，是女人吸引著男人，而不是愛。換言之，愛不愛對男人而言，並非絕頂的重要，「有女人」才是絕頂重要，有好女人就能滋生美麗的情愛；但我的意思不是說男人不須要愛，男人也很須要愛，只強調相較之下，男人最須要一個可以「性」出高水準愛的女人。一般習稱這種狀態，叫「致命的吸引力」。

對女人而言，「男人」的吸引力和重要性都低於「愛」。吸引著女人的是愛，而不是男人。換言之，愛不愛對女人而言，有絕頂的重要，「有愛」才是絕頂重要，有感覺很好的愛就能滋生美麗的情愛；但我的意思不是說女人不須要男人，女人也須要男人，只強調相較之下，女人最須要「有好感覺」的愛。所以，我們常說「女人是須要被愛的動物」，男人是用下半身思考的動物，女人則是沒頭沒腦的動物。

以上兩段話是我半生體驗，男女兩性最大的差異。我從男人的角度看女人，不論兩性之間保持何種關係，夫妻、同居、朋友、情人、露水……與其說男人在找尋一個滿意的關係，不如說是在找一個具體可以滿足性愛的女人。男人一生都在找這樣的女人，而不是找某種關係。

很弔詭的，我們在歷史上、市場上或社會大舞台上，能夠擁有並把弄權力，同時掌控財富的絕大多數是男人。這些偉大的男人（政壇、商場、文壇……），其成功與失敗，又通常經過女人的試煉與支掌。

有好女人以身試煉，小男生才會成為男子漢大丈夫；男人要成佛或成魔，也須透過質色絕佳的女人，以身相許的考試通過。所以，不論男人是「四十不惑」或「五十不惑」，或有更了不起的「三十不惑」，女人是關鍵因素，特別是男人心中想的那個女人，她不出現，這男人可能七十歲還活在滿腹疑雲中。

我們也常聽說男人一生有幾個重要的「關卡」，如出生背景，讀大學、婚姻等，其實最大的一「卡」，是男人心中那位「天命女人」。這一卡過關，就成功立業，成佛成道；過不了關，就毀了，墮入歪道邪魔。

往昔，釋迦牟尼佛在菩提樹下成道前，有嬈嬌美麗的女人來試煉，釋尊不為所動，對那些絕色美女說「去吧！吾不用。」經過這「女人關」，王子終於成佛。

但是，佛所立下的典範並非放之四海皆準的定律，佛並未要求眾生都出家。對云云眾生中的男人，仍然是男人。絕色美女當前，佛不吃一口，終於過關；對男人而，應該是「吃一口」才過關，吃一口才能成道，成就不惑的人生大業。始終都不吃，偶然吃一口，可能就「毒死」了。所以，女人是男人最後的試煉，通過了，才能說達到「不惑」境地。

我仍堅持做為一個中國現代武士——革命軍人的情懷與理想

我雖然已經退出「革命大家庭」，成為一個春秋半百的榮民，一個小老百姓，一介「草民」。但我還是與有榮焉，慶幸曾是這個大家庭的一員，而它的本質仍如我初始是「中國的」。

自我少年時代進軍校，到解甲回家，我所受教學習，我所努力堅持，其大方向曰「中國的革命事業」或「中國統一事業」；其實質就是中國的現代化運動，追求中國的統一、自由、獨立、富強，如此而已。這種偉大的事業，當然不是一兩代，或幾十年可以完成的事業，它是數百年連續不斷，經無數的人努力而成。一個「小我」，何其微弱，如長江黃河中的一粒水滴，半生戎馬何功之有！一個小小的上校能使出多少力氣與智慧？太微小了。

但我很清楚的知道，我和那些大將軍們同樣，在這條中國革命大歷史長河中，都貢獻了幾分心力，與有榮焉，同有功焉，對革命事業的努力，並未因我的退伍而中止，我現在不就提筆上陣嗎？五千年中國文明、文化之生生不息，就是有無數個像「我」一樣的努力。

大概每個人都有夢、有理想，就有他的堅持吧！我這「四年級生」就被教育成要有「偉大的理想」，我一生受革命洗禮，內化成我的情懷與理想。所以，我以做一個中國現代武士為榮，「武」者，軍人也；「士」者，傳統中國知識份子的風格。

偉大的事業都有挫折，兩岸問題的難解，島內的統獨衝突，革命大家庭還能保有一塊「藍天」，也是很欣慰的事。九十二年六月間，發生的「黃再添事件」，陳水扁總統沒有力挺康寧祥，而支持國防部長湯曜明，固然是黃再添升將軍條件不足，也明確的表示陳總統要藉機拉近民進黨與軍方的「本質落差」，這是很清楚的企圖。

台灣文化的本質就是「藍色的」，就是中國的。少數死不承認的人，他每日一家子人的食衣住行、育樂旅遊、言語書寫……乃至他的祖宗八代，那一樣沒有濃濃的中華文化色彩？

在本質上都屬「中國的」，如果澈底的執行百分百的「去中國化」，台灣將回到石器時代，不知那些政客想過沒有？

我愈來愈感受到兩岸爆發戰爭的可能，台灣獨派以民粹主義手段操弄人民，大陸方面解決台灣問題的格局又不夠寬大。若台灣不顧後果宣佈獨立，戰火一旦蔓燒，軍隊不是叛變，便是陣前倒戈，回歸母國。

我說爆發戰爭的可能，還依循中國歷史發展法則、國際叢林法則和物理法則，三個理論基礎判斷，若戰爭爆發，我的情懷與理想便破滅，但也是暫時的破滅，中國的統一大業一如歷史法則，是一個歷史巨輪，永無止息向前碾壓，人力不能阻止，那種動力純是「自然法則」。

九十二年九月間，一群朋友在金山度假，閒聊時大家一致認為，中國大陸未來如果走向「富強、康樂」的世界強權之路，台灣沒有獨立的機會；反之，如果走向「動亂、瓦解」之路，台灣也沒有獨立的機會；正反各案，台灣都沒有獨立的機會。我不是獨派，也不是盲目的統派，只是看清歷史大勢與真相的人。在這個問題上，我是一個可以看到實相的「觀世」者，我只是把這個實相告訴每一個人，我講我的道，聽者能否得道，就看你的智慧或因緣造化吧！若你聽不懂，只能怪自己了

人生的完美不可說

在我所接觸過的人，所見所聞的人，我發現有一個共通性。他們從小到大、少年到青年、到壯年，以至更老，他們對一切人事物總在追求更好的。考試可以更好，工作可以更好，做人可以更好，我哥哥在當清道夫，他總期盼著可以撿到更好的東西，使日子更好過些。這是我半生所見到人性中最可愛、最有普遍性的事情。

在所有追求更好的範圍與歷程中，有一種東西最難求，是「人與人之間的溝通」，這些人際關係包括：

血親關係（父母、親子、兄弟、親戚……）；

姻親關係（夫妻、姑嫂、妯娌、親家……）；

特殊兩性關係（情侶、紅粉知己……）；

朋友（政壇、文壇、杏壇……）；

同事（夥伴、合作、聯盟……）

再擴大之，政黨與政黨間關係、朝野關係、政府與人民關係，乃至任何團體與團體間關係，或團體內部各成員間關係。更擴大之，兩岸關係、多國關係、國際關係，愈來愈複雜的各種關係，以上種種關係，幾乎無時無刻，不分日夜都在進行「溝通」，溝通必須由人來進行。這半生，我親身親眼見證到以上種種溝通，有時候我親自上陣與人溝通，用語言、文字、台面上、台面下，乃至「武力展示」……各種途徑、方法、手段，甚至高規格的兵法、戰略都用上了，都為求得更好、再好、最好之佳境。

在各種關係中，以兩性關係中的婚姻與愛情關係，對「好」的要求最為嚴苛，雙方都在追求一種「完美的溝通關係與狀態」。我們把此種完美情狀，給他一個「假設」性的名詞，謂之「知己」、「紅粉知己」或「士為知己者死」等等，總之是一種「完美」。怎樣的婚姻關係是完美的？紀伯倫如是說：

彼此相愛，但不要讓愛成為束縛。
讓愛成為靈魂兩岸之間流動的海洋，
斟滿彼此的酒杯，但不要同飲一杯。
……
獻出你們的心，但不要把自己的心交給對方保管。
因為只有生命的手能夠容納你們的心。

你們要站在一起，但不要靠得太近：
因為廟宇的支柱是分開豎立的。
橡樹和柏樹也不在彼此的蔭影下生長。

這就是人與人之間完美的溝通關係與動態嗎？可能也未必！為甚麼有人更進而要求得「連理枝」狀態呢？在現代社會的婚姻關係若真有成了「連理枝」，大概雙方都要抱怨沒有自由，沒有自己的空間吧！反而又成了「外婆、外公」存在的合理導因了。

人生的完美真是難求嗎？我以半生親身實驗、實證，人與人之間完美的關係難求，關鍵在文字和語言的表達限制。例如張生口中說「A如何！」，惟絕大部分的情況陳君並未精確認知。此語言表達溝通之間，「障礙、落差、錯解」的產生為「必然」的現象，不可能百分百的消除。我由此反證，人生的完美，不論何種關係與狀態，都不能用文字，語言或任何溝通符號表達的，也就是「不可說」。我用禪宗六祖慧能的一段對話解釋完美的關係與狀態：

一日，師告眾曰：「吾有一物，無頭無尾，無名無字，無背無面，諸人還識否？」
神會出曰：「是諸佛之本源，神會之佛性。」
師曰：「向汝道無名無字，汝便喚作本源佛性。

汝向去有把茆蓋頭，也只成箇知解宗徒。

六祖大師之意，不可說便是不可說，說了對意義的傳達與溝通都打了折扣，事情就不完美，神會說出來了，他就頂多是個只能做概念解釋的學者或專家，不可能成「大師」，更沒有機會成佛。因為用語言或文字表達出來，便落入名相的框框，有了名相就要界定其概念，爭議於焉產生。社會科學有所謂「名義」或「名相」界定（Nominal Definition），也會陷於爭議或困境。

完美的關係與狀態就像釋迦牟尼在靈山拈花，迦葉微笑，大位便完成了傳承，一如在莊子、老子裡面「相視而笑，莫逆於心」。人與人之間，若能做到這種「心領神會」，以心傳心的境界，也是人生的另一個完美。

反之，需要說出來，再解釋的，已落於下策，都是不完美的。而，「以心傳心」、「心領神會」則是一種「完美的關係」，一種「完美的溝通」，這是人與人之間「真善美」的境界。人世間比較少有，因為這是一個「極端」。

另一個極端是「不能溝通」，如現在台灣「泛綠」和「泛藍」雙方，綠營把選舉看成一場「戰爭」，即是戰爭，則抹黑、抹紅、欺騙、非法手段，無所不為，一切可恥、無恥的行為都可以合理化了。藍營把選舉當「選舉」，遵守民主法治的規範，維護社會公平正義原則，便須「有所不為」。兩陣營站在不公平的平台，所以也就無法溝通。

陳福成自訂創作生活年表（單篇作品略記）

民國四十一年（一九五二）一歲

元月十六日　生於台中縣龍井鄉，陳家。

民國四十八年（一九五九）八歲

九月　進台中縣大肚國民小學一年級。

民國四十九年（一九六〇）九歲

夏　轉台中市太平國民小學一年級。

第一次看見這世界上有「電燈」這種東西。

民國五十年（一九六一）十歲

春　轉台中縣大雅國民小學六張犁分校二年級。

年底搬家到沙鹿鎮，住美仁里四平街

民國五十一年（一九六二）十一歲

轉台中縣新社鄉大南國民小學三年級（月不詳）。

民國五十四年（一九六五）十四歲

六月 大南國民小學畢業。

九月 讀東勢工業職學學校初中部土木科一年級。

是年 開始在校刊「東工青年」發表作品。

民國五十七年（一九六八）十七歲

六月 東工第一名畢業，獲縣長王子癸獎。

八月三十一日 進陸軍官校預備班十三期。

持續在校刊發表作品，散文、雜記等小品較多。

民國五十九年（一九七〇）十九歲

春 大妹出車禍，痛苦萬分，好友王力群、鍾聖錫、劉建民、虞義輝等鼓勵下接受基督洗禮。

民六〇年（一九七一）二十歲

六月　預備班十三期畢業。

七月　同好友劉建民走橫貫公路（另一好友虞義輝因臨時父親生病取消）。

八月　升陸軍官校正期班四十四期。

年底　萌生「不想幹」企圖，四個死黨經多次會商，一直到二年級，未果繼續讀下去。

民六十四年（一九七五）二十四歲

四月五日　蔣公逝世，全連同學宣誓留營以示效忠，僅我和同學史同鵬堅持不留營。（多年後國防部稱聲那些留營都不算）

五月十一日（母親節）　我和劉、虞三人，在屏東新新旅社訂「長青盟約」。

六月　陸軍官校四十四期畢業。

七月　到政治作戰學校參加「反共復國教育」。

九月十九日　乘「二二九」登陸艇到金門報到，任金防部砲指部斗門砲兵連中尉連附。

民六十六年（一九七七）二十六歲

春　輪調回台灣，在六軍團砲兵六〇〇群當副連長。

五月　決心不想幹了，發生「逃官事件」，險遭軍法審判。

九月一日　晉升上尉，調任一九三師七七二營營部連連長，不久再調任砲連連長，駐地中壢。

十一月十九日　「中壢事件」，情勢緊張，全連官兵在雙連坡戰備待命。

民六十七年（一九七八）二十七歲

七月　全師換防到馬祖，我帶一個砲兵連弟兄駐在最前線高登（一個沒水沒電的小島），島指揮官是趙繩武中校。

十二月十五日　美國宣佈和中共建交，全島全面備戰，已有迎戰及與島共存亡的心理準備，並與官兵以「島在人在，島失人亡」共盟誓勉。

民六十八年（一九七九）二十八歲

仍任高登砲兵連連長。

十一月 下旬回台休假並與潘玉鳳小姐訂婚。

民六十九年（一九八〇）二十九歲

七月 換防回台，駐地仍在中壢雙連坡。

十一月 卸連長、升少校、與潘玉鳳結婚。

民七〇年（一九八一）三十歲

七月 砲校正規班結訓

八月 轉監察，任一九三師五七七旅監察官。（時一九三師衛戍台北）

民七十一年（一九八二）三十一歲

仍任監察官。

三月 現代詩「高登之歌」獲陸軍文藝金獅獎。長子牧宏出生。

民七十二年（一九八三）三十二歲

在馬祖任一九三師政三科監察官。

民七十三年（一九八四）三十三歲

仍任監察官。

十一月　父喪

民七十四年（一九八五）三十四歲

四月　長女佳青出生。

（作）六月　「花蓮十日記」（台灣日報連載）。

八月　調金防部政三組監察官佔中校缺，專管工程、採購。

（著）九月　「部隊管教與管理」獲國防部第十二屆軍事著作金像獎。

（譯）今年　翻譯愛倫坡（Edgar Allan）小說九篇，並在偵探雜誌連載，篇名見內文「寫作生涯」。

民七十五年（一九八六）三十五歲

元旦　在金防部監察官任內升中校。

六月　考入政治作戰學校政治研究所三研組。

民七十六年（一九八七）三十六歲

（作）春　「蔣公憲政思想研究」獲國民黨文工會學術論文獎。

九月　參加「中國人權協會」講習，杭立武當時任理事長。

（譯）今年　翻譯愛倫坡小說五篇，並在偵探雜誌連載，篇名見內文「寫作生涯」。

民七十七年（一九八八）三十七歲

（著）六月　政研所畢業，碩士論文「中國近代政治結社之研究」。到八軍團當情報官。

八月　接任第八團四三砲指部六〇八營營長，營部在高雄大樹，準備到田中進基地。

民七十八年（一九八九）三十八歲

四月　輪調小金門接砲兵六三八營營長。（大砲營）

六月四日　「天安門事件」前線情勢緊張，前後全面戰備很長一段時間。

民七十九年（一九九〇）三十九歲

七月　卸營長，接金防部砲指部作戰官。

八月一日　伊拉克入侵科威特，海峽情勢又緊張，金門全面戰備。

民八〇年（一九九一）四〇歲

元月、二月　波灣戰爭，金門仍全面戰備。

三月　輪調回台南砲兵學校任戰術組教官。（以後的軍職都在台灣本島，我軍旅生涯共五次外島，金門三，馬祖二。）

民八十一年（一九九二）四十一歲

六月　考入三軍大學陸軍指參學院。

民八十二年（一九九三）四十二歲

六月　三軍大學畢業，接任花東防衛司令部砲指部副指揮官。（指揮官是同學陸復國）

我們相處的很好，後來我離職時，同學指揮官送我一個匾，上書「運籌帷幄，決勝千里」。可惜實際上沒有機會發揮，只能在紙上談兵，在筆下論戰，幾年後陸君升少將不久也退伍了。

九月　調原單位司令部第三處副處長。

民八十三年（一九九四）四十三歲

二月　轉軍訓教官，在復興崗受訓。（教官班四十八期）

四月　到台灣大學報到，任中校教官。

老三佳莉在三軍總醫院出生。

七月　母喪。

（講）十一月　在台大軍官團提報「一九九五閏八月的台海情勢」廣受好評。

民八十四年（一九九五）四十四歲

「閏八月」效應全台「發燒」。

（著）六月　「決戰閏八月——中共武力犯台研究」一書出版（台北：金台灣出版社）

七月 開始編寫各級學校軍訓課程「國家安全」教材。

（著）十二月 「防衛大台灣——台海安全與三軍戰略大佈局」一書出版（台北：金台灣出版社）。

民八十五年（一九九六）四十五歲

（訪）元月 為撰寫軍訓課本「國家安全」，本月十一日偕台大教官陳梅燕

（著） 拜訪戰略家鈕先鍾先生，主題就是「國家安全」。（訪問內容後來發表在「陸軍學術月刊」第 375、439 期）

（講）三月 擔任政治大學民族系講座。

（著） 「孫子實戰經驗研究」一書，獲中華文化總會學術著作總統獎。

（著）九月 「國家安全」幼獅版，納入全國各級高中、職、專科、大學軍訓教學。

佔台灣大學上校主任教官缺。

（著） 榮獲全國軍訓教官論文優等首獎（決戰閏八月）。

民八十六年（一九九七）四十六歲

元旦　晉升上校，任台大夜間部主任教官。

七月　開始在復興廣播電台「雙向道」節目每週一講「國內外政情與國家安全」（鍾寧主持）。

（著）八月　「國家安全概論」（台灣大學自印自用，不對外發行。）

（著）十二月　「非常傳銷學」出版（與范揚松先生合著，金台灣出版）。

民八十七年（一九九八）四十七歲

是年　仍在復興電台「雙向道節目」。

仍任台大夜間部主任教官，另兼任文學院主任教官。

（講）五月　在台大學生活動中心講「部落主義及國家整合、國家安全之關係」。

十月十七日　籌備召開「第一屆中華民國國防教育學術研討會」（凱悅飯店，本會在淡江大學戰略所所長翁明賢教授指導下順利完成，工作夥伴除我之外，尚有輔仁大學楊正平、文化大學李景素、淡江大學廖德智、中央大學劉家楨、東吳大學陳全、中興法商鄭鴻儒、華梵大學谷祖盛（以上教官）、淡江大學施正權教授。）

（著、講）我在本會提報論文「論國家競爭優勢與國家安全」（評論人：台灣大學政治系助理教授楊永明博士），本論文爲銓敘部公務人員學術論文獎，後收錄在拙著「國家安全與情治機關的弔詭」一書。

（著）七月 「國家安全與情治機關的弔詭」（台北：幼獅出版公司）。

民八十八年（一九九九）四十八歲

二月 從台灣大學主任教官退休，結束三十一年軍旅生涯。

四月 「化敵爲我，以謀止戰」（小說三十六計釜底抽薪導讀，與實

（著） 學社總編輯黃驗先生對談。）

擔任國家安全會議助理研究員。

民八十九年（二〇〇〇）四十九歲

（著）三月 「國家安全與戰略關係」出版（台北：時英出版社）。

（講）六月一日 在高雄市中山高中講「兩岸關係及未來發展——兼評新政府的

國家安全構想」（高雄市軍訓室軍官團）

十一月 與台灣大學登山會到石鹿大山賞楓。

十二月 與台灣大學登山會到司馬庫斯神木群。

民九〇年（二〇〇一）五〇歲

五月四到六日 偕妻及一群朋友登玉山主峰。

六月十六、十七日 參加陸軍官校建校七十七週年校慶並到懇丁參加44期同學會。

十月六日 與台大登山隊到晒牛山。

（著）十二月 「解開兩岸十大弔詭」出版（台北：黎明出版社）。

十二月八到九日 登鎮西堡、李棟山。

十二月二二到二三日 與台大登山隊走霞克羅古道。

民九十一年（二〇〇二）五十一歲

二月十二到十四日 到小烏來過春節，並參訪赫威神木群。

二月二三到二四日 與台大登山會到花蓮兆豐農場，沿途參拜大里仙公廟。

四月七日 與山虎隊登夫婦山。

四月十五日　在范揚松先生的公司第一次見到吳明興先生（當代兩岸重要詩人、作家），二十多年前我們曾一起在「腳印」詩刊發表詩作，未曾謀面。

四月二十一日　與台大隊登大桐山。

五月三—五日　與台大隊登三叉山、向陽山、嘉明湖。（回來後在台大山訊發表紀行一篇）。

六月二十一—二十三日　與苗栗三叉河登山隊上玉山主峰（我的第二次）。

七月第一週　在政治大學參加「社會科學研究方法」研習營。

七月十八—二十一日　與台大登山會登雪山主峰、東峰、翠池。在「台大山訊」發表「雪山盟」長詩。

八月二十日　與台大登山會會長張靜二教授及一行十餘人，勘察大溪打鐵寮古道、草嶺山，並到故總統經國先生靈前致敬。

八月二十九日—九月一日　與山友十餘人登干卓萬山、牧山、卓社大山。（因氣候惡劣只到第一水源處紮營，三十一日晨撤退下山。）

（著）　「大陸政策與兩岸關係」出版（黎明出版社，九十一年九月）。

十月十八—二十日　隨台大登山隊登大霸尖山（大、小霸、伊澤山、加利山），在

十一月十六日 「台大山訊」發表「聖山傳奇錄」。與台大登山隊登波露山（新店）。

民九十二年（二〇〇三）五十二歲

（講） 元月八日在台灣大學第一會議室演講「兩岸關係發展與變局」，併發表四本年度新書。（台大教授聯誼會主辦），除「解開兩岸十大弔詭」和「大陸政策與兩岸關係」兩書外尚有：

（著） 「找尋一座山」（現代詩集，慧明出版）

（譯） 「愛倫坡恐怖小說選」

（講）二月二十八日 應佛光人文社會學院董事會秘書林利國邀請，在宜蘭靈山寺向輔導義工演講「生命教育與四Q」。

三月十五、十六日 與妻參加台大登山隊「榛山行」（在雪霸）。

三月十八日 與曾復生博士在復興電台對談兩岸關係發展。

三月十九日 到非政府組織（NGO）會館，參加「全球戰略新框架下的兩岸關係研討會」，由「歐洲文教基金會與黨外圓桌論壇」主辦。席間首次與前民進黨主席許信良先生閒談，他是我很欣賞的政治人物。晚間餐會與前立法委員朱高正先生和台大哲學系教授王曉波夫婦同桌，我和他們都是素昧平生。但兩杯酒一喝，大家就開始高談近代史事，朱委員酒量很好，可能有「千杯不醉」的境界。他的名片上印有「周易」文言：「夫大人者。與天地合其德。與日月合其明。與四時合其序。與鬼神合其吉凶。先天而天弗違。後天而奉天時。天且弗違。而況予人乎。況于鬼神乎。」，其境界更高。

三月二十日

叢林一隻不長眼的「肥羊」闖進頂層掠食者的地盤，性命恐將不保；美伊大戰開打，海珊可能支持不了幾天。

三月二十六日到三十日

隨長庚醫護人員及內弟到大陸，遊西湖、黃山。果然「上有天堂下有蘇杭」、「黃山歸來不看山」，我第一次出國竟是回國。歸程時 SARS 開始流行，全球恐慌。

四月三日到六日

同台大登山隊登雪白山，氣候不佳，前三天下雨。第一天宿司馬庫斯，第二天晨七時起程，沿途林相原始，許多千年神木，下午六時雪白山攻頂，晚上在山下紮營，第三天八點出發，神木如林，很多一葉蘭，下午過鴛鴦湖，五點到棲蘭。第四天參觀棲蘭神木，見「孔子」等歷代偉人，歸程。

四月十二、十三日　偕妻與台大登山隊再到司馬庫斯，謁見「大老爺」神木群等。

六月十四日　同台大登山隊縱走卡保逐鹿山，全程二十公里，山高、險惡、瀑布，螞蝗多。

六月二十八日　參加中國文藝協會舉行「彭邦楨詩選」新書發表會。彭老已在今年三月病逝紐約，會中碰到幾位前輩作家，鍾鼎文、司馬中原、辛鬱、文曉村等人，還有年青一輩的賴益成、羅明河等。

七月二十二日　偕妻同一群朋友遊東歐三國（匈牙利、奧地利、捷克）。

八月二日

（著）七月　「孫子實戰經驗研究」出版（黎明出版公司），本書是八十五年學術研究得將作品，獲總統領獎；今年又獲選爲「國軍連隊書箱用書」，陸、海、空三軍各級，一次印量七千本。

十月十日到十三日　登南湖大山、審馬陣山、南湖北峰和東峰。

十一月　開始在復興電台鍾寧小姐主持的「兩岸下午茶」節目，主講「兵法，戰爭與人生」（孫子、孫臏、孔明三家）。

民九十三年（二〇〇四）五十三歲

元月到四月

參加一聯串政治活動（同跋記所述）。

啓動「第三次國民革命運動」，號召推翻現在民進黨的「非法政權」，捍衛中華民國。

跋——二〇〇四年總統大選參戰觀戰注疏手記

醒獅、悍鷹與羔羊

△92年12月17日參加台灣大學登山會年會

幾位老朋友相見，勉勵加油，爬山雖然重要，但這回還有任務，決不能讓綠營在明年大選獲勝，否則台灣將成危邦、亂邦，戰爭爆發，山也沒得爬！

注疏：上回大選（兩千年）台灣大學並未感受到這種危機感，再上回也沒有，我來台灣大學十年了，今年似乎不同以往，一種氣氛正在醞釀，「冬醞春成」，我做好了「乘勢」的準備。

△92年12月30日參加台灣大學退休人員聯誼會

老朋友又碰面了，講台上主席在致詞，台下，老教授、老教官、老員工……有竊竊私語者，謂再給民進黨惡搞下去，大家都沒得混了……「致詞完畢，謝謝大家」，換另一個老長官上台致詞。

注疏：的確，李登輝、陳水扁之流，拿著中華民國白花花的銀子，確在搞台獨，豈不「竊鉤者誅，竊國者侯」，為了發動戰爭需要的「熱度」，把人民（尤其基本教義派者）拿來當柴薪，鼎鑊中的水，就沸騰、沸騰、沸騰，再加柴，燒、燒、燒、戰爭爆發，獨派為何不想想，獅子醒了，決不會像滿清末年那樣，隨便就丟掉身上任何一塊「肉」，而西方悍鷹緊緊的掌控著已經銜在嘴中的肉，深怕掉了，可憐啊！那羔羊！

△93年元月4日阿扁要對中國發動聖戰

藍營的回應：要死自己去死。

注疏：奇怪！這個人（或這些人）一定有嚴重的精神分裂症，不然就是雙重（或多重）人格者，怎麼一面說要和平，又一面要發動戰爭。我們拿甚麼來打，老美早就表明態度，決不讓美國青年葬身在台海戰爭之中;國軍也不會為台獨打仗,若因台獨引起戰爭,國軍最正確的反應,是陣前倒戈,回馬打台獨,因為官兵每天都在高唱「我愛中華!」這些道理想不通,阿扁應該叫「阿斗」。

△93年元月5日阿扁再嚷著要對中國發動聖戰

阿扁引美國先賢說,這一代學習戰爭,好讓下一代學習文學。

注疏:對一個「國家」是必須的,例如「一個中國」或「一個美國」,乃至任何國家,都要學習戰爭。孫子兵法第一篇「兵者,國之大事……」我比阿扁懂的太多了。只是對國家的一部份,如一個省、一個州,是行不通的。台灣若發動戰爭,下一代其實甚麼都不用學了,戰火毀了一切,子孫又回到石器時代,要學的是怎樣「打火」吃熟食,還有一個關鍵,就是「力」的對比。

△93年元月6日電視節目許信良說:阿扁已經輸了

許信良(前年非政府組織圓桌論壇我和他曾有一握之緣,一個很有格調的人。)在談話節目直接就說,公投是扁陣營的致命傷,已可預見扁會輸掉二〇〇四的總統大選,現在公投拿掉也來不及了，照輸。

注疏：我的看法，陳水扁的公投是辦假的，只是辦給基本教義派看的，如李登輝、林義雄等人，辦下去也是「四不像」，他就可以把責任推給統派的不配合。歸根究底，獨派搞公投或台獨，都只是「自摸」——暗爽而已，自己給自己再來一次高潮。

追溯自一八九五年的台灣民主國，或更早鄭成功來台，這幾百年來，都只能「自摸」，因為不可能脫離中國，無法「去中國化」，我在台灣大學上課時，和學生辯論這個問題，最後我告訴學生，脫離中國只有一個途徑：地殼發生大變動，台灣漂到太平洋中間，全班神情默然，無以應對……（後註：為許信良「三二七」絕食靜坐表示敬意，阿扁確實輸了，他輸掉了合法性，成了「非法政權」。）

△93年元月6日晚上參加台灣大學逸仙聯誼晚會

晚會由會長官俊榮教授主持，晚會開始先唱國歌，很久沒唱了，感覺很好。會長先致詞，接著連戰主席的夫人方瑀、宋楚瑜主席的夫人陳萬水，接著曾漢塘、林益世、林火旺、秦金生、李永萍、楊永斌等（職銜均略），都一一上台講話，表述心聲，綜合大家所說的重點：

第一、公投與聖戰會給台灣帶來動亂和戰火，獨派不顧人民死活，硬把大家拖下水，中國知識份子自古「以天下為己任」，台灣大學身為全國知識份子之首，必須帶頭嚴厲譴責，為歷史留下見證。

第二、民進黨執政後，以「天下為私」，快速腐化、惡化，嚴重的意識形態化，吃相難看。國家領導人每天不務正業，心胸狹窄，眼光短淺，只會搞鬥爭，四年來國家未見提昇，反而快速沉淪。

第三、有怎樣的領導階層，就有怎樣的社會狀態，以李登輝、陳水扁為首的獨派人士，動不動就要革命、造反、顛覆、忘恩負義、不負責任。現在台灣社會秩序失控，人倫道德淪落，李登輝那幫人是禍首。

第四、台大生產過很多優良「產品」，可惜生產了一個「非良品」——陳水扁，現在應該由台大醫院回收校正，推給社會一個「良品」——連戰。

注疏：這是一個奇妙的晚上，教授、職員、教官、員工、退休的、再職的、如同一家人在一起暢談心中事，縱使平日有些隔閡的人，今日也能以大局為重，這種感覺很好，台大很久沒有此種熱鬧的盛事了。

集會的目的一方面譴責執政者的沉淪，也為推動「第二次政黨輪替」而努力。我個人的看法，如同孔明的復興漢室、岳飛的北伐、老總統的反攻大陸，乃至拿破崙的歐洲統一，都沒有成功，但不減後人對他們的敬仰，努力過就好，盡力而為，成敗是有些「叢林法則」的因素，人為力量是拗不過來的，如同兩岸，硬拗只有自己斷成兩節，或粉碎了。

△93年元月12日媒體報導陳水扁重提未來一中

還有，一群文化、社運及學界菁英，發起成立「族群平等行動聯盟」，認為泛綠陣營明顯犯規太多。梅豔芳走了，她是我非常喜歡的一位藝人，有情有義的人。還有，陳水扁解釋把連戰有地兩百坪說成兩萬坪，是「小數點」點錯，更正就好了。

注疏：阿扁會守住「一中」?「騙死人不償命」吧!他這四年一事在玩弄四不一沒有——一邊一國——台灣正名——公投——統合——一中，再玩下去通通沒有了。

梅艷芳走了，我碰到很多人都說「該走的不走，不該走的走了。」言下之意，那個老蕃癲為甚麼不走，可憐啊!權財大慾使一個當過總統的老人，腐化、惡化，人格扭曲而不知自我反省。他的書名還叫「慈悲與包容」,他還是基督徒，如何去面對上帝?

△93年元月15日王永慶等發表「沈重表白」宣言

王永慶、李遠哲、林懷民三人聯合發表「我們對總統大選的沈重表白」，詳細內容見當時國內各報。

注疏：想必那三人是後悔支持阿扁吧！不過我覺得這三人應該發揮他們的影響力，告訴國人「一中」才是台灣永久和平的保障，現在不僅工商企業界人士往中國大陸去，就是學術界、一般民眾，也往中國跑，把子女送去。為甚麼？中國是台灣永久的腹地、市場及安全保障，千萬年後依然如此。

李遠哲先生讀孔孟詩書，所學何事？他是中國歷史上可恥的讀書人。林懷民的「雲門」不是來自中華文化之意涵嗎？而王永慶先生若不在大陸建立事業王國，世界之大卻無處可去吧！告訴國人「去中國化」不可行，也是死路，你們將「功勞卡大天」。

△93年元月15日報載「部分台大教職員表態挺連宋」

這是昨晚參加「台灣大學連宋後援會」成立的實況，今天一早報紙就出來了，就用報導取代禿筆吧！（93年元月15日中國時報十二版）

部分台大教職員表態挺連宋

教授炮聲連連充滿焦慮，連戰說台大從未爲選舉而聚會，此舉開校園風氣之先選前部分學界人士再度表態！四百多位台大教職員昨天組成連宋之友，再申「全球化思考、民主化行動」宣言，明確挺連宋。

國民黨主席連戰說，台大過去從來沒有爲選舉而政治聚會，此舉開校園風氣之先，也破了高等教育前例。他說，台灣四年來沒有總統，只有總統候選人，第一次政黨輪替是失敗、也是惡夢。

上屆大選中研院長李遠哲發表（向上提升、向下沉淪），支持政黨輪替後，學界在這次選舉紛紛打破沉默。繼台大教授組「鏡社」後，包括台大學者胡佛、呂亞力、包宗和及前國科會主委黃鎭台、孫璐茜、劉兆玄、馮燕等教授，昨天表態挺連，造勢大會中教授們砲聲連連，充滿焦慮。

退休學者決心挺連，關鍵在公投。前台大校長孫震說，他早就退出江湖多年，但陳水扁提出「防禦性公投」後，前台大文學院院長朱炎某一天半夜突然打電話來，衝口就問他：「大哥，這下該怎麼辦？」語意盡是對扁政府的不信任。

昨晚的便當大會上，不少退休教授對民進黨毫不留情的批判。呂亞力也對孫震說：「這個總統說話翻來覆去，沒一句是眞的，是怎麼過活的？」召集人朱炎也對全場開玩笑說：「十二年來我一直患有憂鬱症，現在暫時不藥而癒！」他呼籲，如果國民黨再輸，大家就完蛋。

新黨主席郁慕明也出席指出，兩千年有人說要「向上提升、不向下沉淪」，結果竟然是向下沉淪。這次選戰台灣應「向前看、向中看齊」，所謂的中，就是排隊時向中線看齊的指標。

對於多位舊時師長同事表態，連戰昨晚相當開心。他說，這是一次很特殊的經驗，從唸書教書以來，台大從來沒爲選舉有政治聚會，這不但開校園風氣之先，也破了高等教育之例。他抨擊，這次的負面選舉，完全看不到政策辯論，就是因爲阿扁上台以來，所作所爲都是爲了選舉考量，「四年來台灣沒有總統，只有總統候選人！」

過去不少教授團體不在校內表態，昨天也出現有學生在場外抗議違反校園中立。該會總幹事官俊榮強調，學生活動中心屬外包經營，既不算校內也不違反中立原則。

注疏：很好！台大這群書生開始有知識份子的風骨了，在中國歷史上讀書人對政權的制衡、批判力量，極為微弱。學而優則「仕」之後讀書人都被「御用」了，是很可惜的事。不論那個黨執政，權力須要制衡、批判，知識份子捨我其誰乎？

△93年2月19日參加「台灣中小企業連宋後援會」

急呼台灣中小企業、工商各界，反公投，反戰爭，給生意人一個好好做生意的環境。

注疏：阿扁要對中國發動「聖戰」，真是天大的謊言，比「反攻大陸」的謊言還大，不過回歸基本面，台灣經濟的希望本來就在中國，千百年如此，這是自然法則的市場導向。

△93年2月20日報載陳水扁點名「媒體五大寇」

老校長丁渝洲將軍（八十年我在步校辦協同演習業務他當校長），在回憶錄中稱阿扁點名：李濤、李豔秋、李敖、趙少康、陳文茜是「媒體五大寇」。

注疏：當然！在滿清眼中孫中山是「寇」，在秦檜心中岳飛也是必須去除的「寇」，在魔的眼中上帝更是宇宙大司「寇」。但是，如果沒有這些「正義之寇」來制衡、批判統治者，統治者鐵定變成更可怕的「掠食者」，所以這些「寇」在歷史與社會發展中，「功勞卡大天」。這五人最正確的定位，我代表這個社會的正義之聲，封他們為「儒俠」。

△93年2月27日給周玉蔻小姐一封信：妳錯了！

周玉蔻要求陳文茜退出媒體，以示和執政者「平等」。

注疏：大小姐，妳錯了，在政壇叢林中，妳和陳文茜都不過是一隻「小白兔」，而執政的獨派正像一隻「頂層掠食者」，一隻餓狼，吃所有能吃、想吃的。據聞，妳出身台灣大學、哈佛大學，怎不懂制衡、批判原理呢？人長的有幾分姿色，可惜沒頭沒腦的。小白兔要如何去和餓狼談「平等」，妳是天真？還是無知？看樣子妳始終「搞不清狀況」，判斷力有問題吧！你知道民進黨現正在用不公不義的手段取得政權，妳為甚麼不說話？妳的公平正義、社會良心那裡去了？

△93年2月28日「新義和團運動」以愛台灣手牽手之名開展，後來藍營也辦「三一三活動」以示回應

兩個活動都動員數百萬人，都算熱鬧登場，成功收場，皆大歡喜，各有贏面。

注疏：評戰略態勢，藍營已佔優勢，「藍人」開始學會動員，但台灣被撕裂成兩塊，嚴重受傷，中國會是最大的獲利者。

「二二八和平牽手護台灣」，讓我像是看見歷史上那些「義和團運動」、「白蓮教運動」再現。只見獨派血淋淋的操刀割裂族群和諧，製造對立，只見戰火，不見和平；只見重傷台灣，未見愛護台灣。現在藍營也「成長頓悟」了，敢玩了，大家一起搞，誰怕誰？

△93年3月19日乘計程車，司機說：獨派玩完了

連日以來的大新聞，陳由豪公開民進黨拿錢吃錢的證據，綠營硬拗沒有；中台惟覺支持

藍營，獨派威脅抗議；李登輝說漏了嘴，「國民黨有錢從我開始的。」；到公館逛街，逛到一家叫「台灣仒（音ㄟ）店」。

注疏：民進黨吃陳由豪只算小錢，民進黨吃更大的早在靜默中進行，他們把公營事業的財產，能賤賣的賤賣，能轉移的轉移，用「五鬼搬運法」都弄到獨派人馬的手上。君不見那票人，像一隻飢餓的暴龍，吃所有能吃的，深怕三二〇下台後吃不到了。

中台惟覺說的有些「露骨」，若要評他，則要把長老教會那票人長年搞台獨、搞分離、搞族群對立，拿出來同台「公平公正」的比較，才是合理的。我認為，尊重大家言論自由、意見表達的權力吧！扁陣營不是「民主進步」嗎？若失去尊重與自由，民主成了甚麼東東？抗議、威脅更是「反民主」的行為。

李登輝說漏嘴了，「國民黨有錢從我開始」，國民黨在兩蔣時代沒甚麼錢，李登輝主政十二年專搞錢，黑金從他開始的，他終於承認。李登輝在歷史上的定位，除亡國之君外，又多一個「李黑金」。

「台灣仒店」標榜「本土圖像、本土音樂、本土圖書」，進去一看，全賣些抹黑連宋、抹黑藍營、醜化國民黨、惡化兩岸關係的書籍、資料、光碟等。想不通，這些經營者為何要這樣製造仇恨、製造對立，傷口快好了，他在上面灑鹽，痛啊！可見同是台灣人，許多人的人性本質已經因政治因素，扭曲、變黑、惡化，大家都不自知。台灣便是如此的內耗、內損下去。這是台灣「命運的枷鎖」吧！

據昨日（三月十八日）新聞，扁政府「技術干預」軍公教警部份人不能投票，部份人去投票，以向綠營傾斜。憲兵司令于連發配合扁營，企圖瓦解退伍軍人的一些地方組織，難不成這位學長也因官位被收買了。

寶貝・真人與自摸

這是一本自傳體裁的書，寫我這五十年的成長心得，寫作時間大約民國八十八年到九十二年十月間，九十三年三月總統大選前後再加這篇跋記。前半生就像一隻始終在孵卵的雞，孵了幾十年都沒有孵出東西來。後來把巢移到台灣大學這間「大廟」，也許這裡溫度夠高，我邊孵卵，也一邊坐禪，終於悟道，五十才不惑。我找到了我生命中的寶物，擁有了生命中該有的寶貝。

現在是甚麼樣的心情呢？有點像在菩提樹下被眾神女「測試」過，才剛剛成道的佛，心情輕鬆平靜。但奇怪的是，當我在台灣大學坐禪孵卵的五年間，我常在思考一個問題，先聖先賢都在叫我們做「真人」，我何時才會是一個真人，一個真正表裡如一的真人？

也很奇怪的，你開始要悟道的時候，就開始接近真人，以往，我對於載著「假面具」的人，我還會禮貌性的恭維一下，說些肉麻希希的話，現在這種話反而說不出口了，總覺的那些言不由衷、身心分離的話簡直是「附贅懸疣」。九十二年暑假期間，幾個好朋友都閤家到拉拉山渡假，大家高興的說，只有好朋友見面可以說真話，在扁政府裡做事沒有人敢說真話，做「真人」，做真正的自己，真是快樂，這才是人生真正的快樂。

是的，下山後又進了紅塵世界，我還是要當一個「真人」。「真誠是作家的生命，虛偽是作家墮落」，若不當作家，當一個其他角色的人，想必也是相同的道理。

書中寫到我前半生的政治信仰，我反省自己，是否過於操心台灣的前途。我重溫康德（**I. Kant**）、斐希特（**J. G. Fichte**）與黑格爾（**G. W. F. Hegel**）等人的作品，試圖找到答案。我也重讀「列子」一書，「杞人有憂天墜者，身無所寄，廢於寢食。有曉之者曰，天積氣耳，奈何而崩墜乎？」。最近我甚至再溫習西洋政治發展史和中國政治思想史這些課程，想為台灣前途找到一條「和平安全」的路。

結果只找到台灣的「命運」，凡是屬「命」的東西，都要受制於先天，就像人一出生「命」就定了。以後他也許不斷努力，但那屬於「後天」的改變與發展，屬「先天」部份就不能改變。台灣之命運就是如此，也許真的獨立個半年一年（如一八九五年的台灣民主國），但接著就要戰爭，又和平了五十年；「好日子過久了皮癢」，又搞獨立，又帶來戰爭，又和平……

好像康德他們說對了，歷史發展的事實是如此，文明與文化都在戰爭與和平的拉鋸之間，才不斷發展演進。在這過程中，戰爭是一種自然的選優汰劣，弱勢文明與文化就都逐一退出表演舞台。社會「進化論」如此頑強，人力介入操作又能奈何？

綜觀我國與西洋各國歷史發展，統獨問題的解決確是如此，我真是「杞人憂天」，只是人活著總希望好好過子，不要打仗。

或許，這又是文明、文化與歷史發展中的「真」，只有這個才是真相，一切的人力又能如何？都只不過在「自摸」，原來搞台獨只在「五個打一個」，自摸，暗爽！從中取利。

本書的副標題「一個軍校生的半生塵影」。是我刻意要影顯我的身份和背景，而這種「屬性」我樂於一生一世保留在我心田之中。這表示我至今仍以「黃埔人」或曾是「軍校生」為榮，這是退不去的圖騰。

我也在台灣大學當了五年教官，現在不管我走到那裡，走到天涯海角，識者都叫我「教官」，教官長，教官短的叫——儘管我已是一介草民。這個稱謂我聊引以為榮，這是我一生一世，退不去的第二個圖騰。

我又因「決戰閏八月」、「防衛大台灣」二書，大陸方面封我一個「台灣軍魂」名號，現在我的一些朋友碰面時會說，「台灣軍魂」來了。一直到現在，還常有讀者（軍人、三軍大學及不知名者）打電話給我，討論我出版過的書中內容，我知道我對他們有幫助。我也引以為榮，我期勉自己能做得到，這是我第三個圖騰。

書要出版前夕，二○○四總統大選結果，到四月初，綜合各媒體觀點，陳水扁以不正當手段（作票、作弊、不公平選舉，操作二○萬公務人員不能去投票，縱容地下電台宣傳連宋配合中共，暗殺陳水扁，這些手段真是無恥。），這已是一個「非法政權」，面對一個非法政權，人民最好的辦法是推翻它。面對「非法政權」，「第三次革命運動」機制應該啟動，號召國民捍衛中華民國，推翻「非法政權」。

熱愛中華民國的朋友們！泛藍的朋友們！你看，李登輝、陳水扁這群「冷血笑面」又在釋出「善意」，說要「傾聽」、「撫平」、「和解」，「感恩」……其實背後的刀正準備要把泛藍「五馬分屍」，消滅中華民國。我們別又上當了！「第三次革命」機制啟動了！如同推翻滿清、袁世凱一樣，推翻台獨「非法政權」。這是本書出版前，我要做最沈重的呼籲！也回應九十三年四月三日泛藍在中正紀念堂集會時，陳文茜的演講構想，「三次革命」也是長期鬥爭。